国家社会科学基金重点项目"贫富分化与
社会和谐：城市居民住房视角的研究"（09ASH001）最终成果

ZHONGGUO CHENGSHI
ZHUFANG FENCENG YANJIU BAOGAO

中国城市住房分层研究报告

刘祖云 ◎ 主编

中山大学出版社

·广州·

版权所有　翻印必究

图书在版编目（CIP）数据

中国城市住房分层研究报告/刘祖云主编．—广州：中山大学出版社，2017.4
ISBN 978-7-306-06026-6

Ⅰ. ①中… Ⅱ. ①刘… Ⅲ. ①城市—住宅建设—研究报告—中国 Ⅳ. ①F299.233.5

中国版本图书馆 CIP 数据核字（2017）第 062090 号

出版 人：徐　劲
策划编辑：李海东
责任编辑：李海东
封面设计：曾　斌
责任校对：何　凡
责任技编：何雅涛
出版发行：中山大学出版社
电　　话：编辑部 020-84110283，84113349，84111997，84110779
　　　　　发行部 020-84111998，84111981，84111160
地　　址：广州市新港西路 135 号
邮　　编：510275　　　传　真：020-84036565
网　　址：http://www.zsup.com.cn　　E-mail：zdcbs@mail.sysu.edu.cn
印　刷　者：江门市新教彩印有限公司
规　　格：787mm×1092mm　1/16　16.75 印张　310 千字
版次印次：2017 年 4 月第 1 版　2017 年 4 月第 1 次印刷
定　　价：48.00 元

如发现本书因印装质量影响阅读，请与出版社发行部联系调换

内 容 简 介

本书分上下两篇共四个研究报告：研究报告一基于2010年广州市千户问卷调查，将城市住房分层概括为由无产权房阶层、有产权房阶层（包括福利性产权房阶层、商品性产权房阶层和继承性产权房阶层）和多产权房阶层构成的"三阶五级式"结构，并探讨了住房分层的社会成因、社会影响及社会应对；研究报告二一方面从历时态角度探讨了住房资源获得的时差机制和时差效应，另一方面从共时态角度探讨了住房资源获得的场域机制和场域效应，此外还探讨了住房资源获得的先赋因素和自致因素；研究报告三探讨了住房资源分化的阶层差异、代际差异和地区差异；研究报告四基于CGSS 2006的调查数据，运用多层线性模型分析方法，探讨和分析了住房资源分配的市场机制和权力机制。

本书是一部兼具学术价值和资料价值的学术专著。

作者简介

刘祖云，社会学教授，博士生导师。先后获政治学学士、社会学硕士和哲学博士学位。1991年破格晋升为教授，1992年享受国务院政府特殊津贴。曾先后担任华中师范大学社会学系主任和武汉大学社会学系主任，先后牵头创建社会学本科点、硕士点和博士点。2005年通过中山大学"百人计划"到中山大学工作，2007年为二级教授。现为中山大学粤港澳发展研究院港澳社会研究中心主任，中山大学城市住房研究中心主任，国家规划教材《发展社会学》主编，《中国社会科学》杂志外审专家。出版《中国社会发展三论：转型　分化　和谐》等学术著作10多部，在《中国社会科学》《社会学研究》等刊物发表学术论文120多篇。曾获教育部人文社会科学优秀成果著作类二等奖、广东省哲学社会科学优秀成果论文类一等奖等重要奖项。

目　　录

引　论 ………………………………………………………………… (1)
　　一、此项研究的缘起和历程 ………………………………………… (1)
　　二、此项研究的特色和新意 ………………………………………… (2)
　　三、此项研究的价值和影响 ………………………………………… (8)

上篇　城市住房分层：基于广州调查的研究

研究报告一　城市住房分层的共时态研究 …………………… (11)
　　一、引　言 …………………………………………………………… (11)
　　　　（一）研究背景 …………………………………………………… (11)
　　　　（二）中国城市住房分层研究 …………………………………… (16)
　　二、数据与方法 ……………………………………………………… (20)
　　　　（一）数据来源 …………………………………………………… (20)
　　　　（二）分析对象 …………………………………………………… (21)
　　　　（三）抽样方法与资料收集方法 ………………………………… (22)
　　　　（四）数据分析 …………………………………………………… (26)
　　　　（五）研究变量 …………………………………………………… (27)
　　三、结果与分析 ……………………………………………………… (29)
　　　　（一）住房分层结构现状 ………………………………………… (29)
　　　　（二）城市住房分层机制 ………………………………………… (44)
　　四、小结与讨论 ……………………………………………………… (51)
　　　　（一）城市住房分层与社会贫富分化 …………………………… (51)
　　　　（二）城市住房分层与政府住房保障 …………………………… (53)
　　参考文献 ……………………………………………………………… (55)

研究报告二　城市住房分层的历时态研究 …………………… (59)
　　一、住房分层机制研究：理论与框架 ……………………………… (59)
　　　　（一）住房分层研究：从市场转型理论到机制、制度网络
　　　　　　　分析 ……………………………………………………… (59)

1

（二）住房市场化的阶段性特征 ………………………………（61）
  （三）住房分层机制研究框架与假设 …………………………（65）
二、1978—1989年：住房增量改革逻辑与住房分层 ……………（68）
  （一）1978—1989年：住房增量改革 …………………………（68）
  （二）增量改革时期住房制度调整与住房获得 ………………（69）
  （三）增量改革时期住房分层 …………………………………（73）
  （四）小结：增量改革时期的住房分层——政治权力、
       市场权力与传统主义 ………………………………………（82）
三、1990—2000年：住房自有化阶段的住房分层 ………………（85）
  （一）1990—2000年：增量改革与存量改革 …………………（85）
  （二）住房自有化阶段的住房分层 ……………………………（88）
  （三）小结：1990—2000年住房获得机制与分层
       ——再分配权力的延续 ……………………………………（106）
四、2001年至今：后福利分房时代的住房分层 …………………（110）
  （一）中国经济奇迹与房地产市场的黄金时期 ………………（110）
  （二）新住房体制中的住房分层机制 …………………………（114）
  （三）住房市场中的竞争与住房分层 …………………………（119）
  （四）小结：后福利分房时代的住房获得与分层 ……………（131）
五、社会转型、制度变迁与住房分层 ……………………………（138）
  （一）住房分层机制呈现明显的阶段性特征 …………………（138）
  （二）住房分层的"场域机制" …………………………………（140）
  （三）个体行动与住房分层机制：房改中行动者适应策略与
       住房分化 …………………………………………………（142）
  （四）住房资源获得中的高度竞争 ……………………………（144）
  （五）住房竞争中的代际差异与住房分层 ……………………（145）
  （六）社会转型与日益凸显的住房分层现象：住房不平等的
       持续与加剧 ………………………………………………（146）
参考文献 ……………………………………………………………（149）
附录：访谈资料 ……………………………………………………（155）

下篇　城市住房分层：基于全国调查的研究

研究报告三　城市住房分层状况研究 ………………………（161）
一、住房资源的阶层分化 …………………………………………（161）

（一）理论背景 …………………………………………（161）
　　（二）分析模型与变量设计 ……………………………（163）
　　（三）数据分析与结果 …………………………………（167）
　　（四）初步结论 …………………………………………（179）
　二、住房阶层分化的地区差异 ……………………………（183）
　　（一）住房阶层分化形成地区差异的原因 ……………（183）
　　（二）住房阶层分化地区差异的衡量方法 ……………（185）
　　（三）住房阶层分化地区差异的比较结果 ……………（188）
　　（四）住房阶层分化地区差异的影响因素分析 ………（191）
　　（五）小结与讨论 ………………………………………（197）

研究报告四：城市住房分层机制研究 ……………………（200）
　一、理论背景与研究假设 …………………………………（200）
　　（一）理论背景：市场转型与权力维系的争论 ………（200）
　　（二）理论命题和研究假设 ……………………………（205）
　　（三）总体研究模型与变量设计 ………………………（209）
　二、对住房面积的多层回归分析 …………………………（211）
　　（一）变量说明及假设检验 ……………………………（211）
　　（二）研究模型与分析结果 ……………………………（214）
　　（三）分析结果说明 ……………………………………（219）
　三、对住房产权的多层回归分析 …………………………（223）
　　（一）样本选择、变量说明及假设检验 ………………（223）
　　（二）研究模型与分析结果 ……………………………（225）
　　（三）分析结果说明 ……………………………………（232）
　四、结论与讨论 ……………………………………………（234）
　　（一）研究结论 …………………………………………（234）
　　（二）对双重分层体系的讨论 …………………………（237）
　五、研究的缺陷与不足 ……………………………………（239）
　六、结　语 …………………………………………………（241）
　报告三与报告四参考文献 …………………………………（243）
　报告三与报告四附录 ………………………………………（249）

后　记 ……………………………………………………（257）

引　论

一、此项研究的缘起和历程

对于中国社会来说，1978年开始的改革开放，既带来了前所未有的经济增长，又带来了前所未有的社会分化。正因为如此，笔者从20世纪90年代就开始研究中国的社会转型与社会分层，先后承担国家和教育部系列相关项目的研究，先后出版和发表系列相关学术论著。大约在20世纪90年代末，笔者的社会分层研究开始向住房分层研究转向或延伸，先后经历了住房分层的形象描述、住房分层的初步涉足和住房分层的专门研究三个阶段。

1997年，笔者在美国访学时发现，人们的居住方式与其阶层状况密切相关[①]：低收入阶层的居住方式一般是"开门见门"，即由于居住在楼中套房，打开我家的门，就看到对家的门；中等收入阶层的居住方式一般是"开门见屋"，即由于居住在城中别墅，走出我家屋，就看到对家屋；高收入阶层的居住方式一般是"开门见景"，即由于居住在山中或海边别墅，开门所见到的，或是云雾缭绕的青山，或是广阔无边的海洋。美国的住房分层现象不仅引起笔者的极大兴趣，而且引领笔者的社会分层研究开始转向住房分层研究。

2001年，笔者申报并获得主持一项国家社会科学基金重点项目"转型中的中国社会分层与社会流动研究"。此次研究因经费限制只是研究城市社会分层。在具体研究中，我们没有采用传统的收入分层和职业分层方法，而是另辟路径，依据家庭的生活资源进行分层研究。[②] 家庭的生活资源主要包

[①] 刘祖云：《社会分层的若干理论问题新探》，《江汉论坛》2002年第9期。
[②] 刘祖云、戴洁：《生活资源与社会分层：一项对中国中部城市的社会分层研究》，《江苏社会科学》2005年第1期，中国人民大学报刊复印资料《社会学》2005年第6期。

括家庭的居住资源、交通资源、耐用消费品资源、通讯资源四个方面。其中居住资源是其首要资源，它具体包括住房数量、住房类型、住房面积、住房产权、住房价格等因素。由此可见，此次分层研究，与其说是社会分层研究，不如说是住房分层研究。此次研究是我们涉足住房分层研究的开端。

2009年，笔者再次申报并获得主持一项国家社会科学基金重点项目"贫富分化与社会和谐：城市居民住房视角的研究"。此项研究是一次名副其实且较为专门的城市住房分层研究。此项研究主要从两个方面探讨中国城市的住房分层：一是通过对广州的调查研究，包括问卷调查和个案调查、现状分析和历史分析，来探讨中国城市住房分层的状况与机制；二是通过对全国有关调查数据的分析探讨中国城市住房分层的状况与机制。此项研究报告就是其最终研究成果。

二、此项研究的特色和新意

从住房分层与住房改革相互联系的角度探讨住房分层的社会成因，从住房分层与贫富分化相互联系的角度探讨住房分层的社会影响，从住房分层与住房保障相互联系的角度探讨住房分层的应对策略，是此项研究在研究视角和研究路径方面的特色或创新。

以历史文献为基础的历时态研究与以现实数据为基础的共时态研究相结合，以问卷调查为基础的定量分析与以个案调查为基础的定性分析相结合，全国城市抽样调查数据分析与个别城市抽样调查数据分析相结合，是此项研究在研究方法和研究手段方面的特色或创新。

上述研究特色或创新，既保证了研究的客观性和真实性，又提升了研究的学术价值和学术水平。

此项研究的最终成果《中国城市住房分层研究报告》分为上下两篇共四个研究报告：上篇两个研究报告为基于广州调查资料的研究，下篇两个研究报告为基于全国调查资料的研究。四个研究报告均具创新意义。

1. 研究报告一的新探索和新观点

此研究报告的新意主要体现在如下三个方面：

第一，首次探讨了中国城市住房分层的结构状况。

基于2010年广州市千户问卷调查，并将城市住房分层结构概括为"三阶五级式"住房分层结构。所谓"三阶",是指无产权房阶层、有产权房阶层和多产权房阶层;所谓"五级",是指有产权房阶层又具体分为福利性产权房阶层、商品性产权房阶层和继承性产权房阶层。

无产权房阶层是指没有产权房的阶层,一般来说,租房或借房群体都属于这一阶层。在"三阶五级式"住房分层结构中,无产权房阶层的经济收入水平无疑是最低的。依据收入水平的高低及购房能力的强弱,无产权房阶层又可从高至低依次分为如下三类群体:第一类是具有购房能力而没有住房的居民群体;第二类是不完全具有购房能力而没有住房的居民群体;第三类是完全不具有购房能力而没有住房的居民群体,这类群体又可细分为租住公房群体和租住廉租房群体。

有产权房阶层是指仅拥有一套产权房的阶层。依据产权房的来源不同,有产权房阶层又可分为福利性产权房阶层、商品性产权房阶层和继承性产权房阶层。在经济收入方面,商品性产权房阶层的经济收入最高,其次是福利性产权房阶层,最后是继承性产权房阶层。在住房状况方面,住房条件最好的是继承性产权房阶层,住房条件排列第二的是商品性产权房阶层,住房条件相对较差的是福利性产权房阶层。

多产权房阶层是指拥有两套或两套以上产权房的阶层。多产权房阶层的经济状况在"三阶五级式"住房结构中最优。在多产权房阶层中,拥有两套住房的居民占绝大多数,其原因可能是这些居民既从体制内通过房改获得福利性住房,又从体制外通过住房市场购得商品性住房。拥有三套及以上产权房的居民所占比例并不高,这可能是因为被调查者害怕露富而在接受调查时没有完全说出其真实的住房数量。此外,从我国住房现状看,多产权房阶层中无疑存在一个"炒房阶层";然而,问卷调查的局限性致使我们无法深入探究这一阶层。

第二,首次探讨了城市住房分层与社会贫富分化的关系。

首先探讨了住房分层与贫富分化状况的关系。"三阶五级式"住房分层,其意义不仅在于揭示了不同社会群体之间的住房差别与住房差距,还在于以住房为标准将社会成员划分为住房无产者(无产权房阶层)、有产者(有产权房阶层)和富有者(多产权房阶层)三大阶层,进而从另一个角度解读了当下中国社会的贫富分化状况。如果说收入分层是从金钱有无及多少的角度揭示社会的贫富分化,那么住房分层则是从财产有无及多少的角度揭示社会分化。只有通过不同方法并从不同角度或层面揭示社会分化,才能对当下中国社会的分层状况有更为全面且更为准确的认识。

其次探讨了住房分层与贫富分化原因的关系。历史与现实、个人与社会等方面的原因导致了住房无产者和有产者的分野,也导致了继承性、商品性和福利性产权房阶层的产生,而个人的政治资本和人力资本分别对不同住房阶层的形成产生不同影响。其中有两种现象值得关注:一种现象是教育程度越高的居民,越有可能拥有商品性产权房,人力资本高低与获取住房资源的多少成正比,这种现象令人欣喜;另一种现象是在住房体制的转换时期,因不正当或不合法的使用而使政治资本成为谋取个人住房资源的手段,这种现象令人担忧。

最后探讨了住房分层与贫富分化趋势的关系。住房分层即住房无产者、有产者和富有者三分格局的出现,既是贫富分化的结果,又是贫富分化的起点;既反映贫富分化,又能加剧贫富分化。那么住房分层是如何加剧贫富分化的?此项研究通过案例分析得出结论:住房富有者因其住房富有将会更加富有,住房贫困者因其住房贫困将会更加贫困。

第三,首次探讨了城市住房分层与城市住房保障的关系。

首先探讨了住房分层与住房保障目标的关系。笔者认为,住房保障的目标是保障"有房住"而不是"有房产"。其一,保障"有房住"是住房保障的根本要求。如果保障"有房产",就超出了保障的本来含义,同时也会带来新的社会不公。其二,保障"有房住"是世界各个国家和地区住房保障的通行做法。欧美多数国家50%及以下居民都是通过租房居住。其三,保障"有房住"符合当下中国经济社会发展状况。按照每人每天1美元的联合国标准,我国仍有1.5亿贫困人口,而且不同地区和不同城市之间发展失衡现象较为严重。

其次探讨了住房分层与住房保障对象的关系。在"三阶五级式"住房分层结构中,只有无产权房阶层才属于住房保障范围,但这一阶层又不完全或不全部是住房保障对象。无产权房阶层依据收入水平和购房能力又细分为"具有购房能力""不完全具有购房能力"和"完全不具有购房能力"三类群体,他们的住房状况相应表现为"住房状况一般""住房较贫困"和"住房贫困"三种状态。住房贫困群体既无能力在住房市场上买房,又无能力在租房市场上租房,应是住房保障优先考虑的对象。

最后探讨了住房分层与住房保障方式的关系。住房保障方式的选择既要以住房分层状况为前提,又要考虑住房保障目标和住房保障对象。从住房保障目标角度,由于住房保障目标是保障"有房住"而不是"有房产",因此,应在完善原有公房制度和廉租房制度的基础上大力发展不同形式的公租房,以满足不同住房困难群体的住房需求。从住房保障对象角度,由于无产权房阶层中住房贫困群体的贫困程度不同,一方面应通过发展不同形式的公租房来满足"住房最贫困群体"的住房需求，以实现住房保障；另一方面应通过发展经济适用房及类似方式满足"住房较贫困群体"的住房需求。在这方面，政府可以帮助"有房产"，但绝对不应保障"有房产"。

2. 研究报告二的新探索和新观点

第一，此项报告从社会层面即从"社会情境"角度探讨了住房资源分配的阶段性特征（即时差机制）和地区性或单位性特征（即场域机制）。

一方面，基于传统住房制度改革进程和住房市场发展程度，改革开放以来广州市住房资源的分配状况可分为三个阶段：1978—1989年为增量改革阶段，其特点是住房短缺与住房生产的单位承包制；1990—2000年为存量改革阶段，其特点是住房双轨制与住房自有化；2001年至今为住房市场扩张阶段，其特点是房地产市场快速发展，住房投资属性日趋明显。由于中国经济改革采取渐进式模式而呈现阶段性特点，中国城市住房改革也因此呈现明显的阶段性特征，从而导致城市住房分层机制呈现出阶段性特征，即住房资源获得的时差机制或时差效应。

另一方面，由于中国经济改革经历从体制外改革到体制内改革，而体制内改革也因改革任务与目的不同而呈现出明显的地区和单位差异。住房制度改革也因此呈现地区差异和单位差异。反映在住房获得机制上，借用布迪厄场域概念，这种住房资源的获得机制可称为场域机制或场域效应。

需要说明是，住房制度改革以来中国城市住房分层是市场分配与非市场分配共同作用的结果。这两种分配在住房资源获得过程中，不仅各自独立发挥作用，而且共契共融、共起作用。

第二，此项报告从个人层面探讨了住房资源获得机制（即住房资源的先赋性获得与自致性获得）和增加机制（即住房资源的扩大化机制）。

住房制度改革使得住房成为越来越重要的一种资源，这势必使住房资源的获得过程成为一个高度竞争的过程。时差机制表明，在这个竞争过程中人们参加工作或职位晋升的时间不同，其住房资源的获得不同；场域机制则表明，人们在不同城市或不同单位工作，其住房资源的获得也会不同。以上只是住房资源分配角度的探讨，接下来则从住房资源获得角度探讨了住房资源的获得和增加机制。

从住房资源的获得看，影响个人获得住房资源的因素大致分为两个方面：一是先赋性因素。如在福利性住房资源的获得方面，工作上的先到者往往处于优势地位；在市场性住房资源的获得方面，父母及亲属经济政治地位较高者往往处于优势地位。二是自致性因素。如在购买商品房方面，有人依然按原有逻辑去理解制度的运行，有人则是调整策略适应新的"游戏规则"，而后者因选择购房而往往在财产方面处于优势地位。在购买商品房方面的不同反应是影响住房资源获得的重要机制。需要指出的是，至目前为止，自致性因素还没有取代先赋性因素而成为住房资源分配的决定性因素。

从住房资源的增加看，在对住房竞争过程中，人们因各种原因而成为住房有产阶层，他们或是因为金钱，或是因为权力，或是因为人力资本，或是因为社会资本。总的来说，那些能适应社会发展和变化的人们会向上流动，而不能调整自己惯习的人们会向下流动。一些人在竞争中聚集优势，一些人不断被抛离。因此，住房制度改革的过程也是住房不平等不断扩大的过程。

3. 研究报告三的新探索和新观点

此项报告主要探讨了何种住房资源的分配差异形成了何种状态的层级结构。针对这一问题，已有研究涉及不多，不仅缺乏对住房分化状况进行全面而系统的勾画和分析，较少考虑不同制度背景下住房资源分配的代际差异，同时也在一定程度上忽略了住房不平等的地区性差异。报告认为，在经历了近几年全国范围内的房价上涨之后，当下中国社会住房分化程度进一步加剧，这种分化既表现为阶层间、代际间，又表现为地区间。因此，在既有的社会阶层结构中相对清晰而又较为全面地勾画出住房资源分布的图景，从而揭示住房资源在阶层间分化的表现和程度，对于我们认识和解读当下中国社会的住房分化乃至阶层分化状况具有重要意义。这部分的主要内容包括以下三个方面：

第一，住房资源分化的阶层差异分析，即从微观层面探讨家庭的阶层地位与住房资源占有状况之间的关系。笔者运用潜类分析方法，从住房条件、住房产权、住房区位三个维度考察了住房资源在阶层间分配结果的差异。研究显示：住房资源的阶层分化既体现在不同阶层之间，也体现在同一阶层内部，同时因人们入业年代的不同而存在明显差异。尽管在制度变迁背景下，住房资源分配呈现出复杂多样的图景，但不可否认的是，住房资源的占有以及住房区位的分布已经明显地打上了阶层分化的烙印。

第二，住房分化的代际差异分析，即从中观的群体层面，揭示住房商品化改革前后两代人在住房条件、住房福利、住房消费方面的差异。研究显示：在住房条件上，房改后参加工作的青年人在住房条件上稍处劣势，但不同阶层之间的代际差异呈现不同特点；在住房福利上，转型前后的住房福利一方面在代际间显著分化——青年一代所享有的住房福利大幅减少，另一方面也在单位间显著分化——体制内单位在货币型住房福利和实物型住房福利上都占据显著优势；在住房消费上，住房改革前后两代人在住房消费模式和融资渠道上也呈现显著差异。

第三，住房分化的地区差异分析，即从宏观的地区层面，通过构建地区住房不平等系数，比较不同地区住房资源分配不平等程度的差异；通过多元回归分析，探讨地区住房资源分化程度与地区市场化水平之间的关系。研究显示：地区市场化程度与住房不平等程度之间存在倒"U"型曲线关系，显示地区市场化的推进和发展对地区住房不平等具有先扩大后缩小的作用。

4. 研究报告四的新探索和新观点

此项报告主要探讨住房资源分配按照何种规则进行。在回顾及综述了相关理论及研究后，针对由市场转型论引发的学术争议，报告提出了住房资源分配机制的两个命题：一是市场刺激命题，即市场化改革能够有效提高住房的建设效率，增加住房资源的供给总量，但同时也会扩大住房资源的贫富分化。在这一命题下，笔者提出了三个理论假设：地区市场化的推进能够提高居民的住房水平，提高居民的住房自有率，并在一定时期内扩大住房资源的贫富分化程度。二是权力优势命题，即在市场转型过程中，再分配权力仍然保持着对住房资源占有上的优势。在这一命题下，笔者也提出了三个理论假设：拥有再分配权力的政治精英的住房水平更高，住房自有率更高，且再分配权力对住房资源的回报要高于人力资本。

在提出理论假设的基础上，笔者使用CGSS 2006的调查数据，运用多层线性模型分析方法，对上述假设进行了逐一检验。分析结果显示：①地区间的制度性差异在住房资源分化研究中不可忽略。②在市场转型过程中，地区市场化的推进一方面有效提高了住房资源的供给水平，另一方面也拉大了住房资源分配的贫富差距。同时，在有房者和无房者之间，在继承型住房和自致型住房之间，市场化的刺激作用存在分化。③尽管体制内外职工的住房差异已不显著，但与普通群众相比，拥有再分配权力的政治精英在住房资源的占有上更具优势；政治精英在住房资源分配上的优势要大大高于技术精英。

报告认为，在当下中国社会的混合经济形态中，住房领域内表现出双重分层体系：一方面，按照市场运作逻辑，房地产市场中住房资源基于个人经济支付能力分化，文化教育、技术水平等人力资本指标对住房资源具备显著回报；另一方面，原有再分配体制中的权力精英，不仅可以通过"公房私有化"改革过程将计划经济体制下分得的优势住房资源合法"商品化"，同时还可以在房改过程中抢占有利的政策机会，或通过行政能力享受市场特权，因此享有较高的住房回报。正因为双重分层体系对于住房资源占有的不平等起到了双重扩展作用,住房领域内的贫富分化得以不断加剧。

三、此项研究的价值和影响

此项研究及成果的学术价值主要表现在如下方面:①首次整体勾画了中国城市住房分层结构。认为当下中国城市社会存在无产权房阶层、有产权房阶层(继承性产权房、商品性产权房和福利性产权房)和多产权房阶层的"三阶五级式"住房分层结构。②首次明确揭示了住房分层与贫富分化的关系。认为当下中国的住房分化,既反映社会的贫富分化,又加剧社会的贫富分化。③首次明确揭示了住房分层与住房保障的关系。认为住房分层是住房保障的前提,那些买不起房同时又租不起房的城市居民应是住房保障优先考虑的对象。④丰富和创新了导致住房分层的社会机制研究。认为当下中国城市住房分层是市场分配与非市场分配共同作用的结果,这两种分配在住房资源获得过程中,不仅各自独立发挥作用,而且共契共融、共起作用。⑤丰富和创新了影响住房分层的个人因素研究。认为在影响住房分层的社会个人因素中,家庭的经济资本、政治资本和社会资本等先赋性因素具有决定性作用,而个人选择等自致性因素有时发挥关键性作用。

此项研究及其成果的社会效益或社会影响具体表现为如下方面:①提升了学术研究水平。此项研究的阶段性成果分别在《中国社会科学》《社会》等刊物发表,《中国社会科学文摘》、中国人民大学复印资料《社会学》等刊物转载或摘登十余次。②加强了学术交流。项目负责人不仅与新加坡国立大学社会学系就城市住房研究进行了互访,而且应邀到台湾高雄"中山大学"、澳门大学等海内外十余所高校作"中国城市住房分层"的学术报告。③促进了决策咨询。项目负责人因此每年应邀到广州等城市参与住房保障规划或项目的咨询与论证,参与有关方案或成果的鉴定与评审。④带动了人才培养。项目负责人因此指导了关于中国城市住房分层研究的四篇博士学位论文和四篇硕士学位论文,从而为人才培养做出了应有贡献。⑤搭建了学术平台。因其住房研究的丰硕成果和社会影响,中山大学于2012年12月批准成立了以项目负责人为主任的"中山大学城市住房研究中心",从而为住房分层、住房保障和住房管理研究搭建了学术研究和学术交流的平台,进而为此项研究的深入提供了组织和制度保证。

上　篇
城市住房分层：基于广州调查的研究

研究报告一 城市住房分层的共时态研究

一、引 言

(一) 研究背景

1. 现实背景

(1) 中国社会转型与阶层分化。

中国正处于以农业为主的传统社会向以工业为主的现代社会转型、计划经济体制向市场经济体制转轨的"双转型"时期,社会经济结构、居民收入结构随之分化,阶层分化日趋明显。

改革开放以来,中国社会分化的一个显著特征是社会阶层从收入到财富的快速分化(李斌,2009)。经济改革前,全国基尼系数约为 0.30;1988 年全国基尼系数上升为 0.38(赵人伟、李卡,1999)。另据世界银行的统计资料,1995 年中国的基尼系数上升为 0.42,进入收入差距较大的国家行列(世界银行,1999)。1995 年至今,收入差距还在继续扩大(李强,2000)。根据有关的数据推算,中国基尼系数 1999 年为 0.457,2000 年为 0.458,2001 年为 0.459,2002 年为 0.460,2006 年更达到 0.47(城镇居民内部为 0.356)(刘玉照 等,2007)。2008 年城镇居民中最高 10% 收入家庭的人均年可支配收入达到 4.36 万元,而最低 10% 收入家庭的人均年可支配收入则只有 4753 元,不到前者的 1/9。行业之间的差距更大,2008 年城镇最高收入行业(证券业)的职工平均工资是最低收入行业平均工资的 15.2 倍之多(陈杰,2010)。造成贫富分化加剧的原因,既有市场的也有再分配的。尤其是市场与再分配对于不平等起的作用不是反向的,而是同向的。正是这两个因素同一方向的共同作用，导致了目前中国贫富严重分化这一现象的出现（孙立平，2005）。具体到住房领域，普通民众望"房"兴叹，开发商却能发展豪华住宅赚得钵满盆满。这一客观事实也充分说明当前中国整个社会的贫富分化日益加剧，居民之间的收入差距不断扩大的现实。

与此同时，一些新的社会阶层出现了，原有的阶层也分化或转变，"两阶级一阶层"的阶层结构分化解组，朱光磊等、杨继绳、李慎明等、阎志明、段若鹏等、李春玲、李路路等学者提出了不同的阶层划分（朱光磊等，1998；杨继绳，2000；阎志明，2002；段若鹏等，2002；李春玲，2002；李路路，2003）。最为典型的阶层划分是陆学艺等将当前的中国社会划分为五大社会等级、十大社会阶层（陆学艺，2002a）。学者们对当前中国阶层分化的趋势各自提出了自己的看法，其中典型看法主要有：孙立平认为，中国社会已分裂为相互隔绝、差异鲜明的上层社会和底层社会两个部分，社会已"断裂化"（孙立平，2003）；陆学艺则认为，市场化的推进，工业化与城市化的发展，白领职业迅速扩张，中间阶层日益壮大，社会出现了"中产化"（陆学艺，2002b）；李路路认为，中国社会发生了急剧变化，但社会分层秩序、社会分层相对位置和相对关系被延续下来，社会经济差异已"结构化"（李路路，2003）；李强等认为，传统的几大阶级或阶层被分化为许许多多的小群体，这些小群体如同一个个的碎片，社会已"碎片化"（李强，2000）。

(2) 中国住房改革与住房分层。

中国住房制度改革从1979年开始启动，经历了较长的渐进式改革过程。1979—1981年，国家在西安、柳州、梧州和南京等城市试点进行按照建造成本价格销售新建住房的改革；1982—1985年，国家在郑州、沙市、常州和四平等城市进行"三三制"售房；1986—1988年，国家在烟台、常州、蚌埠和唐山四城市进行提租、增资、补贴与租售并举的改革。1988年房改在全国铺开，但由于各地经济社会发展程度的差别，全国性住房改革至1990年似乎陷入停滞。1991年第二波住房改革启动，1994年采用市场原则作为指导经济活动的主要机制，1995年启动了安居房（经济适用房）计划，1997年通过提高公房租金、向职工廉价出售住房、推行住房公积金制度等各种政策和措施开始住房的商品化和私有化改革，1998年推行住房货币化改革并开始废除单位对职工提供实物住房福利的住房分配制度。这标志着中国住房制度的根本性变化。

住房改革前，由于计划经济体制下不同地区、部门以及不同所有制和级别的单位间不平等的住房投资，以及单位内部在实物分房中的不平等分配，住房不平等现象就一定程度存在。住房改革过程中，由于实物住房和住房补贴在职工之间的不平等分配、不同职工在获得住房补贴上的机会不平等、内部的公房市场和商品房市场之间存在巨大的价格差异，以及住房改革产生了住房供应的双轨制等，使改革前由于不均衡的住房投资和住房实物分配不公造成居民之间住房不平等的情况不仅没有得到缓解，反而进一步加剧。这主要体现在如下几个方面：一是住房实物分配下隐形住房补贴的不平等分配产生的住房不平等。随着大量公房出售现象不断加剧，居民之间的住房不平等体现在是否能享受住房优惠出售的政策和购买到公房面积的大小、地段的好坏等。低价出售公房意味着公房购买者得到一大笔额外的收入。在私人部门工作的职工和在中小国有企业、集体企业工作的无房者则被排除在外，未能在房改中受益。二是公房市场和商品房市场的分离使不同的社会阶层不得不接受不同的住房价格。根据学者在 1995 年的一份抽样调查的估计，商品房平均销售价格比公房价格高 4～22 倍（朱亚鹏，2007）。因此，对于那些有幸买到公房的人，他们从住房改革中实际获得了丰厚的额外收入。由此可见，在住房改革过程中，住房的不平等不仅没有得到缓解，反而因住房市场化改革而变得更加严重。

1998 年的住房货币化改革实际上也加剧了住房的不平等。"老房老规则，新房新制度"的规定使过去的受益者现在又可以按低价购买公房，或者支付很低的租金，那些本来就没有分到住房的人却只能得到一小笔住房补贴。改革之前，公房住户就已有得益，优惠销售的政策给了他们一个获得更多利益的机会。同时，单位的级别不同、获得住房补贴的渠道不同、居民支付能力不同等也加剧了住房的不平等。

可见，自 1988 年住房改革，尤其是住房商品化改革以来，中国城市住房供给方式从"单位分配"向"市场流通"转变，并引发住房市场的供求矛盾和住房分化问题加剧。任志强的"富人穷人本来就应该分区居住论"①和秦晖的"深圳完全可以率先兴建贫民区论"②，从某种程度上反映了住房分层日益明显的现实。2006 年的社会蓝皮书——《中国社会形势分析与预测》将"买房贵"称作我国新的三大民生问题之一。2007 年的社会蓝皮书将"住房改革及住房价格问题"列举为城镇居民关注的三大社会问题之一。

---

① 《任志强：中国住房分为穷人区与富人区很正常》，http://www.china.com.cn/chinese/news/1128305.htm。

② 《清华大学教授秦晖建议深圳率先兴建贫民区》，http://news.sina.com.cn/c/2008-04-14/021815348150.shtml。

由此可见，城市住房分层问题日益成为人们关注的焦点。

2. 理论背景

（1）住房资源与社会分层。

社会分层的依据是社会资源，而社会资源内容丰富，形式多样，究竟选择何种社会资源作为社会分层的依据，一直是社会分层研究面临的艰难选择（刘祖云，2004）。综观经典社会分层方法，主要采用的社会分层标准有经济收入、权力、声望、职业等。

然而，这些经典社会分层方法的分层标准对于转型期的中国社会而言，其适用性存在问题。首先，以经济收入作为分层标准来衡量阶层分化是有效的，但用经济收入衡量阶层分化需要一定的社会条件：一是市场经济必须发育比较完善，社会资源主要由市场进行配置；二是个人的工作回报或其他所得主要表现为货币且透明度较高。然而在当前处于转型期的中国社会，这样的社会条件还不够成熟：一方面，我国市场经济发育还不完善；另一方面，由于税收和财产申报等制度尚不健全，居民的经济收入隐性程度高。就居民的收入状况而言，既有职业收入也有兼业收入，既有经常性收入也有偶然性收入，既有公开收入也有隐性收入。正是由于隐性收入（约占个人收入的30%）的大量存在，使得常规的经济收入统计调查很难准确、真实地反映实际情况（刘祖云、戴洁，2005）。

其次，以权力、声望等标准进行社会分层，能反映出个人能力大小和某些无形的社会资产，具有较强的"文化取向"。然而，这两种分层标准在转型期的中国社会操作性较差。声望分层是一种主观评价法，很难进行客观操作；权力分层在转型期的中国社会也缺乏操作性。因为权力的公共使用是显性的，而权力的非公共使用则是隐性的，且在转型期，权力的内涵和外延很难确定。因此，权力测量也非常困难。

最后，职业是涂尔干主义与后涂尔干主义的分层标准。格伦斯基指出，职业的自我选择过程使有着类似心态的就业者进入了相同的职业群体；同业者之间的互动趋向于强化和细化共享价值；同业者相同的职业义务使他们具有了共同的利益并且去追求这些利益（格伦斯基，2005）。因此，在他们看来，职业是最重要的社会分层指标。然而，在转型期的中国，由于社会发展出现了失衡与断裂（孙立平，2007），从事同一职业的社会成员因地区不同（如内地与沿海）可能获得完全不同的报酬，或从事同一职业的社会成员因体制内与体制外的差别也可能获得完全不同的报酬。因此，以职业为标准的社会分层方法对处于转型期的中国也缺乏针对性。

鉴于上述情况，有学者提出以生活资源为标准的社会分层方法。李春玲指出，生活资源分层一方面具有针对性，能避开转型期人们在收入来源和收入形式方面的扑朔迷离，进而简洁明了地勾画出人们在经济收入方面的差别；另一方面具有操作性，像家用住房、家用小车、家用电脑和家用空调等生活资料是看得见、摸得着并能反映家庭收入水平的客观性指标。尽管这些客观性生活指标不可能完全反映一个家庭所拥有的金钱和财富，但相对当前中国社会而言，它在反映不同家庭的收入差别方面即在社会分层方面是一个最为真实、最易测量，因而也是最为有效的指标（李春玲，2002）。与此相类似，也有学者提出以消费指标作为社会分层的依据（李培林、张翼，2000）。

还有学者则直接以生活资源之一——住房作为社会分层的标准，提出了六种"住房地位群体"的划分。这种观点认为，一方面，住房作为人们赖以生存与栖息的最重要的"物质实体"，以体积大、价值高、耐久性强、庇护性强等特性成为人们最不可或缺的物质实体，它的社会地位象征意义也非比寻常，从消费分层的角度看，衣着、首饰、用具等虽然也具有这种消费地位乃至社会地位的象征意义，但都无法同住房相提并论。另一方面，住房有助于相对稳定的社会网络的形成，邻里关系、社区环境、子女入读的学校，以及周边的商店、医院、休闲娱乐设施等，对当地居民来说都具有广泛的社会意义，促进了富有社会经济与社会地位符号意义且相对稳定的生活模式的形成（李强，2009）。

（2）市场转型与住房分层。

随着市场化改革的深入，中国社会分层机制发生了怎样的变化一直是学者关心的问题。倪志伟认为，向市场经济的转变将根本改变再分配经济中以权力作为分层机制的状况，产生了新的分层机制。国家在社会分层机制中的作用将相对下降，而市场在社会分层机制中的作用将相对上升（Nee，1989）。

讨论中国社会的分层机制的时候，对市场转型过程中政治资本回报下降的观点方面有学者持怀疑态度。罗纳塔斯的"权力变形论"（Rona-Tas，1994）、边燕杰和罗根的"权力维续论"（Bian & Logan, 1996）、泽林尼和科斯泰罗的"三阶段论"（Szelenyi & Kostello, 1996）、魏昂德的"政府即厂商"理论（Walder, 1995）、林南的地方市场社会主义的论点（Lin, 1995）、白威廉和麦谊生的政治市场观点（Parish & Michelson, 1996）等都从不同视角指出，市场转型过程中国家在社会分层机制中的作用不会下降，对政治资本的经济回报将会持续保持优势。

国内学者的研究也发现,在转型期的中国,市场因素日益强烈地影响社会分层机制,国家再分配机制的作用不仅丝毫没有减弱的迹象,而且与市场一道同时作用于中国社会的分层机制。有学者认为,计划经济中的分配权力和市场经济中的能力因素同时影响着整个社会中资源分配的平等关系(郑杭生,2004)。也有学者认为,市场机制的发展可以在一定程度上改变资源的分配过程,但是由国家主导的改良式变迁以及一系列制度性因素决定的阶层间相对关系模式,并没有发生根本性重组,原有的以阶层再生产为主要特征的相对关系模式在制度转型过程中仍然被持续地再生产出来(李路路,2002)。

那么,如何解释市场与国家共同作用且相互嵌入与强化的双重资源分配体制?有学者认为,已有研究对当前中国社会存在的"双向强化模式"的解释力不足。这主要是由于在理论界尚未找到使"市场"和"国家"得以链接的载体。为了深化理解"中国经验",关键在于寻找到这一反映"双向并行强化"的载体,并借助这一载体离析出"双向并行"状态,进而形成理论逻辑(Zhou,2000)。

(二) 中国城市住房分层研究

社会学界关于中国城市住房问题的研究,可以明显地分为两个阶段:第一个阶段是在住房体制货币化改革前,社会学界关注的焦点是批评福利分房制度的弊端并提出废除福利分房和住房双轨制、实行住房体制货币化改革的必要性与迫切性;第二个阶段是在住房体制货币化改革之后,社会学界的注意力集中到住房分层的研究。现将住房分层研究的文献从两个角度进行梳理:一是住房分层现状研究,二是住房分层机制研究。

1. 城市住房分层现状研究

目前,学界主要从理论层面和实证层面对住房分层现状进行了研究与探讨。理论层面,有学者根据住房需求将居民划分为七个住房阶级:第一级是不积极的富有者。他们占有大量住房,但只是将其视为一种财产贮藏手段。第二级是积极的富有者。他们视住房为财富增殖的手段,对政策调控十分敏感。第三级是住房财富的依附者。他们的财富来源主要是经营房产业,或是利用金融杠杆炒房,或是依赖住房中介服务。第四级是已经满足住房需求者。房价的涨跌对他们来说只有符号意义。第五级是对住房的积极需求者。他们自住房需求和改善性需求还未得到满足。第六级是住房有条件需求者。

这些人士经济实力有限,更指望社会保障性住房政策的出台。第七级是住房需求无望者。他们有着强烈的住房需求,但只能在租赁市场上寻求解决(张曙光,2010)。也有学者以房价作为阶层分化的标志,将居民分为"盖房阶级""炒房阶级""有房阶级""公房阶级""农房阶级"和"无房阶级"(徐子东,2010)。

实证层面,有学者基于北京市一个区的调查,根据住房地位差异将居民群体划分为六种住房地位群体:商品房户、回迁房户、单位房改房户、简易楼住户、廉租房户、传统私房户(李强,2009);有学者以青年职工为研究对象,根据住房状况将兰州市青年职工整体上划分为三个阶层:有房阶层、借房阶层和租房阶层(张俊浦,2009);有学者则只是将住房这种居住资源作为生活资源分层的重要因素,将武汉市城市居民划分为贫困阶层、温饱阶层、中间阶层、小康阶层、富裕阶层(刘祖云、戴洁,2005);还有学者基于 2006 年的社会综合调查数据,根据住房条件、住房产权、住房区位等进行潜类分析,将城镇居民分为五个潜在类别群体:居住于高房价高档社区的中青年白领阶层、居住于中上房价中高档社区的中青年技术工人、居住于中等房价中档社区的中老年下岗或退休群体、居住区位分化的中青年自雇者及产业工人和居住于低房价低档社区的中老年失业群体(刘祖云、胡蓉,2006)。

2. 城市住房分层机制研究

我国住房体制改革,住房由福利成为商品,城市住房资源配置方式和分配逻辑发生了根本变化。这引起学者的普遍关注。已有的关于住房分层机制的研究主要有两种研究取向:个人主义取向和结构主义取向,很多学者试图综合这两种取向。

首先,个人主义取向强调个人的住房状况建立在经济资本、人力资本和政治资本等个人基本特征的基础之上。如宇宙等认为,职业类型和受教育程度对住房分配的影响日趋显著,在住房市场的形成中,人口因素和制度因素比经济因素对住房消费与居住行为的影响更加显著(宇宙、李玉柱,2006)。2000 年,在广州进行的一项实证研究表明,进入商品房市场购买住房的居民通常收入更高且职业地位也较高。然而,个体户、小贩等职业地位相对较低的群体同样有购买商品房的可能性。有学者研究证实,在住房获得与家庭收入之间存在一种正相关性。刘精明等指出客观的阶层位置与居住模式分化之间具备一致性,即职业好、收入高和教育程度高的社会群体将很有可能居住在较好的社区和房价较高的社区地段(刘精明、李路路,2005)。

王海涛等则比较分析了北京、上海、广州和重庆四大城市居民社会人口因素同住房市场化水平之间的关系，指出户主出生队列、行列和职业是影响城市居民住房市场化的主要因素（王海涛 等，2004）。周运清等认为，在住房资源的分配过程中，由于货币支付能力以及购房准入机制差异的客观存在，不同层次的城市居民获取住房资源的机会与能力不尽相同，城市居民的住房分化呈现出逐渐扩大的趋势（周运清、张蕾，2006）。李喜梅利用职业的分层标准对不同职业群体的住房水平进行比较分析，发现不同的职业对应着不同的住房水平，职业之间也存在着明显的差异（李喜梅，2003）。王宁等认为，住房获得模式从福利分房向货币买房的转变，意味着普通工薪白领不得不通过融资而获取住房，融资能力差异也是住房分化的重要因素（王宁、张杨波，2008）。边燕杰等指出，社会阶层的分化在住房产权、住房面积和住房质量三个方面均有所体现。专业精英和管理精英在住房产权、住房面积和住房质量三方面都优于非精英群体（边燕杰，刘勇利，2005）。李斌从个人的位置能力和市场能力两角度探讨了个人获取住房利益的具体方式。其中，他认为我国城市单位职工的位置能力分为两方面：一是获取资源的能力，二是个人在单位中的位置能力（李斌，2004）。刘欣根据2003年武汉市的抽样调查数据，将住房面积和是否购房作为因变量来衡量住房的不平等状况，以教育、政治身份、阶层、职务等作为自变量，并特别加入了"寻租机会"这一自变量，考察其对于住房平等的影响。结果显示，基于权力衍生论的主要自变量比已有研究所使用的自变量，对住房面积的不平等有更强的解释力。总而言之，由再分配权力和寻租权力共同组成的公共权力差异是造成城市住房不平等的重要机制（刘欣，2005）。

其次，结构主义取向则强调结构变量如住房政策、单位制度等对个人住房状况的决定作用。其中，有学者强调住房政策对住房分层的重要影响。李斌认为，我国20多年来的住房政策改革的重要后果是，政府原有的福利分房体制同现有的货币购房体制双重逻辑共同主导了我国目前城市居民获取住房的渠道，结果是住房领域出现了与不同社会群体利益相一致的分割（李斌，2002b）。他还认为，中国城市内部的弱势群体既被现行的劳动力市场所排斥，又被政府所推行的各项住房改革政策所排斥，结果使得这部分弱势群体的住房条件在房改过程中并未得到有效改善（李斌，2002a）。朱亚鹏认为，在住房货币化政策执行过程中形成了两种模式：渐进改革模式和全面改革模式。采纳渐进改革模式的城市的房改工作虽取得了一定的成效，但住房不公平进一步扩大，房价飙升更加恶化。在实行全面改革模式的贵阳，住房改革既关注社会公平，又注重经济效率，不仅缩小了住房不公平，还为解决企业房改的难题提供了可行的解决办法（朱亚鹏，2007）。张杨波认为，市场能力（收入）尽管是社会成员获取住房资源的主要依据，但当地政府提供的住房政策也会分化各类住房群体（张杨波，2007）。陆学艺指出，各阶层的消费支出都会受市场和体制因素的影响，在消费支出中，住房支出占了很大比重，住房福利制度对住房支出的影响也较大，但是对于阶层地位高者而言，在控制其他影响因素的情况下，其实际住房支出并不高。陆学艺还认为，住房消费分化是社会结构分化的反映，与收入分化相比，住房消费的分化更大。因为住房消费的分化受市场经济的影响较大。但在现阶段，我国的收入分配体系尚不健全，从而导致收入不能体现出与特定阶层地位相关的制度化与非制度化受益。出现部分收入不高但住房消费却不低的阶层也就不足为奇（陆学艺，2002b）。

也有学者认为，单位制度对住房分层作用突出。我国城市住宅市场存在多重分割，政府和单位在城市住宅分配中有很重要的作用。边燕杰等指出，单位在住房分配中的角色几乎没有改变，仍承担着提租的最终责任，是公共住房建设的重要力量（边燕杰 等，1996）。随着住房市场双轨制的形成，单位在职工和住房市场之间充当了中介的角色。罗根（Logan）等对广东省中山市的住房改革进行了案例研究，研究表明，尽管住房通过改革被重新定义为"商品"，但由于购买能力有限，大多数职工的住房仍然是补贴性住房，需要依靠国家（单位）而获得（Logan et al. , 1999）。单位进入住房市场，并作为主要参与者，推进了住房市场的发育与成长。直到20世纪90年代后期，大多数商品房都出售给了单位。在货币化改革之前，单位提供的住房福利依然是城市居民获得住房的主要渠道，而商品房市场所扮演的角色并不突出。另外，单位进入住房市场在一定程度上导致了房价上涨和住房供需不匹配的局面。这是由于单位在住房市场中并不是理性主体，随着改革的深化，单位对住房分配的影响不减反增。

最后，有学者综合个人主义与结构主义取向，对住房分层机制进行了研究。如陈志柔利用1998年在上海和武汉两地的入户调查资料，分析了处于市场化改革不同阶段的地区住房分层机制的差异。研究显示，从住房面积的分配来看，家庭人口、大专教育、单位等级对居民住房面积有影响力，而上海和武汉并无明显的地区差异。单位等级的影响力代表了组织资源和再分配制度的运作，显示了平均主义和官僚机制在分配住房资源上的持续作用（陈志柔，2000）。黄友琴使用1996年全国生活历史与社会变化调查数据和1999年选取的北京、重庆和江阴三城市抽样调查数据，运用多元Logistic方法分析了家庭社会经济特征（户主年龄、学历、婚姻、家庭规模、从业人数、家庭收入、生意)、制度因素(单位级别、个人职务、工龄、户口等)、地区变量(商品价格)对住房产权和住房类型的影响。研究显示,户主年龄、家庭规模大小以及收入对住房产权的获得有影响,这一点和西方的实证研究发现是相同的。然而,由于住房和单位之间的特殊关系,婚姻状况、家庭中工人的数量对住房产权的影响则与西方完全相反(Huang, 2003)。总而言之,转型时期中国家庭的住房选择不仅受到家庭特征和住房市场的影响,同时也受到户主在住房分配体系中的制度性位置的影响。

综上所述,国内学者关于住房分层的研究大致可分为两类:一类是将住房分层作为社会分层的内容之一。这类研究主要有:基于"五普"数据并以城市不同职业阶层在住房产权、房屋面积和房屋质量等方面的差异作为重要内容;基于2003年社会综合调查数据,将居住模式作为社会分层重要指标之一;基于武汉市的抽样调查,以居住资源作为社会分层重要因素之一。另一类是独立的住房分层研究。这类研究主要有:基于北京市一个城区的住房调查,依据住房来源的不同将城市居民家庭划分为商品房户、回迁房户、单位房改房户、简易楼住户、廉租房户和传统私房户六种住房群体;基于2006年社会综合调查数据,从住房条件、住房产权、住房区位三个维度描述分析城市住房资源在阶层间的分化状况;基于兰州市特定群体即青年职工群体的调查,将其划分为有房阶层、借房阶层和租房阶层。此外,与住房分层研究相关的研究还有住房福利研究(陈杰,2009)、住房消费研究(浩春杏,2007)和居住隔离研究(黄怡,2006)等。基于此,开启以整个城市居民为对象的城市住房分层研究,既是拓展和深化已有研究的需要,又是解读当下中国城市住房分化乃至整个社会分化的需要。

二、数据与方法

(一)数据来源

本项研究数据来自国家社会科学基金重点项目"贫富分化与社会和谐:城市居民住房视角的研究"课题组于2010年7—11月在广州市进行的千户问卷调查。广州既是我国住房市场化改革较早的城市,又是住房市场化程度较高的城市。因此,通过广州市的住房分层研究洞悉全国城市住房分层状况具有重要意义。

调查问卷由项目负责人和项目参与者共同设计。为了检验调查问卷的效度和可操作性，在广州市中心城区进行正式调查之前，进行了三次试调查。该调查的三个原始目标是：①通过抽样调查了解广州市居民的住房分层现状，即广州市城市居民住房资源的阶层差异分布状况；②了解广州市居民住房分层的机制，即什么原因导致了住房资源分配的差异；③广州市城市居民住房资源差异将会导致什么样的后果。

本研究的调查问卷主要由以下六部分组成：

第一部分是甄别问卷：甄别被访者是否为广州市户口，即选择有广州市户口的被访者进行访问；甄别被访者是否为家庭经济主要来源者，即选择家庭中经济主要来源者之一作为访谈对象。

第二部分是被访者个人背景资料：包括被访者的年龄、性别、婚姻状况、教育水平、政治面貌、职业、单位性质、单位行政级别、技术职称、行政级别、个人收入、家庭收入等。

第三部分是被访者现居住的住房基本情况：包括住房类型、住房产权、购买住房资金来源、住房福利、住房面积、住房价值、住房需求、小区类型等。

第四部分是被访者继承或租住或自建或购买现住房的基本情况：包括受教育年限、从业状态、从事行业、工作类型、职业、单位性质、技术职称、政治面貌等。

第五部分是被访者的住房史：包括被访者曾经居住过后又出卖了的住房以及现在还拥有的住房基本情况。

第六部分是被访者住房满意度、生活方式与社会态度。

（二）分析对象

对于本研究的分析对象，有必要做特别的说明。

如本研究的题目所表明的，本研究的分析对象是广州市的城市居民的住房分层状况，排除了那些具有流动特征的移民，也不包括农村社会的住房。即本研究的分析对象是中国的城市社会居民的住房状况。之所以在本研究中对分析对象进行这样的限制，主要是基于如下的考虑：

第一，中国社会存在明显的城乡二元结构，农村社会与城市社会之间不仅在住房面积、住房质量和住房价值等方面具有明显的差别，而且更为重要的是存在着住房福利等方面的制度性差别。将农村社会与城市社会作为一个整体进行分析还存在很大的难度，将导致分析过于复杂，由于本人自身能力和占有资源的局限性，还不足以进行这种分析。而城市社会曾是传统再分配体制的核心，也是市场经济体制转型的核心领域，分析城市社会住房分层状况，可以有效地揭示制度转型与社会分层结构变迁的规律性关系。因此，在仍然存在城乡制度分割的结构下，单独对城市社会的住房分层现状进行分析，是一个可行的分析策略。

第二，广州是一个大都市，流动人口规模较大，流动人口住房情况尤其复杂，很难对其住房情况进行有效统计。而且流动人口具有很大的不稳定性，为了使城市社会住房分层的分析单纯化，减少分析的复杂性，我们在确定研究分析对象时将农民工和那些来自其他城市的流动性移民等排除在外。我们清晰地认识到，将流动人口排除在分析对象之外，对于分析上的完整性来说是一个很大的缺憾，因为流动人口是一个极为重要的社会现象，对未来的社会分层结构的变迁将会产生很大影响。但基于以上理由，我们还是将其放弃了。我们希望可以在较为单纯的情景下，能够清晰地通过住房透视在制度转型背景下社会阶层分化的变迁规律。

（三）抽样方法与资料收集方法

1. 抽样方法和访问程序

广州市是广东省省会，广东省政治、经济、科技、教育和文化的中心。广州市总面积7434.40平方千米，占全省陆地面积的4.21%。其中市辖10区面积3843.43平方千米，占全市总面积的51.7%；2个县级市面积3590.97平方千米，占48.3%。广州市共有10个区、2个县级市，市区共有125个街道办事处和1393个居民委员会。其中，本次调查所涉及的城市中心区共有6个区，即越秀区、海珠区、荔湾区、天河区、白云区和黄埔区。中心城区有106个街道办事处和1221个居民委员会。2009年末，广州市户籍人口794.62万人。其中市区人口654.68万人，县级市人口139.94万人。全市农业人口77.76万人，非农业人口714万人。中心城区共有户籍人口456.1万人，非农业户数144.83万户（详见表1.1）。

表1.1 抽样总体的街道办事处、居民委员会和非农业人口分布

城区	街道办事处/个	居民委员会/个	户籍人口/万人	非农业户数/万
广州市区	125	1393	654.68	207.99
中心城区	106	1221	456.1	144.83

续表 1.1

城区	街道办事处/个	居民委员会/个	户籍人口/万人	非农业户数/万
越秀区	22	266	116.69	35.09
海珠区	18	257	93.73	31.87
荔湾区	22	193	70.65	24.12
天河区	21	200	74.53	20.65
白云区	14	247	80.63	26.66
黄埔区	9	58	19.85	6.44

资料来源:《广州统计年鉴2010》,中国统计出版社2010年版,第3、5、64页。

根据多段分层抽样方法抽取样本:

第一,确定初级抽样单位(primary sampling units)。将街道办事处确定为本次调查的初级抽样单位。广州市区共有125个街道办事处,调查母体涉及其中的106个。按照概率比例抽样方法(probabilities proportional to size,简称PPS),从广州市中心城区6个区抽取38个街道办事处作为初级抽样单位,其中越秀区抽取9个街道办事处,白云区抽取8个街道办事处,天河区抽取7个街道办事处,荔湾区抽取6个街道办事处,海珠区抽取5个街道办事处,黄埔区抽取3个街道办事处。街道办事处的抽样原则上参考了该区的人口数量。

第二,抽取次级抽样单位。次级抽样单位是居民委员会(以下简称居委会)。广州市中心城区共有1221个居委会,每个居委会由1000~2000个住户组成。同样根据PPS方法从街道办事处共随机抽取48个居委会。其中望北社区居委会、华农社区居委会、中大西居委会、芳村花园各被抽中两次。

第三,抽取样本户。在居委会中采用系统抽样即等距抽样方法(每隔30户抽一户)抽取样本户。PPS抽样每次被选中的居委会中抽取20个住户,两次被抽中的居委会则抽取20×2个住户,总共获得1040个住户作为抽样调查的样本户。

第四,抽取居民(被调查者)。一般而言,为保证入户后抽选被访者的随机性,往往使用KISH表作为抽样工具。然而,由于我们进行的是广州市城市居民的住房状况的调查,这一方面只涉及广州市居民,为此,我们设计了甄别问卷,凡是非广州市城市居民不在我们的调查范围,只有广州市城市居民才被列为受访者;另一方面,比较详细知晓家庭住房相关情况者可能只是家庭中主要经济来源者,而家庭中非主要经济来源者如小孩或老人等可能对住房的相关情况知之甚少,因此,我们也通过甄别问卷选择家庭中主要经济来源者之一进行访谈。

资料收集是运用结构性问卷通过入户面对面访问获得的。调查工作从2010年7月末开始,11月初完成。由广州市昊研调查公司承担入户调查任务,在入户访问之前,昊研调查公司所有访问员都经过了系统的培训。问卷总共回收1115份,其中有效问卷1042份,问卷有效回收率达93.5%。

2. 样本代表性分析

在此,我们将对样本和抽样总体的相关指标进行对比,以验证样本的代表性。由于本次调查的样本限定为在广州6个区(越秀区、海珠区、天河区、白云区、荔湾区和黄埔区)居住且有广州市户籍居民的住房,并入户调查住户中的经济主要来源者,但是有关广州市的统计资料和抽样数据多数包含了萝岗区、越秀区、海珠区、天河区、白云区、荔湾区、黄埔区、番禺区、花都区、南沙区等10个市辖区以及从化市、增城市两个县级市,所以样本和总体的比较仅仅具有相对的意义。表1.2从性别、不同性质的单位职工人数比、不同隶属关系的单位职工人数比、住房类型、现住房外其他住房、家庭平均每人全年现金收入等方面对样本和总体的相关情况进行了对比。

表1.2 样本基本资料与广州市统计资料的对比

指标	样本	总体	指标	样本	总体
性别	%	%	不同性质的单位职工人数	%	%
女	55.3	49.2	国有单位	37.5	36.6
男	44.7	50.8	集体单位	15.6	4.9
N	1042	6546788	其他单位	46.9	58.5
			N	1042	2205292
不同隶属关系的单位职工人数	%	%	住房类型	%	%
中央属单位	1.3	11.2	租赁公房	7.72	3.12
省属单位	16.2	14.2	租赁私房	7.24	5.53

续表 1.2

指标	样本	总体	指标	样本	总体
市属单位	82.5	74.6	原有私房	13.71	14.58
N	573	2205292	房改私房	26.25	27.81
			商品房	44.4	48.36
			其他	0.68	0.60
			N	1042	3150
现住房外其他住房	%	%	家庭平均每人全年现金收入	元	元
出租房	62.8	66.7	总平均	34381.94	29407.01
未出租房	37.2	33.3	N	1042	1560
N	153	135			

资料来源：《广州统计年鉴 2009》，中国统计出版社 2010 年版。表中相对数据是根据 2009 年广州统计年鉴中的相关数据计算得出。

从表 1.2 中可以发现，样本与总体的性别比例有些差别，主要表现为样本中女性比例偏高 6.1%。我们的调查是入户调查家庭中的经济主要来源者，如果家庭中夫妻皆为经济主要来源者，女性更有耐心并倾向于接受我们的面访，由此造成了女性人口有较高的访问成功率。

在不同性质单位职工人数方面，集体单位的职工人数比例的差别较为明显，主要表现为样本中集体单位人数明显高于总体。国有单位职工人数比例则与总体接近。我们的调查总体是广州老城 6 区，国有单位和集体单位较为集中，从而导致样本中国有单位和集体单位的人数偏高；如果从总体中剔除中心老城区以外的 4 个市辖区和 2 个县级市，也许两者没有实质性的差别。

不同隶属关系单位职工人数方面的差别与不同性质单位职工人数类似。而不同隶属关系单位职工人数同样包括了广州市 10 个市辖区和 2 个县级市。毫无疑问，由于我们的调查总体只在中心老城 6 区，中央属单位比例自然会下降，而省、市属单位本身在老城区比较集中，考虑到这些因素，样本的不同隶属关系单位职工人数状况与抽样地区的真实状况应该是一致的。

样本与总体在住房类型方面的差异主要表现在租赁公房与私房方面，样本中租赁公房与私房的比例要高于总体，而商品房的比例低于总体，这可能是抽样地区主要是老城区，商品房相对较少，而公房和祖传私房较多的缘故。如果考虑到这些因素，那么样本和总体的住房类型应该是比较吻合的。

在现住房外其他住房方面,样本与总体的比例比较接近;在家庭平均每人全年现金收入方面,样本明显要高于总体。总体的家庭平均每人全年现金收入主要是 2009 年的统计数据,而根据统计资料,广州市居民年收入增长率超过 9%,据此推算,2010 年总体的家庭平均每人全年现金收入应该与样本相差不大,没有实质性差别。

(四) 数据分析

本研究在数据分析过程中依次采用了如下三种方法:

第一,采用潜在类别模型(Latent Class Modeling)技术对住房群体进行分类。从观测变量的联合分布概率的特征值中寻找某些具有相同特征的变量构成潜在变量,通过联合分布的最大概率似然值求解法(ML),给出外显变量在各个类别上的响应概率,据此揭示潜在变量不同维度之间关系的基本特征。

第二,采用"住房阶层地位量表"对住房群体进行分层。本研究构建的"住房阶层地位量表"主要由住房产权、住房数量、住房面积、住房价值及住房区位等指标构成,具体内容包括:住房产权,"无"赋 1 分,"有"赋 6 分;住房数量,1 套赋 1 分,2 套赋 2 分,3 套及以上赋 3 分;住房面积指建筑总面积,参考广州市廉租房要求,50 平方米以内为基准,50 平方米及以下赋 1 分,每增 20 平方米加 1 分,130 平方米以上为最高分(6 分);住房价值指产权房的市场总价值,参考广州市 2010 年 7 月住房均价(10386 元/平方米)[①],住房价值在 50 万元及以下赋 1 分,每增 20 万元加 1 分,130 万元以上为最高分(6 分);高档社区、中档社区和低档社区分别赋 3、2、1 分。由此加总,得到住房阶层地位得分,在此基础上建构五个层次的定序变量:上层(21~24 分)、中上层(17~20 分)、中层(13~16 分)、中下层(9~12 分)和下层(5~8 分)。

第三,采用序次 logistic 回归模型分析影响住房分层的机制。该模型的具体内容为:

$$y^* = \alpha + \sum_{k=j}^{k} \beta_k \chi_k + \varepsilon$$

模型中:y^* 为定序变量"住房阶层";α 为截距项,它是 $n \times 1$ 的列向量;χ_k 为解释变量,它是一个 $n \times k$ 矩阵;β 是解释变量 χ 的系数,是一个 $k \times 1$ 向

[①] 胡良光:《7 月广州楼市成交跌势终结》,《南方日报》2010 年 8 月 1 日第 2 版。

量；ε 为随机误差项，也是 $n\times1$ 列向量。序次 logistic 回归模型必须通过平行回归检验。

（五）研究变量

1. 因变量

研究的因变量是居民的住房阶层和住房地位。住房阶层是一个定序变量，主要有五类，由低到高依次排序为无产权房阶层、福利性产权房阶层、商品性产权房阶层、继承性产权房阶层和多产权房阶层。住房地位是一个连续变量，由相关的五个住房指标经因子分析得出，这些指标包括住房产权、住房数量、住房面积、住房价值和住房小区。这五个指标互为关联，根据特征值大于 1 的原则，得到"住房地位"这一个因子，其方差贡献率为 63.77%（表 1.3），即这一个因子可以反映原指标 63.77% 的信息量。因子分析的 KMO 和球形 Bartlett 检验情况如表 1.4 所示。KMO（Kaiser-Meyer-Olkin）给出了抽样充足度的检验，是用来比较相关系数数值和偏相关系数是否适中的指标，其值越接近 1，表明对这些变量进行因子分析的效果越好。本研究的 KMO 值为 0.766，说明因子分析的结果是可以接受的。球形 Bartlett 检验的值为 1983.685，并在 0.01 水平上双尾显著，这说明相关系数矩阵不是一个单位矩阵，因此采用因子分析是可行的（参见表 1.4）。

表 1.3　住房地位的因子分析结果

因子分析	因子负荷	因子特征值	解释方差比例
住房产权	0.7199	2.68872	0.6377
住房数量	0.9110		
住房面积	0.7686		
住房价值	0.7796		
居住小区	0.6769		

表 1.4　因子分析的 KMO 和球形 Bartlett 检验

KMO 检验	0.766
球形 Bartlett 检验	1983.685***

注：***表示在 0.01 水平上双尾显著。

2. 自变量

本研究的自变量主要有：①人力资本和政治资本，为连续变量，这主要由受教育年限、职称、政治面貌、行政级别、单位行政级别等指标经因子分析得出（具体参见表 1.5 至表 1.7）；②购房年龄和购房年龄的平方，其中购房年龄主要由被访者购房年减去出生年计算所得，购房年龄的平方用以探寻购房年龄变量的非线性效用；③性别，为定类变量，男性为 1，女性为 0；④婚姻状况，为定类变量，未婚为 0，已婚为 1；⑤单位所有制类别，分为体制内（包括国家机关单位、事业单位、国有企业）和体制外（包括私营企业、外资企业等）两类；⑥个人年收入（对数）；⑦家庭人口；⑧职业，分为管理人员、专业人员、个体工商户、技术工人和一般工人等。具体相关变量的基本描述统计见表 1.8。

表 1.5 因子分析的特征值和方差贡献率

类别	因子 1 政治资本	因子 2 人力资本
特征值	1.73819	1.63260
方差贡献率/%	0.3756	0.3725
累计方差贡献率/%	0.3756	0.7481

表 1.6 因子分析的 KMO 和球形 Bartlett 检验

KMO 检验	0.664
球形 Bartlett 检验	311.535***

注：***表示在 0.01 水平上双尾显著。

表 1.7 旋转后的因子负荷矩阵

测量指标	极大化（正交）旋转后的因子负荷	
	因子 1 政治资本	因子 2 人力资本
受教育年限	-0.1496	0.8493
职称	0.3527	0.6535
是否党员	0.6359	0.3446
行政级别	0.7777	-0.2009
单位行政级别	0.6825	0.2349

表1.8 相关变量的描述统计

定类变量		样本数	有效百分比	定类变量		样本数	有效百分比
住房产权	无产权	185	17.75	住房类型	租房	179	17.18
	有产权	857	82.25		保障房	62	5.95
住房数量	0套住房	172	16.51		单位房	273	26.20
	1套住房	712	68.33		继承房	218	20.92
	2套及以上住房	158	15.16		商品房	310	29.75
住房小区	低档小区	513	49.23	单位性质	体制内单位	539	51.73
	中档小区	487	46.74		体制外单位	503	48.27
	高档小区	42	4.03	行政级别	无级别	940	90.21
性别	男	465	44.70		有级别	102	9.79
	女	577	55.30	技术职称	无职称	872	85.91
婚姻	已婚	951	91.27		有职称	170	14.09
	未婚	91	8.73	单位行政级别	无级别	466	44.72
政治面貌	中共党员	86	8.25		中央部委/省级	101	9.69
	非中共党员	956	91.75		市级及以下	475	45.59
职业	中高级管理人员	59	5.82	连续变量		平均值	标准差
	专业及科研人员	47	4.64	住房面积/平方米		93.52774	79.2533
	一般管理人员及科员	116	11.44	住房价值/万元		73.60499	77.78569
				个人月收入/元		3919.68	4357.78
	技术工人	84	8.28	家庭人均月收入/元		2641.53	3116.68
	体力劳动者	468	46.15	受教育年限/年		11.17658	2.601542
				家庭人口/人		3.136276	0.8480348
	个体工商户	240	23.67	年龄/岁		43.36311	10.87016

三、结果与分析

（一）住房分层结构现状

住房分层结构是社会成员因住房资源占有状况不同而形成的高低有序的

等级结构。以下分析住房分层的总体结构及不同住房阶层的具体构成。

1. 总体结构分析

首先运用潜在类别模型技术对城市不同住房群体进行分类，然后运用"住房阶层地位量表"对城市不同住房群体进行分层。

利用潜在类别模型，将住房产权、住房数量、住房面积、住房价值、住房类型和居住小区等变量的联合列联分布采用潜类分析技术加以估计。

（1）分析模型与变量设计。

住房分层可以用不同的指标进行测量。本研究将从住房产权、住房数量、住房面积、住房价值、住房类型、居住小区和住房出租等七个指标维度来探讨住房分层的现状。住房产权反映了居民在法律上对住房的占有状况，是居民是否拥有住房的重要指标。住房分配体制的改革意味着，对于租房者而言，拥有住房产权的那些人是经济改革的"赢家"。因而，是否拥有住房产权，也就成为改革时期阶层差异和阶层分化的重要指标（边燕杰、刘勇利，2005）。住房数量反映了居民占有住房的多少，居民拥有住房的多少直接影响其在住房分层中的地位。住房面积反映了居民居住空间的大小。住房类型和住房价值反映了居民拥有的住房的条件与质量的高低，是衡量居民住房分层地位的重要维度。居住小区对于住房价值以及居民居住模式也具有重要意义，良好的居住小区往往意味着便利的交通条件、适宜的居住环境以及齐全的生活设施，因而成为决定住房价值的关键因素。如果说住房面积反映的是居住的物理空间的大小，那么居住小区则反映出了居住的社会空间的优劣，同样也构成了反映住房分层的重要维度之一。

（2）分析模型。

本研究选择了潜在类别模型（Latent Class Modeling，简称 LCM）技术。LCM 最早由统计学家拉扎斯菲尔德（Lazarsfeld）和亨利（Henry）在 1968 年的《潜在结构分析》（*Latent Structure Analysis*）一书中提出，是在对数线性模型基础上发展起来的一种概率模型（Probability Model）。潜类分析可以从观测变量的联合分布概率的特征值中寻找某些具有相同特征构成潜在人群的集合，通过联合分布的最大概率似然值求解法（ML），给出观察变量之各类在潜变量的类上的响应概率，研究者可以据此来揭示潜变量之不同维度的基本特征。

假设有 A、B、C 三个外显变量，构成最基本的潜在类别模型如下：

$$\pi_{ijk}^{ABC} = \sum_{t=1}^{T} \pi_t^X \pi_{it}^{AX} \pi_{jt}^{BX} \pi_{kt}^{CX}。$$

式中：π_{ijk}^{ABC} 表示一个潜在类别模型的联合概率（Joint Probability，为各潜在类别概率的总和）；π_t^X 表示观察数据归属于某一个潜在变量 X 的特定潜在类别的概率，即 $P(X=t)$，$t=1, 2, \cdots, T$；π_{it}^{AX} 表示属于第 t 个潜在类别的受测者对于第 A 个外显变量上第 i 种反映的条件概率，即 $P(A=i|_{X=t})$，$i=1, 2, \cdots, I$，依此类推（邱皓政，2008）。

假设有三个观察变量 A、B 和 C，对这三个变量的潜类分析的经典模型可表述为：

$$\pi_{xabc} = \pi_x \pi_{a|x} \pi_{b|x} \pi_{c|x} 。$$

式中：π_x 被称为潜概率，即潜变量各类出现的概率；$\pi_{a|x}$、$\pi_{b|x}$ 和 $\pi_{c|x}$ 则是变量 A、B 和 C 在潜变量各类上的条件响应概率，它的对数线性模型可以表述为：

$$\log m_{xabc} = u + u_x^X + u_a^A + u_b^B + u_c^C + u_{xa}^{XA} + u_{xb}^{XB} + u_{xc}^{XC} 。$$

因此，变量 A 在给定潜类 X_i 下的条件响应概率就可以通过估计饱和模型的参数获得，它们之间的关系为：

$$\pi_{a|x} = \frac{\exp(u_a^A + u_{xa}^{XA})}{\sum \exp(u_a^A + u_{xa}^{XA})} 。$$

根据以上的基本统计模型，针对本研究所确定的显示住房分层的几个维度，我们的研究模型如下：

$$\pi x_1 CNSVLQY = \pi x_1 \prod C_i \prod N_j \prod S_k \prod V_a \prod L_i \prod Q_i \prod Y_i 。$$

（3）变量设计。

住房虽是家庭成员共享的生活资源，但我们的研究还是以居民个人为分析单位，对不同居民的住房状况进行分层。在数据处理过程中，我们选择了被访者家庭中的经济主要来源者之一作为分析对象，这主要基于以下两点考虑：一是已有的社会分层理论大多建立在个体基础之上，缺乏家庭社会分层的分析框架，因此我们选择家庭中的经济主要来源者之一的个体作为分析的对象。二是在家庭人口学中，户主是研究家庭结构或亲属关系等问题时的关键分析对象。然而，从中国的现实国情来看，户主是比较复杂的。其一，家庭户主与住房户主有时候是不一致的，选择户主时可能会产生混乱；其二，住房户主有时候是没有任何经济来源者，如父母为未成年子女买房的，住房的户主并不是父母而是其子女；其三，按照一般的做法，男性被认定为夫妻户中的户主，而随着社会的发展，女性的经济地位在不断上升，有时家庭中真正能反映家庭社会阶层地位的不是户主，而是家庭中的经济主要来源者。鉴于此，我们选择家庭中主要经济来源者之一作为分析对象，不仅可避免一些混乱与尴尬，而且更有分析价值与意义。

研究模型表示的是住房资源八个维度变量之间的联合分布的潜类模型。其中，X_1 表示各个模型中的潜类，C_i、N_j、S_k、V_a、L_i、Q_i、Y_i 分别表示住房产权变量组、住房数量变量组、住房面积变量组、住房价值变量组、住房类型变量组、住房小区变量组和住房出租变量组。以下将对各组变量作出详细说明。

1) C_i 变量组——住房产权变量组。该组变量用于测量居民住房产权的差异，共包含两个变量：无住房产权和有住房产权。

无住房产权情况：根据受访者目前所居住住房的产权情况及别处有无住房的情况，将租赁私房、租赁公房（包括政府直管公房及单位公房）以及自己拥有产权为0%且别处也没有住房的情况皆定义为无住房产权。

有住房产权情况：根据受访者目前所居住住房的产权情况及别处有无住房的情况，将自己拥有部分产权和全产权的情况皆定义为有住房产权。

2) N_j 变量组——住房数量变量组。该组变量用于测量居民住房数量上的差异，共包含三个变量：0套住房、一套住房和二套及以上住房。

0套住房：根据受访者目前所居住住房的产权情况及别处有无住房的情况，将现居住的住房无产权且别处无其他住房的情况定义为0套住房。

一套住房：根据受访者目前所居住住房的产权情况及别处有无住房的情况，将现居住的住房有产权或别处有一处有产权的住房的情况定义为一套住房。

二套及以上住房：根据受访者目前所居住住房的产权情况及别处有无住房的情况，将现居住的住房有产权且别处还有一处或一处以上有产权房的情况定义为二套及以上住房。

3) S_k 变量组——住房面积变量组。该组变量用于测量居民住房面积上的差异。首先，根据受访者目前所居住的住房建筑面积情况及别处有无住房的情况，将现居住的住房建筑面积加上别处有产权住房的建筑面积，得出受访者住房面积总和；然后，根据受访者目前所拥有的住房总建筑面积情况按面积大小由低到高分为五等分。

4) V_a 变量组——住房价值变量组。该组变量用于测量居民住房价值上的差异。首先，根据受访者目前所居住的住房价值情况及别处有无住房的情况，将现居住的住房价值加上别处有产权住房的价值，得出受访者住房价值总和；然后，根据受访者目前所拥有的住房总价值情况按价值大小由低到高分为五等分。

5) L_i 变量组——住房类型变量组。该组变量用于测量居民住房类型上的差异，共包含五个变量：租住住房、商品房、保障房、单位房、继承房。

租住住房包括承租私人住房、政府直管公房、单位公房、廉租房和经济租赁房等；保障房包括解困房、安居房、经济适用房、限价房和拆迁安置新社区住房等；单位房包括房改房、单位集资房等。

6) Q_i 变量组——住房小区变量组。社区类型划分三大类：低档社区、中档社区和高档社区，它们代表了不同质量的住宅类型。

低档社区由城镇边缘社区（包括集镇社区和新近由农村转变过来的城镇社区）和未经改造的老城区（即城镇的旧城区域）等组成；

中档社区主要由单位社区（包括企业单位社区、事业单位社区和政府机关社区）、经济适用房小区、普通商品房小区等组成；

高档社区主要由高档住宅小区和别墅区组成。

7) Y_i 变量组——住房出租变量组。该组变量用于测量居民住房出租上的差异，共包含两个变量：有住房出租和无住房出租。

有住房出租：根据受访者目前所居住住房情况及别处有无住房出租情况，将居民居住住房外还有一处或一处以上住房用来出租收取租金的情况定义为有住房出租。

无住房出租：据受访者目前所居住住房情况及别处有无住房出租情况，将居民居住住房外没有任何住房用来出租收取租金的情况定义为无住房出租。

基于不同的研究目的，潜在类别模型可以区分为探索性与验证性两种操作形式。本研究采用探索性分析方法，从潜在类别数目为 1 的基准模型，逐渐增加潜在类别数目，并逐一检验每一模型的适配性，从而选出最佳模型。针对同一组数据，潜类分析可以划分为多少个潜类，主要视模型的数据拟合状况而定。本研究的潜类模型拟合检验结果见表 1.9。

表 1.9 潜在类别模型拟合度检验

指标	似然比卡方	条件概率总和	贝氏信息指标	自由度	参数的数目
模型	1868.696	1.0000	12086.301	8887	99

（4）数据分析与结果。

利用潜在类别模型，我们将住房产权、住房数量、住房面积、住房价值、住房类型、居住小区和住房出租等变量的联合列联分布采用潜类分析技术加以估计，具体如表 1.10 所示，样本被区分为五个主要类别。在这五个类别中，各类样本的住房产权、住房数量、住房面积、住房价值、住房类型、住房小区和住房出租等具有各自的基本特征。严格来讲,潜类模型表中的数据都是指各观察变量值在某潜类上的响应概率,而不是简单的百分比。但描述中我们采用了百分比的方法来解释,这样做更容易让人理解,且不会影响数据结果的实质。

表1.10　住房相关条件与住房现状潜类分析①

潜类及规模		潜类1 0.14491	潜类2 0.14971	潜类3 0.32917	潜类4 0.20921	潜类5 0.16699
住房产权	无产权	0.075* (0.022)	0.000 (0.000)	0.000 (0.000)	0.000 (0.000)	1.000 (0.000)
	有产权	0.925** (0.022)	1.000 (0.000)	1.000 (0.000)	1.000 (0.000)	0.000 (0.000)
住房数量	0套住房	0.000 (0.000)	0.000 (0.000)	0.000 (0.000)	0.000 (0.000)	0.989** (0.008)
	1套住房	0.000 (0.000)	0.964** (0.024)	0.992** (0.009)	1.000 (0.000)	0.000 (0.000)
	2套及以上住房	1.000 (0.000)	0.036 (0.024)	0.008 (0.009)	0.000 (0.000)	0.011 (0.008)
住房面积	最低20%组	0.000 (0.000)	0.000 (0.000)	0.001 (0.006)	0.514** (0.068)	0.552** (0.038)
	次低20%组	0.000 (0.000)	0.000 (0.000)	0.203** (0.046)	0.412** (0.055)	0.230** (0.032)
	中间20%组	0.008 (0.010)	0.096** (0.027)	0.451** (0.033)	0.074* (0.035)	0.184** (0.029)
	次高20%组	0.166** (0.035)	0.385** (0.044)	0.342** (0.038)	0.000 (0.000)	0.029* (0.013)
	最高20%组	0.826** (0.037)	0.519** (0.043)	0.003 (0.003)	0.000 (0.000)	0.006 (0.006)

① 依据住房分层的几个维度,确定研究模型为:
$$\pi x_1 CNSVLQY = \pi x_1 \prod C_i \prod N_j \prod S_k \prod V_a \prod L_i \prod Q_i \prod Y_i,$$
其中,C_i 为住房产权变量组,N_j 为住房数量变量组,S_k 为住房面积变量组,V_a 为住房价值变量组,L_i 为住房类型变量组,Q_i 为住房小区变量组,模型通过 Mplus 统计得出。该模型的拟合度检验如下:似然比卡方=1868.696,贝氏信息指标=12086.301,条件概率和=1.0000,自由度=8887,参数的数目=99。

续表 1.10

	潜类及规模	潜类 1 0.14491	潜类 2 0.14971	潜类 3 0.32917	潜类 4 0.20921	潜类 5 0.16699
住房价值	最低 20%组	0.000 (0.000)	0.095** (0.024)	0.028* (0.011)	0.121** (0.026)	0.960** (0.015)
	次低 20%组	0.043* (0.017)	0.121** (0.027)	0.103** (0.029)	0.612** (0.047)	0.000 (0.000)
	中间 20%组	0.019 (0.013)	0.310** (0.040)	0.307** (0.028)	0.220** (0.035)	0.034* (0.014)
	次高 20%组	0.243** (0.038)	0.266** (0.041)	0.370** (0.029)	0.047 (0.036)	0.000 (0.000)
	最高 20%组	0.695** (0.042)	0.207** (0.035)	0.193** (0.028)	0.000 (0.000)	0.006 (0.006)
住房类型	租房	0.075* (0.022)	0.000 (0.000)	0.000 (0.000)	0.023* (0.010)	0.936** (0.019)
	商品房	0.650** (0.045)	0.010 (0.010)	0.516** (0.034)	0.138** (0.037)	0.023* (0.011)
	保障房	0.024 (0.013)	0.042 (0.026)	0.061* (0.018)	0.122** (0.025)	0.023* (0.011)
	单位房	0.089** (0.026)	0.000 (0.000)	0.413** (0.031)	0.526** (0.037)	0.006 (0.006)
	继承房	0.162** (0.035)	0.948** (0.028)	0.010 (0.007)	0.192** (0.036)	0.012 (0.008)
居住小区	低档社区	0.376** (0.048)	1.000 (0.000)	0.194** (0.028)	0.535** (0.050)	0.678** (0.035)
	中档社区	0.373** (0.042)	0.000 (0.000)	0.791** (0.027)	0.465** (0.050)	0.322** (0.035)
	高档社区	0.251** (0.039)	0.000 (0.000)	0.014* (0.007)	0.000 (0.000)	0.000 (0.000)

注：表中括号内数字为标准差；*$P<0.05$，**$P<0.001$。

1）潜类1：占样本总数的14.5%。这类群体居民基本上都有住房产权；住房数量都为二套及以上住房；住房面积82.6%在最高20%组，16.6%在次高20%组；住房价值69.5%在最高20%组，24.3%在次高20%组；住房类型65.0%为商品房；居住小区62.4%为中、高档社区；这类群体60.2%的居民有住房出租获益。

2）潜类2：占样本总数的15.0%。这类群体居民均有住房产权；96.4%的居民有一套住房；他们的住房面积51.9%在最高20%组，38.5%在次高20%组；住房价值78.3%为中等以上组；住房类型94.8%为继承房；居住小区皆为低档社区；这类群体99.2%的居民没有住房出租获益。

3）潜类3：占样本总数的32.9%。这类群体居民也都有住房产权；住房数量99.2%只有一套；住房面积79.6%在中等及以上组；住房价值80.7%在中等偏上组；住房类型51.6%为商品房；居住小区79.1%为中档社区；这类群体居民一般都没有出租住房获益。

4）潜类4：占样本总数的20.9%。这类群体居民一般都有住房产权；住房数量都为一套；住房面积51.4%在最低20%组，41.2%在次低20%组；住房价值95.3%在中间偏下组；住房类型64.8%为单位房和保障房；居住小区53.5%为低档社区，46.5%为中档社区；这类群体居民一般都没有出租住房获益。

（5）潜类5：占样本总数的16.7%。这类群体居民都没有住房产权；98.9%的居民一套住房也没有；住房面积96.6%在中间偏下组；住房价值96.0%在最低20%组；住房类型93.6%为租住住房；居住小区67.8%为低档社区，32.2%为中档社区；这类群体居民一般都没有住房出租。

表1.10中，潜类1代表产权房数量在二套及以上的居民群体，可称为多产权房阶层；潜类2代表只拥有一套继承性产权房的居民群体，潜类3代表只拥有一套商品性产权房的居民群体，潜类4代表只拥有一套福利性产权房（表1.10中的"保障房"和"单位房"）的居民群体，潜类2、3、4可统称为有产权房阶层；潜类5代表无产权房即住房数量为0的居民群体，可称为无产权房阶层。

上述五类居民群体或住房阶层之间是否存在高低有序的等级联系？运用我们自行设计的"住房阶层地位量表"来测量五个居民群体或住房阶层的住房阶层地位，并分析它们之间的等级联系（参见表1.11和图1.1）。

表1.11　五类居民群体与住房阶层地位交互

单位:%

住房阶层	住房阶层地位					各阶层占比
	下层	中下层	中层	中上层	上层	
无产权房阶层	100.0	2.02	0.25	0.00	0.00	16.70
福利性产权房阶层	0.00	84.92	12.34	0.58	0.00	20.92
商品性产权房阶层	0.00	8.54	62.47	46.20	3.51	32.92
继承性产权房阶层	0.00	2.01	23.14	30.41	8.77	14.97
多产权房阶层	0.00	2.51	1.80	22.81	87.72	14.49
合　　计	100.0	100.0	100.0	100.0	100.0	100.0

注：皮尔逊卡方（16）＝2.2E+3，显著度＝0.000，等级相关系数＝0.9191。

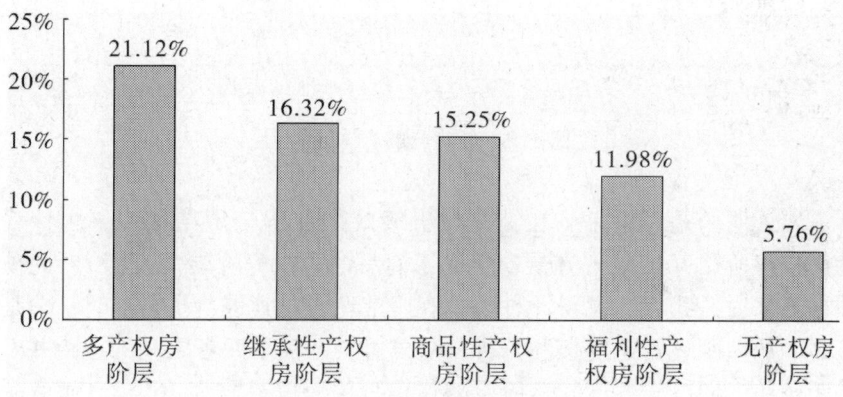

图1.1　五类居民群体的住房阶层地位

表1.11和图1.1中，五个居民群体与住房阶层地位之间存在强相关关系（等级相关系数＝0.9191），而且，五个居民群体因其住房阶层地位不同而存在高低有序的等级联系。这种等级联系可以形象地概括为"三阶五级式"结构：第一阶且第一级（潜类5）为无产权房阶层，这一阶层是住房阶层中的低层或底层。第二阶（潜类2、潜类3和潜类4）为有产权房阶层。其中，第二级（潜类4）为福利性产权房阶层，第三级（潜类3）为商品性产权房阶层，第四级（潜类2）为继承性产权房阶层。第二阶即第二、三、四级是住房的中间阶层。第三阶（潜类1）为多产权房阶层，这一阶层是住房阶层中的高层（图1.2）。

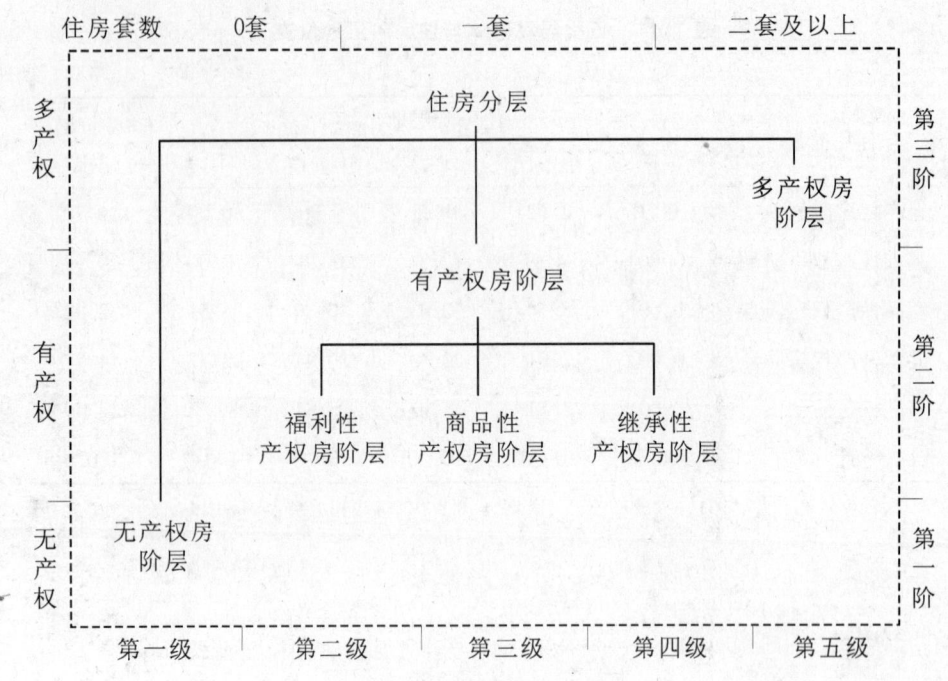

图1.2 住房分层总体结构

需要说明的是,第一,在"三阶五级式"住房分层结构中,为什么继承性产权房阶层(四级)在层次上高于商品性产权房阶层(三级)?此项研究数据出来时,我们也觉得此种现象有违常理而对其进行了再探讨:一是对两者之间的差距进行了复核和分析。复核再次证实了两者之间的差距并发现其差距较小,即继承性产权房阶层的住房阶层地位得分为16.32,而商品性产权房阶层为15.25(图1.1)。二是随机回访了若干继承性产权房家庭。回访发现有两种情况有益于理解上述现象:一是有的继承性产权房是房主的父辈甚至祖辈的自建房,这种住房形式上是一幢而实际上是多套,住房面积远大于一套商品性产权房的面积,其住房价值也高于一般商品性产权房;二是有的继承性产权房本身就是商品性产权房,是房主的父辈甚至祖辈先前购买的商品性产权房,而且由于是先前购买,其住房面积较大,住房地段往往处于城市中心,升值幅度较大。

第二,在上述住房分层结构中,"三阶五级"只是其内在构成,外在形态则是上下两头小、中间大的橄榄型。从图1.3可知,广州市拥有一套产权房的居民达68.81%,处于住房等级结构中间阶层(含中上和中下)的居民达72.84%,这说明广州市的住房分层结构是一个较为理想的橄榄型结构,这可能与广州市的经济社会发展程度较高有关，也可能与我们的调查对象都在中心城区而且都拥有广州户口有关。然而，城市住房分层结构的橄榄型并不表明城市社会分层结构也是橄榄型。这一方面是因为住房拥有者并非都是金钱富有者或收入丰厚者，此次调查中有27.70%的商品性产权房居民通过按揭方式购房而成为住房拥有者；另一方面是因为一些有购房能力的居民因种种原因没有购房。需要指出的是，城市住房分层结构的橄榄型并不表明整个社会分层结构的橄榄型，因为在一个城乡差距凸显且日益扩大的社会，城市社会结构特征不能代表或反映整个社会结构特征。至于整个中国社会的社会分层结构，原有的"金字塔型"结构因改革与发展已经或正在被打破，对此，学术界有过"中产化""结构化""碎片化""断裂化"的探讨，新社会分层结构因改革向纵深推进以及由此导致的社会分化的加剧而远未进入定型阶段。因此，就整个中国社会分层结构而言，目前只能用"化"探讨其结构走向，还不宜用"型"来讨论其结构类型。

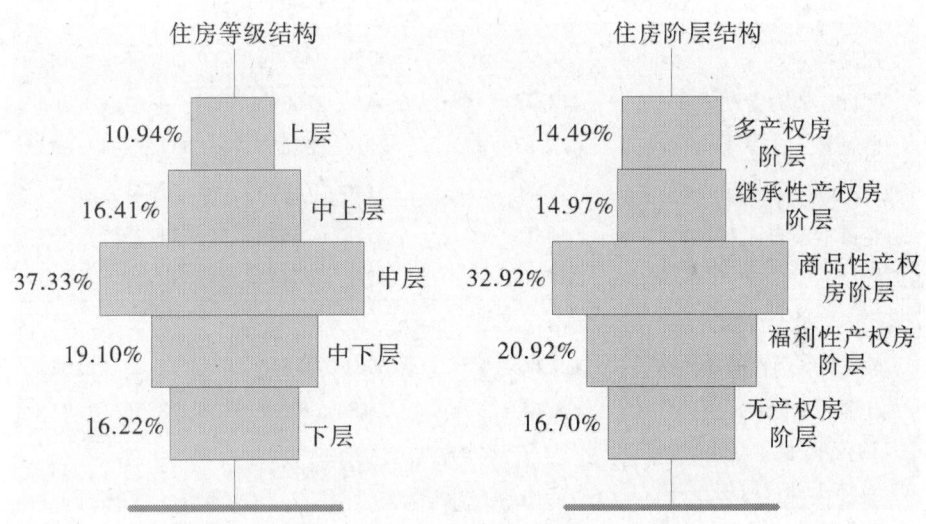

图1.3　广州市住房分层形态

第三，我们所使用的住房分层方法是一种具有显著效度的社会分层方法。采用国际通用的收入与教育两大检验指标（Blau & Duncan, 1967），将本研究的住房分层方法与国外新韦伯派 EGP（Erikson/Goldthorpe/Portocarero）阶级分析法和国内当代中国十大阶层分析法进行比较（三种社会分层方法的描述统计见表1.12）。然后，我们用方差分析来评估三种社会分层方法对本研究受访者月收入对数与教育程度差异的解释能力。表1.13表明，本研究采用的住房分层方法与国内外其他两种社会分层方法一样，都是具有显著效度的社会分层方法。

表 1.12　三种社会分层方法的描述性统计比较

社会分层	人口比/%	平均月收入（标准误）	平均教育年限（标准误）
城市住房五大阶层			
无产权房阶层	16.70	2251（1562）	11.67（1.97）
福利性产权房阶层	20.92	2651（2393）	11.44（2.47）
商品性产权房阶层	32.92	4564（3561）	13.18（2.98）
继承性产权房阶层	14.97	2736（1837）	11.38（2.41）
多产权房阶层	14.49	9068（9920）	12.34（1.79）
加总	100.00	4157（5038）	12.17（2.60）
新韦伯派 EGP 阶层分类			
控制者	9.57	4739（3677）	13.95（2.38）
例行非体力劳动者	12.33	4442（2689）	14.37（3.26）
自雇者	23.67	7619（8425）	11.72（1.83）
技术体力工人	8.28	3140（1195）	12.41（2.59）
非技术体力工人	46.15	2518（2382）	11.45（2.26）
加总	100.00	4226（5084）	12.19（2.59）
当代中国社会十大阶层			
国家与社会管理者阶层	5.66	5741（4387）	14.22（2.62）
经理人员阶层	3.65	3184（915）	13.55（1.91）
私营企业主阶层/个体工商户阶层	23.02	7619（8425）	11.72（1.83）
专业技术人员阶层	4.51	5927（2670）	16.51（2.93）
办事人员阶层	7.49	3548（2287）	13.08（2.75）
商业服务业员工阶层	4.13	2767（3207）	11.60（2.61）
产业工人阶层	47.80	2610（2174）	11.62（2.29）
城乡无业、失业与半失业阶层	3.74	1773（1356）	11.17（2.76）
加总	100.00	4157（5038）	12.17（2.60）

注：以上社会分层方法中，将农民排除在外（$N=1042$）。

表1.13 三种社会分层方法对月收入对数与受教育年限的方差分析

社会分层	月收入对数			受教育年限		
	组间变异	自由度	决定系数 R^2	组间变异	自由度	决定系数 R^2
本研究的住房分层分析	149.69	4	0.296	1520.96	4	0.215
新韦伯派EGP阶级分析	135.73	4	0.269	1247.05	4	0.177
当代中国社会十大阶层分析	148.81	9	0.294	1521.82	9	0.216
总和方差	504.58	—	—	7045.50		

2. 具体构成分析

具体构成分析对"三阶五级式"住房分层结构中的"三阶"即无产权房阶层、有产权房阶层和多产权房阶层的具体构成进行分析。

（1）无产权房阶层分析。

无产权房阶层是指没有产权房的阶层，一般来说，租房或借房群体都属于这一阶层。在"三阶五级式"住房分层结构中，无产权房阶层的经济收入水平无疑是最低的。无产权房阶层的居民月收入在1500元以下的占21.92%，1500～2500元的占65.26%，2500～4500元的占10.92%，4500元以上的占1.896%。

依据收入水平的高低及购房能力的强弱，无产权房阶层又可从高至低依次分为如下三类群体：

第一类是具有购房能力而没有住房的居民群体。调查数据显示，这类居民不仅个人月收入（在4500元以上）高于商品性产权房阶层居民的个人月均收入（4345.19元），而且家庭年收入（在12万元以上）也高于商品性产权房阶层居民的家庭年均收入（约10万元）。有购房能力而没有购房的原因是复杂的，这类居民一般通过租房市场租房居住。

第二类是不完全具有购房能力而没有住房的居民群体。这部分居民的个人月收入在2500～4500元之间，家庭年收入在6万～9万元之间，住房面积一般在70平方米左右。这部分居民不仅能以市场价格租住私房，而且能够在信贷支持下购买住房。与第一类居民一样，这类居民一般也是通过租房市场租房居住。

第三类是完全不具有购房能力而没有住房的居民群体。这类群体不仅没有能力买房，而且没有能力租房，按他们的经济能力只能租住在低于市场价格的房屋。依据租房类型,这类群体又可细分为两种:一是租住公房群体。所谓公房实际上是房改前政府房和企事业单位房的遗留,公房因此又分为政府直管公房和单位公房,公房租金标准参照市场租金标准但又低于市场租金标准。这部分居民的个人月收入在1500～2500元之间,家庭年收入在3万～6万元之间,居住面积为50～70平方米。二是租住廉租房群体。廉租房的住房租金标准由政府确定,住房租金价格不仅远低于市场租金价格,而且明显低于公房租金价格。这部分居民的个人月收入在1500元以下,家庭年总收入在3万元左右,居住面积在50平方米以下。

此外,无产权房阶层在租房状况方面的情况(按照被调查者回答为准)为:住房租金在200元以下的占30.90%,200～400元的占16.85%,400～600元的占28.65%,600～800元的占6.74%,800～1000元的占2.25%,1000元以上的占14.61%;住房面积在50平方米以下的占65.26%,50～70平方米的占25.79%,70～110平方米的占2.64%,110平方米以上的占6.31%;住房结构为一室一厅的占48.14%,二室一厅的占48.68%,三室以上的占3.18%。

(2)有产权房阶层分析。

有产权房阶层是指仅拥有一套产权房的阶层。依据产权房的来源不同,有产权房阶层又可分为福利性产权房阶层、商品性产权房阶层和继承性产权房阶层。

在有产权房阶层中,不论是家庭年总收入还是个人月收入,商品性产权房阶层的经济收入最高,住房贷款金额(均值)也最高;其次是福利性产权房阶层,其经济收入状况仅次于商品性产权房阶层,住房贷款金额(均值)也比较高;最后是继承性产权房阶层,这一阶层经济收入相对较低,但这一阶层并无住房贷款,加之他们的住房因较早自建或购买而较少支付物业管理等费用,因而他们几乎没有来自住房方面的经济压力(表1.14)。

表1.14 有产权房阶层的相关情况

阶层	住房产权	住房数量/套	住房类型	住房贷款/万元	经济收入		住房面积/平方米	住房价值/万元
					家庭年总收入/元	个人月收入/元		
福利性产权房阶层	有	1	单位房/保障房	11.93	94159.50	3326.10	46.15	37.38
商品性产权房阶层	有	1	商品房	19.72	105149.04	4345.19	73.61	80.16

续表 1.14

阶层	住房产权	住房数量/套	住房类型	住房贷款/万元	家庭年总收入/元	个人月收入/元	住房面积/平方米	住房价值/万元
继承性产权房阶层	有	1	祖传私房	0	71518.71	2546.04	173.5	96.48
总计				10.55	90275.75	3405.78	97.77	71.34

在住房状况方面，住房条件最好的是继承性产权房阶层，这一阶层的住房面积最大，均值达173.5平方米，住房价值最高，均值达96.48万元，但这一阶层的家庭和个人收入均低于商品性和福利性产权房阶层；住房条件排列第二的是商品性产权房阶层，这一阶层的住房面积均值为73.61平方米，住房价值均值为80.16万元；住房条件相对较差的是福利性产权房阶层，这一阶层的住房面积均值为46.15平方米，住房价值均值为37.38万元（表1.14）。

（3）多产权房阶层分析。

多产权房阶层是指拥有两套或两套以上产权房的阶层。多产权房阶层的经济状况在"三阶五级式"住房结构中最优，这一阶层家庭年收入在10万元左右的占68.5%，10万~20万元的占27.4%，40万元以上的占3.96%。

在多产权房阶层中，有2套房的占93.04%，有3套房的占5.06%，有4套房的占0.63%，有5套房及以上的占1.27%（表1.15）。拥有2套住房的居民占绝大多数，其原因可能是许多居民既从体制内通过房改获得1套福利性住房，又从体制外通过住房市场购得1套商品性住房。拥有3套及以上产权房的居民所占比例并不高，这可能是因为被调查者害怕露富而在接受调查时没有完全说出真实的住房数量。此外，从我国住房现状看，多产权房阶层中无疑存在一个"炒房阶层"。然而，问卷调查的局限性致使我们无法深入探究这一阶层。

表 1.15 多产权房阶层的住房状况

住房数量		住房面积		住房价值	
套数/套	所占比例/%	面积/平方米	所占比例/%	价值/万元	所占比例/%
2	93.04（147）	75~140	37.09（58）	30~100	25.83（41）
3	5.06（8）	140~240	47.68（75）	10~200	47.68（75）

续表1.15

住房数量		住房面积		住房价值	
套数/套	所占比例/%	面积/平方米	所占比例/%	价值/万元	所占比例/%
4	0.63 (1)	240～340	6.62 (11)	200～300	21.19 (34)
≥5	1.27 (2)	>340	8.61 (14)	>300	5.30 (8)
总　计	100.0 (158)	总　计	100.0 (158)	总　计	100.0 (158)

注：括号内数字为相应居民人数。

（二）城市住房分层机制

市场转型理论的主题是社会与分层，关注的主要问题是市场转型与社会分层机制的变化问题。市场转型理论引发了一场激烈的学术争论，这场争论的基点是转型过程中社会分层机制的变化。市场转型研究主要围绕国家和市场进行。

1. 市场转型中国家与市场的关系

（1）国家与市场互斥论。

泽兰尼（Szelenyi）等人认为，在不平等是由市场造成的社会中，国家进行的再分配会降低不平等的程度；在再分配占支配地位的社会中，不平等程度的降低只有依靠更多的市场机制（Szelenyi，1978）。倪志伟（Victor Nee）则将泽兰尼的再分配经济的概念和基本假设加以扩展，在一篇题为《市场转型理论：国家社会主义由再分配到市场》的论文中指出，市场导向的转型将改变以再分配经济为基础、以权力为主导的社会分层秩序。他提出了市场权力、市场刺激和市场机会三个论题，阐述了市场机制如何改变社会不平等的结构和分层秩序，并推导出十个假设，这构成了当时市场转型理论的主要论点。其基本论点是：市场转型使人力资本回报上升，政治资本回报下降（Nee，1989）。倪志伟后来注意到了一些与他论点相左的经验事实，进而对其市场理论不断进行补充和修正。1991年他提出了局部改革的观点，强调中国正处于局部的市场改革时期，再分配机制与市场机制同时发挥作用，拥有再分配权力的干部同时从再分配机制和市场获得经济回报（Nee，1991）。1996年倪志伟对其观点再次进行修正，提出相对变化的观点。他认为，市场化推进过程中干部收入上升的事实与市场转型理论没有冲突。市场转型理论所说的干部经济地位下降是指其相对地位下降,即相对于其他阶层,干部收入上升的速度较慢,这并不意味着干部的收入不上升(Nee,1996)。2000年倪志伟对市场转型理论做进一步的修正,他认为,绝大多数研究的结论都是支持市场转型理论的,特别是有关人力资本的经济回报持续上升的事实,证明市场分层机制正在瓦解再分配机制(Cao & Nee, 2000)。

倪志伟和曹洋指出(Cao & Nee, 2000),社会秩序变迁存在连续性和非连续性,而这种连续性和非连续性是相互纠缠的,构成了后社会主义社会分层秩序的路径依赖。他们认为,在国家社会主义和党的政治精英网络中长期存在非正式规则,其中包含着一个导致博弈均衡的基础,即集团和个人的利益和身份均被套牢在精英网络中,很难将其移除。在新的制度安排下,旧的国家社会主义再分配精英组成了一个反对市场运作的有力的基础,而国家官僚机构长期存在的庇护主义关系为其提供了现成的机制,再分配精英通过这些机制进行串谋来调整其利益。通过这个过程,连续性自发地被维持。而非连续性因素如市场最初其运作也是非常微弱的,随着市场经济的成长导致以下后果:个人表现得到更高回报,人力资本投资回报增加,国家无法控制新的机会结构以及通过私人企业经营和劳动力市场实现经济上的流动。这些是导致精英政治和亲属关系带来利益下降的直接原因。

他们认为市场的作用往往是从很小的范围开始的。在市场转型的早期对其影响往往很难做清晰的实证研究和分析;相反,长期存在的正式或非正式制度结构中往往内含持续的均衡状况,这种连续性反而更容易观察到。对于一个不连续的转变而言,直到一个临界点来临之前,分层秩序是不会出现决定性变迁的。在社会转型的路径依赖所形成的混合制度秩序中,先前存在的不平等完全有可能继续下去,并且这种不平等可能会与新出现的根源于市场化过程的社会不平等模式同时并存。

可见,市场转型理论把国家与市场看成矛盾对立的双方,国家与市场是互斥的。市场转型理论认为,再分配体制向市场经济体制的过渡,将根本改变再分配体制中以政治权力作为最重要的分层机制的状况,市场机制的发展会导致再分配权力的衰落,从而使社会分层机制发生根本性的变化,进而使社会分层模式发生根本性重组。市场转型理论的内在逻辑是,市场机制改变了社会的权力结构、资源分配机制和机会结构,从而改变了社会分层模式。

(2)国家与市场互动论、共生论。

市场转型理论的"国家与市场互斥预设(state-market antithetic view)"遭致了众多批评。周雪光提出了"市场—政治共生模型(a market-politics coevolution model)"(Zhou, 2000)。他认为,政治和市场相互影响并制约和改变着对方，政治与市场之间的作用是一个共同演化的过程。国家在设定市场所运作的制度性规则中起到了关键性的作用：一方面，市场的扩张并不是一个自我演进的过程（a self-evolving process），而是受到社会背景和历史变迁进程所制约；另一方面，国家总是积极地根据自身利益和偏好来主动地影响市场而不是被动地接受。支配国家和市场互生的机制有三个：一是已有的再分配经济制度和新兴的市场制度之间的竞争。二是政治竞技场里的利益争斗。任何经济制度上的变化都取决于政治竞技场中的利益分配，相对那些伴随着市场出现的新利益而言，已有的政治和经济制度的既定利益也得到了相当的回报，这既包括政治权威、政策制定和实施权力的获得，也包括保护和发展他们利益的组织能力（organizing capacity）的提高。三是在这个共生模型中，国家的角色处于中心位置，包括市场在内的经济行动是在政治权威所设定的框架之内运作的。尽管从市场制度逻辑出发，市场制度的比较性优势将促使国家和国家政策倾向于市场制度以及与之相联的利益并最终为后者所掌控，但是，国家也具有一些独特的利益需求，这些需求并不是和市场必然联系的，如对政治稳定性、合法性和历史传统的考虑同样会促使国家倾向于限制市场。这个现象在发达的市场国家并不罕见，更遑论中国有着如此独特的历史背景、与旧有制度所相联的既得利益是那样的强大（陈那波，2006）。

边燕杰和张展新提出了"市场—国家互动论"的观点。他们联系中国经验指出，市场化不仅是经济机制、经济产权的变化，同时引起国家职能和经济管理方式的转变，二者的互动是理解社会分层和收入分配的关键。他们认为，随着计划经济的衰落和市场经济的发展，政府的角色发生了变化：一是在市场化进程冲击各个领域的同时，政府改变了经济管理方式，从行政协调为主转向对市场经济进行干预为主；二是虽然市场化使非国有企业进入工业生产领域，国家对一些重要产业保持了垄断控制，中国的产业被分割为开放和垄断两个领域；三是国家把政府产权逐渐下放给国有企业，行政单位和事业单位也被赋予了一定的自主权，可自行取得预算外收入。这导致各类单位负责人的收入越来越与单位的绩效和盈利能力挂钩。他们通过经验研究发现，对转型经济而言，收入分配是一个复杂的现象，其内在逻辑是市场制度的不断发展与国家经济职能演变的相互影响和制约（边燕杰、张展新，2002）。

孙立平认为，中国的市场转型有其特殊性。首先，政体和意识形态具有连续性，原有的政体和意识形态在如今仍然占据支配地位；其次，政体和意识形态的连续性导致许多重要的转型和改革过程需要通过变通的、渐进的方式来实现；再次，新的体制因素在变通过程中，尤其是起始阶段，常以非正式方式出现并实现传播；最后，非正式体制的发育与生长，通常在体制运作过程之中得以实现（孙立平，2003）。他指出，一些经典的理论，都是以一个基本假设为前提，即权力和市场是此消彼长的。但是，当前的一个问题是，作为权力和市场相结合产物的权贵资本主义，使市场成为权力在其中起作用的市场，权力成为在市场之中行使的权力（孙立平，2007）。他认为，正是再分配权力和市场所形成的不容小觑的合力，使得在短短15年内，中国的贫富差距显著拉大，加剧了社会不平等（孙立平，2003）。

另外，还有学者是基于国家与市场互动和共生关系的前提基础上对市场转型理论进行了批判。如罗纳塔斯的"权力变形论"认为，干部并没有逐渐退出历史舞台；相反，昔日党的官员和国有企业经理能够迅速地将他们的政治特权转换为经济优势，变成企业家或上市公司的董事。边燕杰和罗根的"权力维续论"认为，由于中国的市场改革是在中国共产党的领导和城市单位制度持续存在的前提下进行的，市场机制是在再分配体制内部发育起来的，因此，政治权力依然维持着其强大的影响力（Bian，1996）。魏昂德的"政府即厂商论"认为，政治权力之所以能在市场改革中继续获得高回报，是因为政府不但是市场规则的制定者，同时还是市场的参与者（Walder，1995）。林南的"地方市场社会主义论"认为，至少在地方经济的层面上，借助于家庭网络，再分配时代的政治权力是能够超越市场经济的冲击而不贬值的（Lin，1995）。白威廉和麦谊生的"政治市场论"认为，市场改革条件下的制度安排，遵循的未必是纯经济的逻辑，而极有可能是按政治逻辑组织起来的。他们所说的政治市场包括三种类型：①工人与管理者、管理者与国家之间的基于政治资源的讨价还价；②政府对企业产权的各种形式的广泛介入；③以地方政府为基础的政治保护。由于这些政治市场关系影响着利益分配，并且影响着经济市场的运行，所以政治权力在市场转型过程中不会贬值，对政治权力的经济回报将会持续保持优势（Parish & Michelson，1996）。

（3）国家与市场规制论。

刘精明的"国家规制论"意在重新将国家范畴带回转型时期的社会分层研究，正面回应国家力量在社会分层过程中的作用。"国家规制论"指出，作为改革以来我国社会变迁重要过程的市场化进程，既不是孤立的，也不是无所不能的，国家力量、社会阶层力量间关系模式以及社会内部政治过程，都在很大程度上决定了市场经济对社会阶层结构、社会分层机制和社会过程的影响。在市场化改革过程中，国家对社会生活和社会分层机制的规制性影响，通常超越了市场本身的作用范围。

刘精明认为，作为具有特定国家利益目标的行为主体，国家将从自身的利益原则出发，仲裁、协调和调整市场化过程中不断涌现的群体之间的利益矛盾和冲突，以维持基本的社会秩序。同时，在推进市场化过程中，国家也会时刻监控着市场化对社会阶层关系的影响（刘精明，2006）。

综上所述，市场转型理论引发的这场激烈的学术争论，其焦点是转型过程中社会分层机制的变化："国家与市场互斥论"认为权力机制与市场机制此消彼长；"互动论与共生论"认为，国家与市场是互动或共生的关系，市场机制的引入与发展并不会削弱权力机制的作用；"国家规制论"则认为，市场化是在国家监控之下的，市场机制是受国家规制的。

2. 住房分层影响因素

本研究仅仅分析个人的政治资本、人力资本、职业状况和收入水平等因素对住房分层的影响。由于因变量住房阶层为定序变量，因此，我们通过 ologit 模型对住房分层机制进行研究。

表 1.16　住房分层机制 ologit 嵌套模型①

变　量	模型 1	模型 2	模型 3
性别（男性 =1）	0.777***	0.748***	0.451***
年龄	0.0645**	0.0699**	0.0429
年龄的平方/100	-0.0661**	-0.0693**	-0.033
家庭人口	0.281***	0.235***	0.328***
婚姻（在婚 =1）	-0.363	-0.251	-0.659***
政治面貌（党员 =1）		0.771***	0.347*

---

① 基本模型为：$Y^* = a + \beta_1 X_1 + \beta_2 X_2 + \cdots + \beta_i X_i$。当自变量 X_i 为性别、年龄、婚姻等社会人口变量时，模型为基准模型，即模型 1；在模型 1 的基础上，自变量增加了政治资本的相关变量（单位行政级别、政治面貌、行政级别等）构成模型 2；在模型 2 的基础上，自变量增加受教育年限、经济收入、职业等人力资本变量，构成模型 3。这些模型都通过 stata 统计得出并通过了 omodel 检验，其检验结果如下：卡方 = 423.88，显著度 = 0.0000。检验结果表明，采用序次 logistic 回归模型是恰当的。

续表 1.16

	变 量	模型 1	模型 2	模型 3
单位行政级别 [a]	省部级		0.969***	1.548***
	市级		0.798***	1.014***
	区镇级		0.736***	0.678***
	个人行政级别（有行政级别=1）		0.339*	0.858***
	单位性质（体制内=1）		0.203*	0.810***
	居民职称（有职称=1）			0.125*
	受教育年限			0.345***
	个人收入（对数）			1.341***
职业 [b]	中高级管理人员			0.622**
	专业技术及科研人员			0.259
	一般管理人员及办事人员、科员			0.490**
	技术工人			0.00664
	个体工商户			0.409**
cut1		0.681*	0.396*	10.29***
cut2		1.822***	1.561**	11.61***
cut3		3.289***	3.122***	13.34***
cut4		4.234***	4.101***	14.42***
决定系数（Pseudo R^2）		0.0765	0.1224	0.2014
观察值		1042	1015	1015

注：***$P<0.01$，**$P<0.05$，*$P<0.1$（双尾检验）；a."无行政级别"是参照组，b."体力劳动者"职业是参照组。

（1）政治资本与住房分层。

本研究主要采用社会分层研究中常用的党员身份或行政级别来作为政治资本的测量指标。研究发现，党员比非党员的住房阶层地位更高，有行政级别的居民比没有行政级别的居民住房阶层地位更高，居民单位的行政级别越高，其住房阶层地位也越高（见表 1.16 模型 2 和模型 3）。这可能是因为中国的住房改革正在经历新旧体制的转换。在这一时期，权力化机制和市场化机制并存,政治资本无疑会影响人们获取住房资源的状况。此外,在城市居民获得福利性产权房的过程中,既有人力资本在起作用,也有政治资本的影响。随着住房改革的深入,政治资本对住房资源获得的作用应该逐渐减弱。在住房体制的转换时期,有的地方政府的某些住房政策的初衷是为了改善住房困难阶层的住房状况,但其结果不仅没有改善住房困难阶层的住房状况,反而让地位较高的住房群体从中得利,扩大了住房差距。例如以经济适用房名义建造豪华别墅[①]、一些高收入群体以较低价格或内部价格购买商品房等现象。

(2) 人力资本与住房分层。

在社会学研究中,通常采用工作经历和受教育年限衡量人力资本。这里,我们用年龄的一次方和二次方来作为衡量工作经历的测量指标。研究发现,在模型1和模型2中,工作经历对住房分层的作用显著并呈现出倒"U"型,在模型3中则不显著。这说明,随着个人工作年龄的增加和工作经历的丰富,其住房分层地位也随之显著提高;但当工作年龄增加到一定程度后,其住房分层地位又会呈下降趋势。研究还发现,居民受教育年限越长,其住房阶层地位越高(详见表1.16模型3)。

(3) 职业状况与住房分层。

表1.16模型3的研究结果显示,个人的职业状况不同,其住房分层地位有较大差别。与体力劳动者相比,中高级管理人员、一般管理人员及办事人员、科员、个体工商户的住房分层地位显著要高;专业技术及科研人员、技术工人的住房分层地位与体力劳动者相比则没有显著差别。

(4) 收入水平与住房分层。

2000年左右,我国的住房货币化改革基本完成,市场购买住房成为获得住房资源的主要途径。因此,货币支付能力成了居民能否获得住房的决定性因素,居民的收入水平因而成为影响其住房分层的重要因素。研究发现,居民经济收入水平越高,其住房阶层地位也越高(详见表1.16模型3)。

可见,在住房分层过程中,不仅市场机制的作用显著——居民经济能力越强,其在住房分层中优势越明显,而且权力机制的作用也显著——居民行政级别越高,其在住房分层中优势越明显。然而,在1998年前后,人力资本和政治资本对住房分层的影响是否有变化呢?为了探究这一问题,我们通

---

① 王文志、肖波:《一份文件曝出"地市级最牛官宅"蓝图,山东日照3500套低价官宅现形》,《经济参考报》2010年5月19日第3版;杨于泽:《官员豪宅街的存在本身就不正常》,《中国青年报》2010年4月20日第2版。

过路径分析做进一步分析（图1.4和图1.5）。研究发现，在1998年前，人力资本与政治资本对住房分层既有直接效用又有间接效用；在1998年后，人力资本与政治资本对住房分层只有间接效用，直接效用不显著。这说明，随着住房市场化改革的发展，人力资本与政治资本对住房分层都在发挥作用，但人力资本和政治资本对住房分层的作用机制发生了变化，由原来直接参与住房再分配转变为通过经济收入回报间接对住房分层产生影响。可见，在住房分层中，市场机制在不断地增长，同时，国家权力机制也在延续。

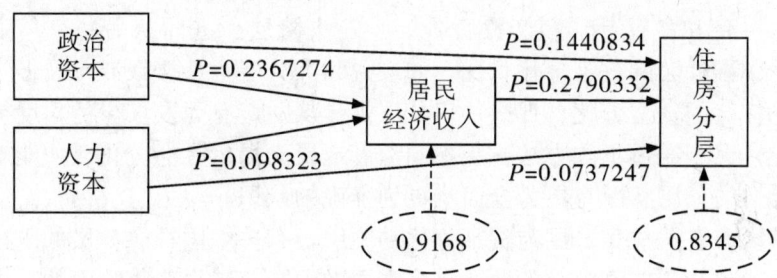

图1.4　1998年前住房分层路径分析

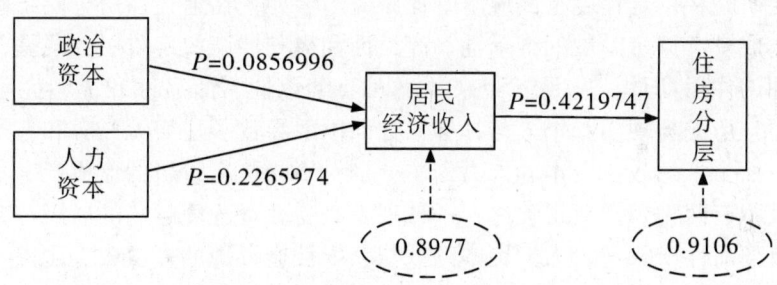

图1.5　1998年后住房分层路径分析

四、小结与讨论

（一）城市住房分层与社会贫富分化

首先，有关住房分层与贫富分化的状况。社会科学研究中衡量或测量社会贫富分化的方法较多，有基尼系数、收入五等分法等经济学者常用的方法，也有收入分层、职业分层、政治分层等社会学者常用的方法。其中，通过个人收入测量社会分化是最直接最简明的方法。然而，在个人收入隐匿程度较高的当下中国社会，仅依靠这一方法是不够的。2010年广州千户问卷调查结果表明，就当下中国社会特别是城市社会而言，住房分层就是一种不可或缺且十分有效的方法。以上述"三阶五级式"住房分层为例，其意义不仅在于揭示了不同社会群体之间的住房差别与住房差距，还在于本研究以住房为标准将社会成员划分为住房无产者（无产权房阶层）、有产者（有产权房阶层）和富有者（多产权房阶层）三大阶层，进而从另一个角度解读了当下中国社会的贫富分化状况。如果说收入分层是从金钱有无及多少的角度揭示社会的贫富分化，那么住房分层则是从财产有无及多少的角度揭示社会分化。只有通过不同方法并从不同角度或层面揭示社会分化，才能对当下中国社会的分层状况有更为全面且更为准确的认识。

其次，有关住房分层与贫富分化的原因。有关中国社会分层的既往研究表明，导致社会贫富分化的原因是多方面的：既有来自个人方面的，也有来自社会方面的；其既缘于原有管理体制，也缘于现实运行机制。此次城市住房分层研究在一定程度上回应了既往研究。譬如，在上述住房分层结构分析中，构成有产权房阶层的继承性、商品性和福利性产权房阶层，既是三个地位不同的住房群体，又是三个来源不同（继承性、商品性和福利性）的住房阶层。历史与现实、个人与社会等方面原因导致了住房无产者和有产者的分野，而个人的政治资本和人力资本分别对不同住房阶层的形成产生不同影响。其中有两种现象值得关注：一种现象是受教育程度越高的居民，越有可能拥有商品性产权房，人力资本高低与获取社会资源的多少成正比是一种值得鼓励的社会现象；另一种现象是在住房体制的转换时期，因不正当或不合法的使用而使政治资本成为谋取个人住房资源的手段，这种现象令人担忧。

最后，有关住房分层与贫富分化的趋势。住房分层即住房无产者、有产者和富有者三分格局的出现，既是贫富分化的结果，又是贫富分化的起点；既反映贫富分化，又能加剧贫富分化。那么住房分层是如何加剧贫富分化的？以下通过调查获得的两组家庭案例进行分析。

前一组两个家庭（代号为Q1和Q2）户主年龄均为40岁左右、家庭人口相同、家庭收入相当，而且都是在2003年从外地调入广州同一单位工作，都同时享受单位三年优惠房租待遇，即一套两居室住房3年内的月租为200元左右，3年后的月租则为2000元左右。Q1家庭在3年内购买了一套三居室住房，市场价在2006年为80多万元，2008年为120多万元，2010年达

200多万元。Q2家庭至今没有购房，仍以市场价租房居住。

后一组两个家庭（代号为H1和H2）户主年龄均为50多岁、家庭人口相同、家庭收入相当，在1999年因房改而都各自获得一套福利性产权房。此后，H1家庭因考虑将来儿子成家需要，在2003年购买一套三居室住房（当时市场价为60多万元，现在为240多万元）；另因年迈母亲需要照料而到广州居住，在2006年购买一套两居室住房（当时市场价为60多万元，现在为180多万元），2008年其母亲去世后该房出租（出租价格2008年为1600元/月，2009年2600元/月，2010年底至2011年初达3600元/月）。H2家庭因没有类似H1家庭的需要，没有另外购买商品房。

上述两组家庭案例至少说明两点：第一，先前是否购买住房已经导致目前的贫富差距。在前一组家庭案例中，Q1家庭与Q2家庭的贫富差距不仅表现在财富的有无，而且表现在财富的多少。从理论上讲，Q1家庭的财富总额至少比Q2家庭多出120万元，即Q2家庭如果现在购买与Q1家庭同样的住房需要多付120万元。同样，在后一组家庭案例中，H1家庭与H2家庭的贫富差距既表现在住房的多少，也表现在财富的多少，而两个家庭财富总额的差距难以准确估算，因为H1家庭的第二、三套产权房既可能出卖也可能出租。第二，现在是否拥有住房会导致未来的贫富分化。如果两组家庭其他收入相当且不变，个人收入不见明显增长而房价和房租明显增长，那么Q1家庭与Q2家庭的贫富差距将可能按算术级数增长，H1家庭与H2家庭的贫富差距将可能按几何级数增长。即住房富有者因为住房将会更加富有，住房贫困者因为住房会更加贫困。

以上只是讨论在一般情况下出现的住房分层及贫富分化，如果考虑到一些特别贫困和特别富有的特殊家庭，以及住房投资等特殊因素，那么住房分层状况会更加复杂。住房正在带来并日益加剧社会的贫富分化。

（二）城市住房分层与政府住房保障

正如社会分层状况是实施社会保障的前提一样，住房分层状况也是实施住房保障的前提。只有区分清楚住房的贫困者和富有者，政府才能有的放矢地实施住房保障。下面将从住房分层与住房保障相互关系的角度讨论住房保障的目标、对象及形式。

首先，有关住房分层与住房保障目标。上述住房分层依据住房将城市居民划分为无产者、有产者和富有者，这是否意味着住房保障的目标就是保障住房无产者成为住房有产者，或者说就是保障居民有房产呢？笔者认为，住房保障的目标是保障"有房住"而不是"有房产"。其一,保障"有房住"是住房保障的根本要求。无论是社会保障还是住房保障,都是解决生存性问题,而不是发展性甚至享受性问题。如果保障"有房产",就超出了保障的本来含义,同时也会带来新的社会不公平。其二,保障"有房住"是世界各个国家和地区住房保障的通行做法。欧美发达国家居民的住房自有率也并不高,欧美多数国家50%及以下居民都是通过租房居住。如在2007—2008年度,英国住房自有率为70%,美国住房自有率为68.4%,法国住房自有率为60%,丹麦住房自有率为50%,荷兰住房自有率为50%,瑞典住房自有率为46%,德国住房自有率为39%,瑞士住房自有率为31%。① 其三,保障"有房住"符合当下中国经济社会发展状况。按照每人每天1美元的联合国标准,我国仍有1.5亿贫困人口,而且不同地区和不同城市之间发展失衡现象较为严重。在这种情况下,保障人人"有房产"不太现实,而保障人人"有房住"是可能的。

其次,有关住房分层与住房保障对象。在"三阶五级式"住房分层结构中,只有住房无产者(无产权房阶层)才属于住房保障对象,但这一阶层又不完全或不全部是住房保障对象。依据上述数据,无产权房阶层依据收入水平和购房能力又细分为"具有购房能力""不完全具有购房能力"和"完全不具有购房能力"三类群体,他们的住房状况相应表现为"住房状况一般""住房较贫困"和"住房贫困"三种状态。住房贫困群体既无能力在住房市场上买房,又无能力在租房市场上租房,应是住房保障优先考虑的对象。

最后,有关住房分层与住房保障方式。住房保障方式的选择既要以住房分层状况为前提,又要考虑住房保障目标和住房保障对象。从住房保障目标角度看,由于住房保障目标是保障"有房住"而不是"有房产",因此,应在完善原有公房制度和廉租房制度的基础上大力发展不同形式的公租房,以满足不同住房困难群体的住房需求。广州市无论是在货币租赁补贴(俗称"补人头")方面,还是在实物配额出租(俗称"补砖头")方面,均做出了应有的努力并取得明显成效,认真总结其成功经验,对于建立中国特色的公租房制度或模式具有重要意义。从住房保障对象角度看,由于无产权房阶层中住房贫困群体的贫困程度不同,一方面应通过发展不同形式的公租房来满足"住房贫困群体"的住房需求,以实现住房保障;另一方面应通过发展经济适用房及类似方式满足"住房较贫困群体"的住房需求。由此,已

---

① 在调查的6013户居民中,拥有现住房全部或部分产权的比例达到了72.5%。

经引起争议的"经济适用房问题"是不能回避的问题。笔者认为,住房保障绝对不应保障"有房产",但可以帮助"有房产"。因此,应引领和规定"经济适用房"向保障"有房住"、帮助"有房产"的方向发展。另外,既然经济适用房制度已经实行,并且在我国城市住房保障方面发挥了重要作用,那么就应该认真地改进和完善相应的制度和规范,使其在城市住房保障中更好地发挥作用。

参考文献

Bian Yanjie, Logan J R. Market transition and the persistence of power:The changing stratification system in urban China [J]. American Sociological Review, 1996, 61 (5):739 – 758.

Blau P M, Duncan O D. The American occupational structure [M]. New York:Free Press, 1967.

Cao Yang, Nee V G. Comment:Controversies and evidence in the market transition debate [J]. American Journal of Sociology, 2000, 105 (4):1175 – 1189.

Huang Y. A room of one's own:Housing consumption and residential crowding in transitional urban China [J]. Environment and Planning A, 2003, 35 (4):591 – 614.

Lin Nan. Local market socialism:Local corporatism in rural China [J]. Theory and Society, 1995, 24 (3):301 – 354.

Logan J R, Bian Y, Bian F. Housing inequality in urban China in the 1990s [J]. International Journal of Urban and Regional Research, 1999, 23 (1):7 – 25.

Nee V. A theory of market transition:From redistribution to markets in state socialism [J]. American Sociological Review, 1989, 54 (5):663 – 681.

Nee V. Social inequalities in reforming state socialism:Between redistribution and markets in China [J]. American Sociological Review, 1991, 56 (3):267 – 282.

Nee V. The emergence of a market society:Changing mechanisms of stratification in China [J]. American Journal of Sociology, 1996, 101 (4):908 – 949.

Parish W L, Michelson E. Politics and markets:Dual transformations [J]. American Journal of Sociology, 1996, 101 (4):1042 – 1059.

Rona-Tas A. The first shall be last? Entrepreneurship and communist cadres in the transition from socialism [J]. American Journal of Sociology, 1994, 100 (1):40 – 69.

Szelenyi I. Social inequalities in state socialist redistributive economies [J]. International Journal of Comparative Sociology, 1978, 19 (1):63 – 87.

Szelenyi I, Kostello E. The market transition debate:Toward a synthesis? [J]. American

Journal of Sociology, 1996, 101 (4): 1082 – 1096.

Walder A G. Local governments as industrial firms: An organizational analysis of China's transitional economy [J]. American Journal of Sociology, 1995, 101 (2): 263 – 301.

Zhou Xueguang. Economic transformation and income inequality in urban China: Evidence from panel data [J]. American Journal of Sociology, 2000, 105 (4): 1135 – 1174.

边燕杰, 刘勇利. 社会分层、住房产权与居住质量——对中国"五普"数据的分析 [J]. 社会学研究, 2005 (3): 82 – 98.

边燕杰, 约翰·罗根, 卢汉龙, 等. "单位制"与住房商品化 [J]. 社会学研究, 1996 (1): 83 – 95.

边燕杰, 张展新. 市场化与收入分配——对1988年和1995年城市住户收入调查的分析 [J]. 中国社会科学, 2002 (5): 97 – 111.

陈杰. 城市居民住房解决方案——理论与国际经验 [M]. 上海: 上海财经大学出版社, 2009.

陈杰. 中国住房公积金的制度困境与改革出路分析 [J]. 公共行政评论, 2010 (3): 93 – 119.

陈那波. 海外关于中国市场转型论争十五年文献述评 [J]. 社会学研究, 2006 (5): 188 – 212.

陈志柔. 市场过渡或权力转换: 中国大陆城市居民的财富分配与地区差异 [M] // 刘兆佳, 等. 市场、阶级与政治: 变迁中的华人社会. 香港: 香港中文大学香港亚太研究所, 2000.

段若鹏, 等. 中国现代化进程中的阶层结构变动研究 [M]. 北京: 人民出版社, 2002.

格伦斯基. 社会分层 [M]. 2版. 北京: 华夏出版社, 2005.

浩春杏. 城市住房梯度消费: 以中国南京为个案的社会学研究 [M]. 南京: 南京大学出版社, 2007.

黄怡. 城市社会分层与居住隔离 [M]. 上海: 同济大学出版社, 2006.

李斌. 社会排斥理论与中国城市住房改革制度 [J]. 社会科学研究, 2002a (3): 106 – 110.

李斌. 中国住房改革制度的分割性 [J]. 社会学研究, 2002b (2): 80 – 87.

李斌. 城市单位职工位置能力与获取住房利益关系的实证研究 [J]. 中南大学学报, 2004 (2): 166 – 171.

李斌. 分化的住房政策: 一项对住房改革的评估性研究 [M]. 北京: 社会科学文献出版社, 2009.

李春玲. 当代中国社会阶层的经济划分 [J]. 江苏社会科学, 2002 (4): 64 – 73.

李路路. 制度转型与分层结构的变迁 [J]. 中国社会科学, 2002 (6): 105 – 118.

李路路. 再生产的延续——制度转型与城市社会分层结构 [M]. 北京: 中国人民大学出版社, 2003.

李培林, 李强, 孙立平. 中国社会分层 [M]. 北京: 社会科学文献出版社, 2004.

李培林,张翼. 消费分层:启动经济的一个重要视点[J]. 中国社会科学,2000(1):52-61.

李强. 社会分层与贫富差别[M]. 厦门:鹭江出版社,2000.

李强. 转型时期城市"住房地位群体"[J]. 江苏社会科学,2009(4):42-53.

李喜梅. 从社会分层看住房差异——对湖北省"五普"资料的分析[J]. 社会,2003(7):9-11.

刘精明. 市场化与国家规制——转型期城镇劳动力市场中的收入分配[J]. 中国社会科学,2006(5):110-124.

刘精明,李路路. 阶层化:居住空间、生活方式、社会交往与阶层认同——我国城镇社会阶层化问题的实证研究[J]. 社会学研究,2005(3):52-81.

刘欣. 中国城市的住房不平等[M]//复旦大学社会发展与公共政策学院社会学系. 复旦社会学论坛:第一辑. 上海:上海三联书店,2005:149-171.

刘玉照,张敦福,李友梅. 社会转型与结构变迁[M]. 上海:上海人民出版社,2007.

刘祖云,戴洁. 生活资源与社会分层——一项对中国中部城市的社会分层研究[J]. 江苏社会科学,2005(1):133-138.

刘祖云,胡蓉. 住房阶层分化研究——基于CGSS 2006调查数据的分析[J]. 社会,2010(4):164-192.

刘祖云. 阶层分化研究中的若干争议问题探讨[J]. 社会科学研究,2004(3):92-96.

陆学艺. 当代中国社会阶层研究报告[M]. 北京:社会科学文献出版社,2002a.

陆学艺. 当代中国居民消费分化的社会学分析[M]. 北京:社会科学文献出版社,2002b.

邱皓政. 潜在类别模型的原理与技术[M]. 北京:教育科学出版社,2008.

世界银行. 知识与发展:1999/2000年世界银行发展报告[M]. 北京:中国财政经济出版社,1999.

孙立平. 断裂:20世纪90年代以来的中国社会[M]. 北京:社会科学文献出版社,2003.

孙立平. 社会转型:发展社会学的新议题[J]. 社会学研究,2005(1):1-24.

孙立平. 失衡——断裂社会的运作逻辑[M]. 北京:社会科学文献出版社,2007.

王海涛,任强,蒋耒文. 中国四大城市住房市场化程度及其社会人口学因素分析——以北京、上海、广州和重庆为例[J]. 市场与人口分析,2004(2):56-62.

王宁,张杨波. 住房获得与融资方式[J]. 广东社会科学,2008(1):164-170.

许子东. 房价问题与中国社会各阶级分析[J]. 南都周刊,2010(41).

阎志明. 中国现阶段阶级阶层研究[M]. 北京:中共中央党校出版社,2002.

杨继绳. 中国社会各阶层分析报告[M]. 乌鲁木齐:新疆人民出版社,2000.

宇宙,李玉柱. 城镇住房市场的分化和变动——20世纪90年代住房消费提升的主要因素[J]. 中国人口科学,2006(5):50-59.

张俊浦. 兰州市城市青年职工住房分层状况研究[J]. 中国青年研究,2009(7):

64-67.

张曙光. 住房需求各阶层的分析 [EB/OL]. (2010-05-21) http://blog.caijing.com.cn/expert_ article-151282-6479.shtml.

张杨波. 对社会分层研究预设的反思——以分类作为切入点的方法论思考 [J]. 人文杂志, 2007 (6): 185-189.

赵人伟, 李卡. 中国居民收入分配再研究: 经济改革和发展中的收入分配 [M]. 北京: 中国财政经济出版社, 1999.

郑杭生. 当代中国城市社会结构现状与趋势 [M]. 北京: 中国人民大学出版社, 2004.

周运清, 张蕾. 社会分层视野下的城市住房分化与影响因素研究 [M] // 张鸿雁, 杨雷. 中国房地产评论: 第五辑. 南京: 东南大学出版社, 2006: 44-49.

朱光磊, 等. 当代中国社会各阶层分析 [M]. 天津: 天津人民出版社, 1998.

朱亚鹏. 住房制度改革政策创新与住房公平 [M]. 广州: 中山大学出版社, 2007.

研究报告二 城市住房分层的历时态研究

一、住房分层机制研究：理论与框架

（一）住房分层研究：从市场转型理论到机制、制度网络分析

住房一直是透视社会分层的重要视角，社会学经典作家韦伯（Weber，1987）提出财产阶级概念，就将是否拥有房屋作为社会分化的一项重要标准。在都市社会中，住房不仅是家庭财富与地位的象征，也是分享城市公共资源与城市"舒适物"的载体（王宁，2010）。鉴于住房在中国都市社会的重要性，有学者提出了以住房为分层主要指标的"生活资源分层"（刘祖云、戴洁，2005）及"住房地位群体"（李强，2009）等概念。

在关于中国转型时期社会分层与流动研究中，有关住房议题得到了更多的关注。研究者们相信，在整体收入水平普遍低下且差距较小的社会现实下，住房等实物性的指标比收入更能反映出社会分层的真实状况，而计划经济体制下再分配权力是影响住房获得和质量的关键因素（Parish，1984；吉尔·伊亚尔、伊万·塞勒尼、埃莉诺·汤斯利，2008）。在关于市场转型的具体研究中，学者们根据权力与市场能力对住房获得的影响，以及权力精英与市场精英在住房的数量、住房的价值以及住房的质量等方面的差异，来验证市场转型过程中的直接生产者和再分配者获利上是此消彼长还是共同增长（相关文献综述可参见胡蓉的博士学位论文：胡蓉，2010）。市场转型理论的关键议题是回答拥有再分配权力者与市场权力者谁是市场转型过程中的"赢家"，以及再分配权力与市场权力在转型过程中的演化轨迹是什么。但在这场关于市场转型理论的争论中，存在着很多的"含混不清"，尤为让人注意的是，学者们面对相似的事实却有着"截然不同的理论解释"（边燕

杰、吴晓刚、李路路，2008）。面对不利于市场转型理论的事实，倪志伟认为是批评者经验证据取自尚未发生市场转型的领域，或者说虽然市场转型已经发生，但引起系统离开原有状态的"临界点"并没有达到（Cao & Nee，2000；Nee & Cao，1999）。倪志伟的批评者则认为，市场转型已经发生，出现与市场转型理论相反的证据并非只是经验取证的前提的问题，而是市场转型理论的"推论逻辑"有问题，或者说再分配权力与市场权力的作用机制与市场转型理论蕴含的机制不相同（Bian & Logan，1996；Zhou，2000a）。形成这种状况的原因有很多，但主要原因在实证过程中研究的逻辑，站在某一节点对过去发生的事件的结果的检验，是一种回溯性的研究，在这里将关于未来的可能性被当作一种确定性的假设进行检验。从背景前提、运行机制和结果三个环节来看，仅从结果对机制进行检验，情况非常复杂。

　　面对这一问题，研究者们形成的共识就是要进行制度分析。更具体地说是要研究具体制度在具体条件与环境下的具体作用（Zhou，2000b），"具体作用"也就是机制分析。这一分析框架已经超出了市场转型理论，因为即使是经验研究的条件不符合市场转型理论假设推理前提，这也并非问题的关键——"严谨的社会科学不仅来自研究的逻辑性，更来自对现实的反映程度。归根结底，面向现实才是社会研究的立命之本。经验研究的目的就是要描述现实、说明现实、解答现实问题，而研究结论无疑就是这一目的的最好阐释"（张乐、张翼，2008）。从这个意义上来说，强调具体制度分析就是直接面对经验事实本身，而强调具体制度的"具体作用"即为强调机制研究（Zhou，2000b），其应有之义是强调"过程"与"描述"（孙立平，2002），面向事件本身的逻辑，对于未来只是一种"可能性的预测"而非一种"决定性的预测"（李伯重，2000）。

　　根据社会研究社会情境原理，机制作用总是在一定时空中发挥作用（谢宇，2006），研究制度对社会分层的具体机制不能忽视制度运行的具体环境。正是在这个意义上，魏昂德（Walder）提出了"精英机会论"，认为转型经济中的社会变迁理论应着重于"变化中的政治和经济环境下面临的机会和约束"（Walder，2003）。相关机制总是在具体社会情境中的运作机制，其中的行动者也是在具体社会情境中的行动者，因此，在研究中应该强调行动者活动于其中的社会具体环境，即方法论地方主义（李丹，2009）。另外，不同制度在不同制度环境下发挥的作用也不同，因此，研究具体制度还要研究制度在不同环境下的落实过程。这些制度并非一成不变的，它们在不同时期不断地加以调整，并且在实际运行过程中通过科层制内部不同层次、不同机构间互动而变通实施，表现出了迥异的实际过程和结果；制度中的行动者也非被动的"刺激—反应"的行动者，同时也对制度运作产生影响，使得制度在落实过程中出现"种种变通"（周雪光，2011）。

总之，我们在具体制度分析中不能将制度视为孤立制度，而应将其嵌入社会情境中去分析，既关注制度运作的更为宏观的情境，也要关注制度落实的更具体的条件，当然还要关注相关行动者。具体到本研究关注的住房改革也是在中国社会转型环境中发生的，改革指向的是计划经济体制下的福利住房制度，因此叙述住房市场化对住房分层的影响时，也应从其嵌入的社会情境去理解。由于制度运行的具体环境我们将在后面章节中具体分析，而中国社会渐进性改革呈现明显的阶段性特征，因而在接下来的阐述时主要关注中国的社会改革特征与住房市场化在社会改革每个阶段的特征。具体而言，因为住房改革主要是针对传统福利住房制度的改革，这些福利制度都是依托单位制的，而不同单位的改革进程是不一致的，在中国的改革主要是经济改革，是针对国有企业的改革，因此我们在叙述各阶段改革时，主要是针对国有企业改革措施而言。对住房市场化的论述主要包括两个主要内容：一是房改制度，即针对传统住房福利制度的改革措施；二是房地产市场的发展，即在传统住房福利制度之外的住房市场的发展情况。

（二）住房市场化的阶段性特征

研究中国住房分层，应将其嵌入社会情境中去分析，既关注制度运作的更为宏观的情境，也要关注制度落实的更具体的条件。从 1978 年十一届三中全会至今，中国的改革大致经历如下三个阶段：改革普惠阶段、改革分化阶段、改革反思阶段。作为改革的重要组成部分，中国城镇住房政策在改革不同阶段呈现出显著差异，对住房不平等与分层的影响也不同。

1. 增量改革阶段的住房制度：住房短缺与承包制

1978—1989 年期间，中国社会改革呈现明显的自下而上的特征，注重机会创造，因此被称为增量改革。这种帕累托改进式改革短期内取得了巨大的效率改进，使得改革没有"输家"（Che & Facchini, 2007; Justin, 2007; Lau, Qian & Roland, 1997; M. Steven, 1988）。该时间段也被视为改革普惠时期。城市改革吸纳了农村改革经验，对国有企业采取放权让利，实行厂长责任制与承包制，同时也开始推行利改税试点改革。广州市在 1981—1982 年推行经济责任制，在企业内部，也实行了各种形式的分级经济责任（广州市统计年鉴，1983）。到 1989 年，广州市市属预算内国营工业、交通、城建企业已有 394 户实行了承包经营，占总户数的 98.7%。大中型国营商业企业已有 548 户实行了承包，占总数的 96.7%；小型国营商业企业已普遍实行承包、租赁经营（广州市统计年鉴，1990）。

住房是单位的重要福利之一。改革开放前，住房建设主要依靠财政拨款，住房建设资金严重不足，人均住房面积不断下降。改革开放以后，为解决严重住房短缺问题，广州市住房建设加快，1985 年底，人均居住面积达到 7.73 平方米。1986 年起，住宅建设投资大幅度增加，全市平均每年竣工的住宅价值近 5 亿元（广州市地方志，1993：500）。

与全国其他地方一样，广州市当年的住房解困工作都是以单位为依托归口管理，《关于解决广州市人均居住两平方米以下困难户住房问题的方案》中规定："原则上行政事业单位由市财政补贴，企业单位可动用历年节余的福利基金、奖励基金和宿舍折旧资金解决建房资金，对困难较大的单位，由市财政采取有偿补助或银行贷款给予解决。"其时，房地产发展的流程是"国民收入—企业留利或挤成本—房地产投资"，其特点是企业把留利或者乱挤成本的收益投向住房，再作为福利分配给职工（王育琨，1992c）。

虽然在住房投资领域，该阶段住房建设体现出鲜明的时代特征——单位承包，但从住房制度本身来说，该阶段住房制度与改革开放前并无本质差别，住房依然归国家所有，主要任务是解决住房短缺问题，加大住房投资，体现出增量改革的特点。

2. 存量改革阶段的住房制度：住房双轨制与产权改革

1990—2000 年是改革开放的第二个时期，该阶段明确了社会主义经济体制改革目标就是要建立社会主义市场经济体制。该时期改革动力呈现自上而下的特征，国有企业改革是重点。1991 年广州市开始启动对国有企业的股份制改造试点工作（广州市统计年鉴，1992）。20 世纪 90 年代中后期，国有企业改革主要是以产权改革为突破口，通过法人相互持股、嫁接外资、员工持股、出售转让等多种形式来实施产权制度改革，推动国有中小企业改革转制工作。

住房制度改革是国有企业改革的重要配套措施，是国有企业改革的前提之一，主要目标是要将住房供应与单位分离（参见《朱镕基讲话实录》，朱镕基，2011）。在该阶段，住房改革最主要的内容是针对福利住房产权改革，其最主要的特征是对住房产权有了更明确的表述。1991 年 6 月 7 日国务院出台《国务院关于继续积极稳妥地进行城镇住房制度改革的通知》，规定"凡按市场价购买的公房，购房后拥有全部产权"。1994 年国务院发布

《关于深化城镇住房制度改革的决定》，明确住房改革的根本目的是建立与社会主义市场经济相适应的新城镇住房制度。1998年7月，国务院出台《国务院关于进一步深化城镇住房制度改革加快住房建设的通知》，要求从1998年下半年开始停止住房实物分配，逐步实行住房货币化。广州市住房改革基本与全国同步。全市范围内的全面房改于1991年展开。为配合房屋出售目标，广州市于1992年试行住房公积金制度。2000年，广州市根据《国务院关于进一步深化城镇住房制度改革加快住房建设的通知》（国发〔1998〕23号）和广东省人民政府《关于加快住房制度改革实行住房货币分配的通知》（粤府〔1998〕82号）精神，规定从2000年1月1日起，全面实行住房货币分配。从1989年试点公房出售，至1999年底，广州市累计出售公有住房500272套，各单位自管的可售公有住房中，已有约90%房改房出售完毕（广州市统计年鉴，2000）。2000年，广州市出售备案公房40168套、面积304万平方米，回收资金26.15亿元（广州市统计年鉴，2001）。

该时期，单位建房依然是城镇居民住房的重要来源之一。一些国有企业出于自身利益依然维持着原有住房福利制度，即使在2000年之后，广州市虽已宣告停止公房出售，但单位建房依然存在。与此同时，广州市房地产市场发展迅速。其一是住房生产环节主要由开发公司完成。1994年，广州市94.9%的住房投资由开发公司完成，市政府只负责解困房建设。其二是住房建设资金也逐步多元化：单位、个人、国外资金和银行。另一个显著变化是，以往住房主要由单位购买再分配给职工，而该阶段商品房也成为居民购房的重要来源。与此同时，住房金融也在广州、深圳等大城市发展起来。在法律方面，住房产权也逐步明晰，公房五年之后可以上市交易（Chiu，2001）。然而渐进式的改革决定了住房制度中新老制度的并存（Fulong Wu & Jingxing Zhang，2007；Zhu，2000）。但住房商品化作为一种新制度是存在于旧的制度网中，旧制度中的国有企业虽然开始转向市场规制发展，依然带着明显的计划色彩（Zhu，2000）。

该时期住房改革的重点是住房产权，因此又称住房自有化时期，但在住房供给上，是福利房与市场房并存的住房双轨制（周京奎，2011）。

3. 改革反思阶段的住房市场：房地产黄金时期与住房投资

从整个转轨政策来说，21世纪前10年的改革政策属于20世纪90年代转轨政策的延伸（王宁，2009）。改革的普惠时代已过去，改革政策对社会各个群体的影响存在明显差异。该阶段改革也被称为改革攻坚阶段。许多问题在国有企业改制过程中凸显出来,一是大量国有企业职工"下岗分流",二是在国有企业改革中国有资产流失严重。关于国有企业改革的公平性成为社会关注的焦点问题。改革普惠不再,利益分化加剧,社会开始对改革进行反思(可参见秦晖,2004,2005,2010;孙立平,2006;杨茁,2005,2007)。

该时期由于相关文件停止福利分房,房地产市场快速发展,因此也被称为后福利分房时期或房地产市场黄金时期。

该阶段国家住房领域政策也发生明显的转向。2003年8月20日,国务院18号文即《国务院关于促进房地产市场持续健康发展的通知》中,房地产行业被正式确定为"国民经济支柱产业"。在中国经济增长的三驾马车中,投资一直是带动中国经济增长的重要推动力,而房地产投资在固定资产中的比重一直居高不下。在广州,2000—2009年,房地产投资所占比重一直在30%以上,与20世纪90年代初期房地产泡沫时期的情况基本相当(广州市统计年鉴,2010)。

与此同时,经济适用房也被定位为具有保障性质的政策性商品住房,从原有保障性住房到具有保障性质的政策性商品房的转变背后是各地政府对经济适用房建设的投入逐步减少,普通商品房在市场中所占比重越来越大。伴随着经济适用房供应减少的是城市房价的不断攀升。从2001年到2009年,全国商品房价格由2170元/平方米上涨到4681元/平方米。2000年广州商品住宅均价为4200多元/平方米,到2010年,全市商品房均价高达11920元/平方米。

房地产成为地方支柱性产业,地方政府角色也发生了变化,地方政府功能从原有的城市管制者成为城市的经营者,政府成了CEO(苏岭,2010)。在地方政府推动下,以房地产行业为龙头,中国形成了"经营城市、经营土地"的经济增长模式。地方政府也由此形成了"第一财政靠工业,第二财政靠土地","吃饭靠第一财政,建设靠第二财政",甚至第一财政也越来越依靠土地的局面(周飞舟,2006,2007)。地价上涨的同时,地方土地出让金收益直线飙升。2011年初全国国土资源工作会议上,国土资源部部长徐绍史透露,2010年全国土地出让成交总价款2.7万亿元,是土地出让制度改革前10年土地出让金总额的近3倍(王卫国,2011)。

在该阶段,住房分化日益明显。"以市场为表,以权力为里"的房地产市场成为垄断权力收取溢价的典型行业(叶檀,2009),在制造财富盛宴的同时,一些民众也因投资住房获得巨额财富,住房作为投资品的属性越来越显著;与此同时,普通百姓,特别是刚参加工作的年轻一代,望房兴叹,住房远离普通民众的基本需求,房价上涨成为民众幸福感和政府权威日益流失的重要根源。

总之,中国经济改革采取渐进式模式,城市住房领域改革也因此呈现明显的阶段性特征。

(三)住房分层机制研究框架与假设

1. 研究框架

不同改革阶段的国家政策或者国家行为,势必对各个群体的生活机遇结构产生影响,并激起个体行动者的反应,由此产生不同的生活机遇结构和不同的社会整合状态。

本报告将在以后的章节中展现国家住房政策转轨对生活结构的影响,即住房分层的社会情境机制(宏观—微观),以及行动者的反应,即住房分层行动形成机制(微观—微观)和带来的社会结构或者社会分层的变化,即转换机制(微观—宏观)(Hedström & Swedberg, 1996)(图2.1)。

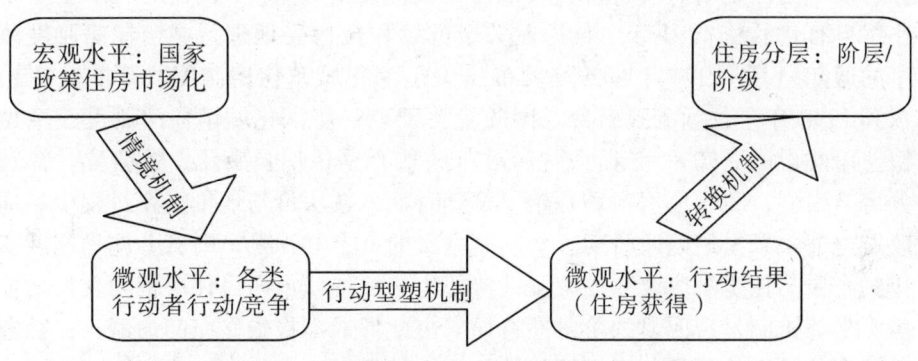

图 2.1　住房政策转轨与住房不平等机制研究

社会转型阶段(或改革各阶段)以及各阶段的住房政策构成了我们研究的宏观社会情境,研究中关注每一阶段的具体住房制度,但也要考虑到制度的落实环境(周雪光,2011)。具体而言,因为住房改革主要是针对传统福利住房制度的改革,这些福利制度都是依托单位制的。但在中国城市中,单位制度也有不同类型:行政机关、事业单位和国有企业。这些单位类型构成了制度运行的"场域"。社会转型中,这些单位类型的转型方向也是不同的。中国的转型是在"北京共识"下渐进性的转型,转型的特点是在保持原有政治制度不变下的经济改革(Roland,2002)。以经济改革为中心,因此对不同单位的要求是不一致的，不同单位类型在改革中面临的约束与转轨方向也是不一样的。同时，不同的个体在不同的单位类型中的行动也存在差异，因为其个体行动者也是在具体社会情境中的个体。因此，我们的分析单位（行动者）不仅是分析不同类型的个体行动者，还要分析不同类型的组织行动者。因此相关机制也总是在具体组织中运作，其中的行动者也是在具体社会情境中的行动者，单位构成了住房制度落实与个体行动者活动于其中的社会具体环境，即方法论地方主义（李丹，2009）。接下来的章节将展示不同改革阶段中住房制度在不同组织类型中的落实情况以及对个体行动者的影响。

2. 研究假设

正如前文所述，中国经济改革过程呈现明显的阶段性。中国社会的转轨政策也呈现阶段性特点：20世纪80年代的政策转轨路径是先易后难，90年代的政策转轨路径是抵制最小，90年代末期以来的政策转轨路径是最小约束（王宁，2009）。城市住房领域改革也呈现明显的阶段性特征。在80年代住房改革主要是增量改革，加大住房建设力度。在90年代住房改革主要是住房自有化。从1991年《国务院关于继续积极稳妥地进行城镇住房制度改革的通知》，到1994年国务院发布《关于深化城镇住房制度改革的决定》，再到1998年7月国务院出台《国务院关于进一步深化城镇住房制度改革加快住房建设的通知》，该阶段住房改革的重心是住房自有化、社会化。福利分房结束后，我国住房市场开始了黄金时期，在房价与地价上涨过程中各地政府也迎来了土地财政时期。新制度主义的一个共识是，财富分配是制度安排的结果。住房制度改革的阶段性特征也必然使城市居民住房资源获得、住房不平等机制呈现明显的阶段性特征。由此形成本报告研究的**命题一：社会转型期的住房分层机制呈现明显的阶段性特征**。

渐进式改革的另一特征是改革的局部性或不平衡性，中国改革主要是在经济领域改革，由体制外改革带动体制内的改革。同时，即使在体制内单位——行政机关、事业单位和国有企业中，由于改革的任务与目的不同，改革政策的重点与落实过程也呈现出明显差异。住房改革也是如此，中国住房改革是作为市场经济体制建立和国有企业改革的配套措施而进行的改革。因此，住房制度改革在不同单位中呈现不同特点，各单位对住房改革的反应也不同。反映在住房获得机制上，也呈现出明显差异。由此形成本报告研究的**命题二：即使在住房改革的同一阶段，不同类型单位之间住房分层机制（主要是住房获得机制）呈现不同特点**。这里借用布迪厄场域的概念（皮埃尔·布迪厄，1998），简称住房获得或住房分层的"场域机制"。

住房改革使得个人、组织乃至政府在住房供给与需求位置中的角色都发生了变化，住房属性也发生了变化。借用布迪厄的另一个重要概念"惯习"，形成本报告研究另一个命题。"惯习和制度性位置之间有一种辩证的互动：新位置改变任职者，但新任职者却依赖他们的惯习去诠释一个制度应该如何去运作。当社会空间的客观特征改变时，某一类资本的价值会降低，另一类资本价值会增加"（吉尔·伊亚尔、伊万·塞勒尼、埃莉诺·汤斯利，2008：9）。面对这些变化，有些行动者依然试图按原有逻辑去理解制度的运行，有些行动者则是调整策略适应新游戏规则，而后者会在竞争中存在优势。住房制度改革使得住房从原有的单位福利变成了一种商品，从消费品变成了投资品，但不同行动者对此认识是不同的，对住房新价值的认识是有先有后的。由此形成本报告研究的**命题三：不同行动者的反应影响住房资源获得的重要机制，能越早调整行动策略，对该行动者就越有利**。或按经济学理性预期理论，越早形成关于住房属性与住房价值的理性预期的个体越能获得投资利益。

住房制度改革以及政府角色变化，使得住房属性发生了本质变化，住房成为越来越重要的一种资源，这势必使住房资源的获得引起相关行动者之间的竞争。由此形成本报告研究的**命题四：住房资源获得是一个高度竞争的过程，即住房分层的个体行动机制**。

随着时间推移，这种竞争变得更为激烈。在这场竞争中存在着先发优势与后发劣势：作为规则制定者的运动员的先发优势，与作为被动参与者的运动员的滞后反应，以及尾随者的痛苦。制度的型塑过程是各个群体实力与利益的分配，作为后来者在制度中所处的位置越来越边缘，也面临更多困难。而刚参加工作的年轻人，由于缺少资源积累，同时又面临比以往更为激烈的竞争，因此成为社会转型与住房政策转轨的失意者。由此形成本报告研究的**命题五：相对于上一代，新参加工作的年轻一代在竞争中处于更加不利的位置，即住房分层的代际机制**。

住房不平等是一个累积过程。由于各行动者在相关制度中位置不同，能调用的资源不同。在住房竞争过程中，有各种各样的人能成为有产阶层，他们或是依附于权力，或是成为管理精英，或是进行资本运作。那些能适应社会情境变迁的人会向上流动，而不能调整自己惯习的人会向下流动。一些人在竞争中聚集优势，一些人不断被抛离。因此形成本报告研究的**命题六：住房制度改革以及房地产市场的发展过程，也是住房不平等不断扩大的过程，即住房分层扩大化机制**。

二、1978—1989 年：住房增量改革逻辑与住房分层

（一）1978—1989 年：住房增量改革

1950—1978 年的 28 年间，政府单一投资体系下住房建设投入不足，全国城镇住房出现严重短缺。新中国成立后十多年，广州市人均住房面积连年下降，曾从 1949 年的 4.5 平方米持续下降到 2.76 平方米；1978 年有所恢复，但依然低于全国平均水平，仅 3.82 平方米。与此同时，由于长期以来的低租金政策，直到后来连维修都难以为继（广州市地方志，1993：484-489）。为解决长期以来存在的住房严重短缺问题，广州自 70 年代末期加大城镇住房投资，在 1986 年之后更为明显。1985 年，广州市住宅财政投入住房建设资金为 10.4 亿元，到 1989 年增长到 26.65 亿元（图 2.2）。

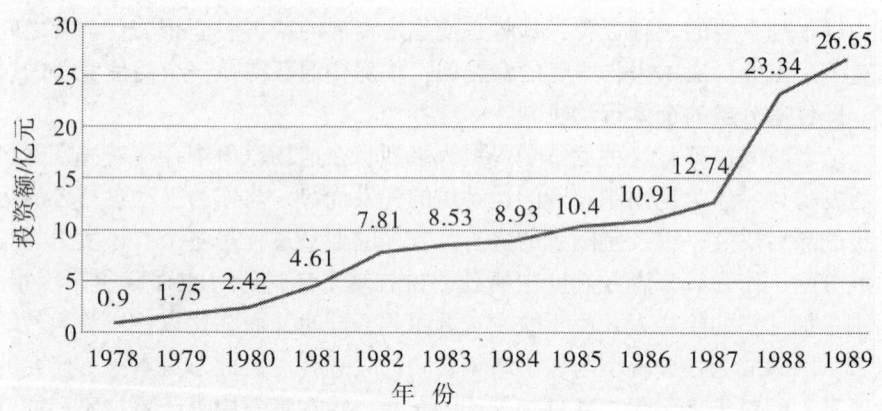

图 2.2　1978—1989 年广州住宅建设投入情况

资料来源：《广州市统计年鉴（1990 年）》。

住房建设投资加大带来的是全市实有住宅面积的快速增长与市民居住环境的极大改善。1978 年底广州市实有住宅面积为 788.4 万平方米，到了 1989 年为 2199.1 万平方米，约为 1978 年的 2.8 倍（图 2.3）。

广州市人均居住面积也从 1978 年的 3.82 平方米增长到 1989 年的 7.62 平方米（图 2.4）。

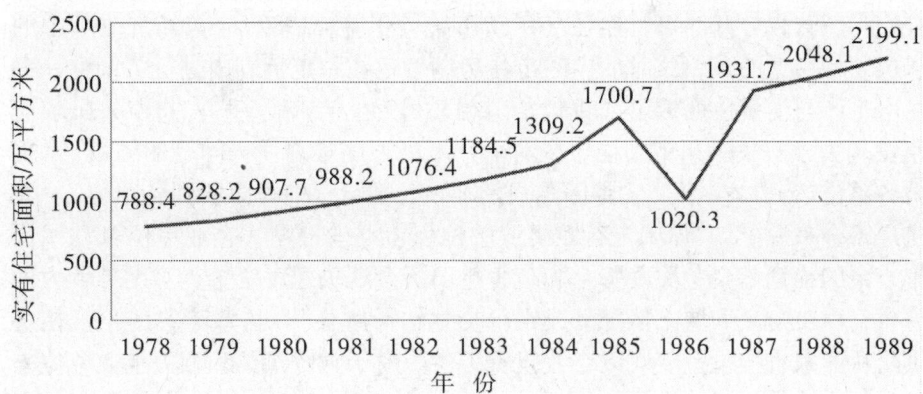

图 2.3　1978—1989 年广州实有住宅面积

资料来源：《广州市统计年鉴（1990 年）》。

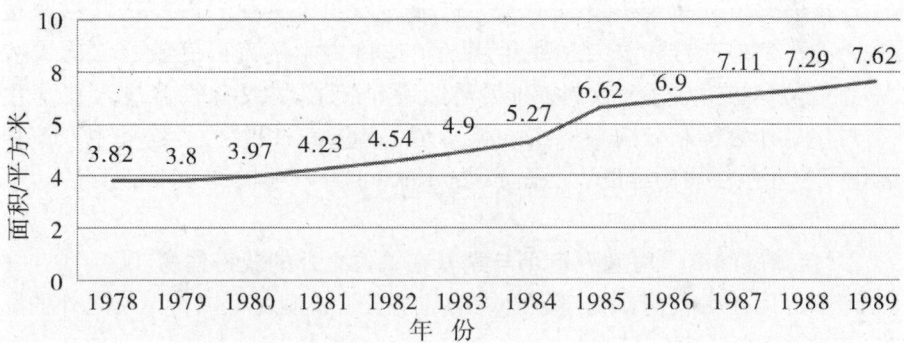

图 2.4　1978—1989 年广州市人均居住面积

资料来源：《广州市统计年鉴（1990 年）》。

该时期住房领域呈现明显的增量改革特点，城市住房总量增加，市民住房条件持续改善。从 1986 年开始，广州市将住房重点放在住房解困工作上，人均居住面积低于 2 平方米的家庭被优先考虑，使得住房面积增长受益群体也覆盖到住房困难家庭，体现了改革的普惠性。

（二）增量改革时期住房制度调整与住房获得

1. 国有企业改革与住房供给的单位承包制

以 1978 年十一届三中全会为标志的改革开放，改变了中国社会经济的面貌。改革体现在经济上就是放权让利，落实各种承包经营责任制，探索所有权和经营权分开的可行途径（广州市统计年鉴，1987）。与经济改革中的承包制相一致的是，该时期广州市住房制度也在一定范围内进行了调整——住房生产与消费也变成了"单位承包制"。1986年7月5日广州市人民政府印发《关于解决广州市人均居住两平方米以下困难户住房问题的方案》，要求各单位"归口包干"，"将困难户的名单、数量、归类落实到各单位"。在建房资金来源上，"原则上行政事业单位由市财政补贴，企业单位可动用历年节余的福利基金、奖励基金和宿舍折旧资金解决建房资金，对困难较大的单位，由市财政采取有偿补助或银行贷款给予解决"。这意味着广州市住房供给从国家直接投资变成以企业投资为主。对于党政机关和相关事业单位来说，住房建设与投资的资金主要来自财政拨款。然后单位将住房分配给家庭，单位作为国家的代理者，负责对住房的管理、维修（Tong & Hays，1996），这和改革前并不存在实质的差别。但对于广大的国有企业来说，住房生产虽然是依靠单位本身，但是生产流程发生了变化：以前是"财政拨款—企业—房地产投资"；在80年代，单位住房生产流程变成了"国民收入—企业留利或挤成本—房地产投资"，企业把留利或者收益投入住房生产，然后再作为福利分配给职工（王育琨，1992a，1992c）。这种生产流程"强化了企业包住房的程度"（王育琨，1992c）。

2. 自建房制度、房地产市场与家庭在单位之外的获得住房

诸多原因使得我们在叙述该阶段的住房分层机制时可以将单位之外的影响"忽略不计"。

其一是在整个20世纪80年代，城市居民自建住房可能性很小。城市居民要自建房首先要有土地。土地从何而来？1987年《土地管理法》实施后，城市市区的土地被明确规定"属于全民所有即国家所有"，城市居民（不包括村民）已很难获得土地建房，主要是一些高级党政干部能利用各种权力建造"单家独院"。广东省委、省政府批转省纪委、省建委、省监察厅、省国土厅1989年《关于处理党政干部建私房问题的规定》（粤发〔1989〕17号文）第二十三条规定，"今后党政干部一律不准在城镇建单家独院的住宅"的规定；同年10月24日，广东省建委颁布《关于今后不再受理党政干部在城镇兴建单家独院住房的报建的通知》（粤建城字〔1989〕234号）。之后，广东省建委颁布《广东省建设委员会关于对城镇个人建造住宅进行严格管理的通知》（粤建法字〔1991〕099号），也对城镇个人建造住宅进行了严格限制。事实上，在20世纪80年代初期（"六五"期间）建成的私人住房中，很多房屋也是以私建公助或私人购买、企业提供担保等办法建成

的，这与个体所在单位的状况密切相关。

其二是长期的计划经济体制使得房地产市场"不存在"。虽然广州市在1978年开始就探索引进外资（港资）合作生产商品房，建成的住宅按商定的比例分成，但属港商的房子是在香港出售，而非针对广州市民的商品房（广州市统计年鉴，1983）。在整个20世纪80年代，商品房开发在住宅建设中只占很小的比例；即便是在这部分商品住宅中，私人购买也只占很小部分。例如，1986年广州市住宅竣工面积259.06万平方米，其中全市各开发公司共建成商品住宅69.14万平方米，占总建成面积的26.7%，而私人购房为21.69万平方米，仅占整个建成面积的8%多一点（广州市统计年鉴，1987）。1987年这一比例为10%（广州市统计年鉴，1988）。而1986年商品房价格高达1250元/平方米（广州市统计年鉴，1987）。在"万元户"尚属于富裕家庭的背景下，商品房主要是面向华侨或者华侨家属出售，普通市民难以企及。

其三是单位大规模建房对自建房与房地产市场产生了巨大影响，使得个体（家庭）在单位之外解决住房难度增加。中国经济转轨过程也是公有部门（国有企业）投资饥渴或软预算约束使货币不断贬值的过程（王永中，2008）。为解决住房严重短缺问题，广州市财政投入住房投资快速增长，从1985年的10.91亿元，增长到1989年的26.65亿元。随着各方面生产的投资加大，广州市的物价也快速上涨，水泥等各种建材的价格都上涨很快，造成住房建设成本增加。水泥钢筋等材料紧张，优质高标号水泥主要用于保证重点工程，因此供应仍然偏紧。据统计年鉴资料，1984年，优质水泥市场价升至200元左右/吨，比计划价格上升80多元/吨。单位建房，通货膨胀，使得个体通过自身能力去建房、买房变得更为困难，大规模住房建设也使得困难企业建房更为困难，成本持续增加。1985年，住房造价提高到252元/平方米，比上年增长14.6%。1986年住宅综合造价达505元/平方米，其中建筑造价286元/平方米（广州市统计年鉴，1987）。1987年商品房综合造价达720~740元/平方米，比上年增加43%左右；建筑造价达300元/平方米，比上年增加4.9%（广州市统计年鉴，1988）。这使得普通市民自建住房困难增大。广州市住房价格也快速上涨。1987年住房均价为701元/平方米，1988年为882元/平方米，1989年为1152元/平方米。而1988年和1989年广州市职工每年平均工资分别仅为2742元和3343元。房价上涨使得普通市民购买商品房也更为困难。因此，20世纪80年代广州市商品房主要是销售给国有企业，较少部分是销售给私人，私人购买者中大部分是有侨汇的侨属和个体户。据统计年鉴记载，1985年，购房者中绝大多数是个体户和有侨汇收入的侨属,侨汇购房216万元,比上年增长4.9倍(广州市统计年鉴,1986)。到1988年情况同样如此,购房者依然主要是侨属和个体户,其中侨汇购房1013万元,比上年增长92.6%(广州市统计年鉴,1989)。

总之,在增量改革阶段,体制内单位大规模的住房建设与投资,城镇关于土地制度国有化以及对自建房政策收紧,再加上体制内单位大规模建房带来的物价上涨和建筑成本上升,使得个体通过自身解决住房的可能性下降。个体也很少考虑通过房地产市场购买房的问题。在访谈中,也很少有受访者表示有买房的必要。周女士和其先生都在广州一家商场上班,其先生还是该商场负责采购的中层干部,所在企业虽然在2004年已经改制,但在20世纪80年代是很好的单位。当问到当时是否有想法要买房时,周女士回答说:"那个时候上万元是很大一笔钱了,但是房价好几百上千的,怎么也要好几万元,一般家庭是买不起的。买得起的是那些卖收音机、录像带等走私货的人。否则谁会一下子能拿出那么多钱呢?"(TOYG001周女士,2011年5月24日)相对于周女士一家,作为国有企业D企业领导的曾先生家庭状况更好,其父是部队高干,爱人是市国资委一个处长,但和周女士一样,曾先生当时也没有想过要买房:"那个时候没有想到这一点,……,大家住房都差,所以也不会说一定要买房才结婚,反正大家都是要靠单位,等单位分房。那个时候的人也能吃苦点,不像现在年轻人,年纪轻轻就需要住房什么都具备了。大家都是先工作,考虑工作的事情。"(QDLD001曾先生,2011年4月28日)受访者没提及的是,即使是有钱也不一定能买到商品房。在20世纪80年代初期,广州需要侨属证明才能买商品房。

20世纪80年代经济改革中,受益主要群体是体制外个体户,他们大多是城市周边村民,有宅基地建房。而在房地产市场中购买住房的居民,主要是华侨家属(国有企业为领导干部买房是单位行为)。结果在住房投资增长的同时私人住房在整个住房数量与面积中的比重越来越小,广州市住房增量是不平衡增长,公有住房所占比重越来越大,而私房建筑所占比重越来越低。1982年,广州市住宅竣工面积为160.52万平方米,其中私人建住宅20.92万平方米,住宅新增面积中私人住房占13%(广州市统计年鉴,1983);1983年广州全市住宅竣工面积188.12万平方米,其中私人建住宅14.43万平方米,占比不到8%(广州市统计年鉴,1984)。来自《广州市志》"房地产志"相关资料显示,20世纪80年代广州市住房结构中,私人住房比例持续下降(表2.1)。

表 2.1 广州市区各个时期房屋数量及占有情况

年份	市区房屋建筑面积/万平方米	其中私房建筑面积/万平方米	私房面积占市区房屋总面积比例/%
1949	1231.19	911	74.04
1957	14854.49	935.18	63.00
1966	2000.91	720	35.98
1976	2604.19	732.14	28.11
1978	2889.89	578.95	20.03
1980	3247.82	611.60	18.83
1985	5511.97	839.76	15.24
1990	7567.44	807	10.66

资料来源:《广州市志》,1993:467; http://www.gzsdfz.org.cn/dqzlk/。

广州市私房占市区房屋总面积的比例从 1976 年的 28.11% 下降到 1980 年的 18.83%;随着单位对住房投资力度的加大,1985 年广州私房面积所占比重更是下降到 15.24%;到 1990 年该比例是 10.66%,整个市区 7567.44 万平方米的房屋建筑面积中,私房建筑面积仅 807 万平方米[这部分私房面积中还有相当部分是清退"双代"(代管、代收租)私房房屋,到 1987 年底,广州市清退挤占私有自住房面积 271.46 万平方米(广州市统计年鉴,1988)]。

公房面积的增加以单位(党政事业单位和国有企业)为主体,其结果是导致职工住房获得对企业更为依赖,住房获得的单位作用越来越明显。该时期住房分层机制通过单位制发生作用,住房不平等主要体现在单位之间。

(三) 增量改革时期住房分层

1. 单位制与住房分层

在整个 20 世纪 80 年代的住房不平等与单位状况密切相关,住房分层机制通过单位制发生作用,单位本身状况决定了单位成员的住房状况。

(1) 单位之间住房获得机制与住房分层。

如果单位效益越好,个体的住房状况住房质量可能越高,住房面积也可能越大。据广州市统计局资料显示,一些单位在住宅设计时注意了立面的造型和色彩设计;分设大小阳台,提供多种用途的室外空间;重视室内细部位设计,如壁橱、电冰箱、洗衣机的位置,以及客、餐厅分开设计等(广州市统计年鉴,1988)。

笔者对国有企业 D 企业领导曾先生的访谈资料也证实了这一点。"80 年代初那时候住房非常紧缺,广州市住房都很矮。我们周边都是些平房,砖木楼房、砖木平房和木屋很多,一层、两层这样。我们单位相对而言还算比较好的。一般只要是男性,已婚的,都有房住。当然房屋质量有坏,年轻一点的,工龄低一点的,就只能住在平板楼。这在当时广州还是算不错的,至少只要符合条件肯定是(在单位)有地方住的。以前那边(注:指办公大楼右侧)都是一些一两层的大板楼,比较久一点。但是单位内部空地很多,好建房。后来由于单位自建房增加,大家也就根据情况可以搬到好一点的、宽一点的房屋。我当初就经常搬房子,从大板楼搬到一二楼,慢慢往楼上搬。"(QDLD001 曾先生,2011 年 4 月 28 日)

但是很多企业经营困难,企业没有资金建房,住房紧张,老职工很难有单独的房间。周女士父母和其公婆所在单位便是这类单位的典型。"我们家是老广州的基层代表,是最草根的。陈敏(注:周女士女儿)她爷爷是码头的,市二运,开大货车,还要自己搬运(陈敏:现在叫物流,所谓一体化服务,很辛苦的,送货送到山区)。他们爷爷单位的人都是三房一厅的房子两家人住。厕所和厨房都是公共的,很不方便。我父母是在建筑公司,都是工人。80 年代住房一直很紧张。老职工两三户人一个套间,三房一厅就是三户人住,就是三个职工住,结婚了就是一(户)人一间,住不了就隔。如果成家了一人(户)一间,大厅就公共的,如果公共不了就间(隔)了,隔不了就有些人要厨房,有一户要卫生间,有些就要厅,分得很小。"(TOYG001 周女士,2011 年 5 月 24 日)

卢先生所在某钢铁厂亦是如此。"我们单位是国有企业,人多。……,那个时候整个厂加上老师、医务人员就有 1 万多人,比广重要大很多。建房子也很难轮到我们。所以房子一直很紧张。那个时候都是住寝室(集体宿舍),小木屋,条件比较差,其实周边也是农村,都不好。即使结婚也很难分到房,大家就在西塱租房。"(QOGG001 卢先生,2011 年 3 月 22 日)

以往的研究表明,在计划经济体制或者再分配体制下,单位本身住房状况与单位的级别有关。越靠近再分配中心,单位的住房状况就越好。由于缺少各个单位在 20 世纪 80 年代的住房资料,无法从总体上对该假设进行验证。但从我们访谈资料中的个体对其所在单位的住房状况的评价中依然能发现这种证据。曾先生(个案 QDLD001)是国有企业领导,20 世纪 70 年代就参加了工作,一直在 D 企业。该企业属于机械工业部下属机构,厅级单位,但整个单位人并不多,80年代就三四百人。而据曾先生透露的信息,虽然单位住房比较紧张,但该单位"只要是男性,已婚的,都有房住"。而卢先生(访谈对象QOGG001)来自一家市级重点企业,一直亏损,虽然从80年代开始,该厂效益有了很大改观,然而该厂的职工住房问题依然非常紧张。据访谈所知,即使在90年代该厂很多职工都只能住集体宿舍,或者在白鹤洞附近的村民中租房住。

政府机关部门住房状况相对较好。其时广州市住房投资主要资金来源是财政拨款与自筹资金。自筹资金主要是各企业用企业福利基金、留成利润或贷款进行建设。另外就是集资统建和引进外资。在"六五"期间,广州市属各级政府共从财政拨款2.22亿元建住宅,占市属全部住宅投资的8.76%,主要用来解决知识分子、党政机关干部的居住困难。所以,即使在20世纪80年代早期广州市住房较紧张的情况下,就业于行政部门的家庭住房相对较好。这与以往学者的研究结果一致:虽然在80年代中国开始市场化改革,但在住房资源配置方面,依然是再分配体制,遵循的是再分配逻辑,越靠近再分配权力中心,获得住房越容易。但与以往研究强调再分配权力资源来自自上而下的分配逻辑不同,在调查中,我们发现了住房资源获得中的"逆向资源获得机制"。G机关梁先生原本是军人,转业后来到G机关,是一名处级领导。"我转业很早,1984年从部队转业就在G机关工作,当时单位的房子都有人住了,但是底下一些派出所有房子,可以安排新来的人的住房。我呢,本来也可以选一个大一点的房子住,但是太不方便了,就在单位住了一个小一点的房子。后来才换了一个稍大一点的房子。"(ZGLD001梁先生,2011年5月18日)

对Z大学韦教授的访谈也证实了这一点。"我是90年代初期才来到广州,以前是在H省工作,1982年我去X市宣传部,当时宣传部大院没有房子了。但是宣传部管很多单位,就在街道的一个电影院借一间。电影院不要钱。毕竟属宣传部管的,怎能收钱呢?"(SZMF002韦教授,2011年7月16日)虽然韦教授当时是在内地某省会城市工作,而非广州,但其所说的情况与G机关梁先生所说情况正是"逆向资源获取机制"的具体表现。周雪光在论述地方政府在其管辖区域内向下属单位和个人摊派各种税费捐款获取预算外资源的现象时,提出了"逆向软预算约束"的概念,与大家熟知的在计划经济体制中下级政府通过游说上级部门以图获得预算外资源的"软预算约束"现象对应(周雪光,2005)。事实上,这种向下攫取资源的逆向软预算约束在20世纪80年代早就存在。邹至庄(Chow,2002)对中国计划经济时代国有企业的软预算约束的研究指出,公有部门(邹至庄论述的是国有企业，但对行政部门来说，背后的逻辑是一致的）要实现规模与权力扩张，既可以依靠向上争取更多的资源投入，也可以依靠自身积累。然而，随着经济发展，基层拥有更多资源时，下属机构成为管辖机构的"小金库"或"蓄水池"，以随时弥补自身资源的不足。

相对于国有企业来说，行政部门在住房分配方面还有一个优势。在80年代，国有企业不仅住房短缺，还因为知青返乡，以及后来生产规模扩大，新进人员很多，解决住房短缺不仅受制于资金，而且受制于土地，难度自然较大。有些企业即使是效益较好，因为没有土地建房，也只能以自己出资金的方式找有土地的其他企业合作（如广州重型机械厂），以解决住房问题。但行政部门相对而言不会短时间内大量增加人员，所以住房问题容易解决，可以由房管部门从直管公房中分配，也可以要求其他单位建房时留出部分房屋留给行政部门的人。例如，广州市政府要求各城建、房产开发公司按成本价减免税收后，在当年竣工的房屋中拿出不少于10%的住宅给市解决住房困难办公室作"解困专用房"；1987年市政府还从地方财政中拿出800万元，对民政局、交通局、公用事业局等8个住房困难单位实行专款补贴，以解决住房问题（广州市统计年鉴，1988）。同时，在80年代的外资建房中，外商所得部分在港澳出售，留给中方的房屋也是优先分给行政部门的领导与国有企业领导。这些情况就是典型的"逆向软预算约束"。

总之，20世纪80年代广州市住房资源配置已经呈现出分化特点。党政机关及事业单位的住房建设，主要是由财政拨款，与塞勒尼、倪志伟所说的再分配经济模式下住房配置方式相符，越是在再分配权力中心的，越有可能获得住房，而且其获得住房资源不仅仅是可以通过再分配权力，还在于他们能从下属机构获取资源，解决单位住房问题。国有企业中则依然存在着"软预算约束"，但改革前是争取更多的计划指标、更多的财政投入；在承包制下，企业是争取更多的留存利润，资源的来源与以前已经有了很大不同。因此，在该阶段国有企业住房状况主要与两个方面的因素相关：一方面是在与上级主管部门谈判时能争取到的资源，包括采取利润包干方式时包干总额、争取到的财政补贴等；另一方面是自身经营状况，在利润包干的情况下，自身经营状况也是企业有多大财力投入住房改善工程的重要因素之一。

（2）住房分层与住房消费：家庭负担（房租）不平等。

该时期的住房分层还体现在住房消费方面——房租不平等。民用公房租金最高。根据广州市志的资料，1984年广州市房管局兴建作为新婚过渡房的青年公寓（即鸳鸯楼），其租金每平方米使用面积月租金2.37元，即使在政策规定的两年优惠期，也要1.7元。而行政机关干部、职工住用机关宿舍租金较低。广州市执行的是 1983 年 7 月广东省政府颁发《关于省政府直属机关房屋管理的暂行办法》，市机关用房管理所管理的房屋中，每平方米使用面积月租金，最高 0.18 元，最低 0.05 元，平均 0.11 元，相当于民用公房租金的 40%。直到 1990 年，按住房制度改革要求，才执行广州市民用公房住宅租金标准（广州市志，1993：485）。企事业单位宿舍租金、工矿企事业单位自管房的租金标准不一，有的按新村宿舍租金标准，有的按机关宿舍租金标准，也有的视本单位福利费情况而定。据《广州市志》记载，20 世纪 80 年代，中国出口商品交易会在广州市解放北路的宿舍、黄埔的广州石油化工总厂宿舍，月租金 0.05 元/平方米；广州石油化工总厂对由市区全家搬进厂区宿舍的职工、干部给予 15 平方米免收租金的优惠；广州钢铁厂家属宿舍，房租分三级收费：平房月租 0.10 元/平方米，旧房 0.15 元/平方米，新房 0.17 元/平方米。此时，单位管理公房呈现明显的"软预算约束"特征。许多单位把房租与水电费收支混杂使用，租金收取仅为象征性的收取。维修费不足时，由单位在福利费或大修理费中开支，或报请财政部门拨款解决（广州市志，1993：485）。

笔者的访谈材料也验证了这一点。G 机关梁先生谈及 20 世纪 80 年代单位住房租金的收取时透露："具体是多少我也记不清了，但那时单位只是象征性地收取租金，甚至会按人头补几度电。其实也可以理解，我们当时工资才几十块钱，那个时候物价上涨也很快的，如果房租像今天这么收，大家生活压力都会很大。"（ZGLD001 梁先生，2011 年 5 月 18 日）"要交一点的，但是很少，总共才一两块钱。当时（1983 年后）我们工资也不多，才 36 元。"（QDLD001 曾先生，2011 年 4 月 28 日）访谈中，无论是在政府部门工作的梁先生，还是在企业工作的曾先生，虽然都记不清当时房租的具体数目，但都认为当时房租不高。卢先生则"记不得那时候的租金了"，"领工资都很少看账本，反正每个月就那么多点吧。我们厂虽然说那个时候效益不错，但是由于人多，住房一直就很紧张。我们年轻人都是住集体宿舍，住的地方很小，不收租金、电费。如果真的给很好的住房条件，你收房租还说得过去"（QOGG001 卢先生，2011 年 3 月 22 日）。

（3）住房分层与集体消费不平等。

20 世纪 80 年代，住房消费上的不平等也表现在配套设施上。在单位社区，一个典型的特点就是生活区域紧靠工作区域。因此，单位本身的生活配套设施对职工生活环境影响很大。"单位房一个好处就是方便。我们的房子虽然老了点，但是好住，小孩在小区玩，不用操什么心，有篮球场。我是在这边住惯了，后来想买一个大房子，但是到处走走，还是觉得老房子好，主要是因为上班、生活都很方便。所以当时有同事要卖房改房,我就买了。这两年也想买房,看周边小区不如我们单位小区好,郊区又太远,所以算了,总不能越住越差吧。"(ZGLD002 林先生,2011 年 5 月 24 日)与梁先生一样,林先生从部队转业后很早就来到 G 机关工作,即使到了今天,林先生讲到买房时,首选条件还是周边环境。而他反映的情况自 80 年代以来一直存在。G 机关作为行政部门,地处广州市中心地区,交通发达,生活便利。周女士女儿陈敏刚从广州某大专学校毕业,谈到广州各区教育资源时,陈敏不乏幽默:"广州市最好的学校在越秀、东山,我如果户口在外婆那里,那我也是'名校'毕业了。"(MOBY001 陈敏,2011 年 4 月 25 日)陈敏父母所在的芳村周边教育资源较差,为了自己的教育,她的户口是落在她爷爷那边(海珠),虽然教育资源比芳村好,但比东山、越秀仍"差得远"。

　　一些单位由于土地宽裕,效益较好,所以能够很好地规划,而且保安措施也很好。张伯是某国有企业(H 局)退休人员,现和爱人住在滨江东,谈到住房环境时他感到非常满意。"我从工作,到退休,都生活在这里。医院、商店、学校都有,还有各种运动设施,很方便,环境很好,出来就是珠江。"(QOTX001 张伯,2010 年 11 月 18 日)按照今天通俗的说法,张伯的住房是一线江景房,今天看起来虽略显陈旧,但在 20 世纪八九十年代则非常"气派",各种配套都很齐全。笔者在 D 企业访谈时,看到单位的宿舍就在院的大楼后边,环境较好,出入都有门卫守候。当问及是什么时候单位设立了这么多门岗时,负责后勤的领导张总介绍说一直是如此,"我来的时候(1994 年)就是这样子,我们本院的布局也是这样的,办公大楼是去年翻修的,但是没有改变结构。因为我们单位稍微特殊点,所以门卫还是很负责的,小区也比较安全"(QDLD002 张总,2010 年 12 月 10 日)。曾先生也对本单位居住环境比较满意。"我在这边住得习惯了,我爱人是省国资委的一个处长,她们那边也有房子,但是考虑到我们这边环境,我们还是选择住这边。后来房改时也是要了这边的房子,虽然她们的房子更大。当然也是考虑我上班方便。"(QDLD001 曾先生,2011 年 4 月 28 日)

　　一些单位由于缺少建房用地,建房只能见缝插针,生活配套设施也不好。周女士所在单位即是如此,住房是单体楼,缺少花园、绿地等配套,在学校等公共资源配套上也完全不如 D 企业。"我们单位没有地,所以建房就在芳村那边去了,就是一栋大楼吧,周边环境很差的,就是农村。底下现在是劳动局办公的地方,有保安了,以前是没有的。""学校也不好,所以我们生了孩子后,也一直没有迁户口过去,户口就留在她爷爷这边了(海珠区),就是为了小孩将来上学有个好的学校。其实海珠也没有什么好学校,

但是总比芳村好啊。"（TOYG001 周女士，2011 年 5 月 24 日）

2. 单位内部的住房分层

20 世纪 80 年代各单位内部的住房资源配置逻辑也呈现多样化特点。

首先，再分配权力依然是影响个体住房获得的最主要机制。访谈中问及在 80 年代贵单位的住房是怎么分配的时候，受访者回答首先提到的是行政级别与职称。在 D 企业主要负责管后勤的张总说："那个时候各单位住房分配情况都差不多，按行政级别进行排序，按职称进行排序，当然家计原则也很重要。"（QDLD002 张总，2010 年 12 月 10 日）对另一位领导曾先生的访谈也证实了行政级别与职称对住房获得的重要影响："如果单位新增了住房，一般是按照级别、职称打分，但也综合考虑个人表现，如政治表现和家庭状况。结婚的也会被优先考虑。……，我来这单位一共搬了五次房，其中在 1994 年之前搬了三次，……。反正，单位每隔几年就会根据各人的情况进行打分调整。打分的原则基本就是个人级别、职称学历，当然也考虑到个人表现与个人贡献。"（QDLD001 曾先生，2011 年 4 月 28 日）

事实上，在行政机关内部住房怎么分配，相关政策都有明确的规定。1983 年广东省政府《关于省政府直属机关房屋管理的暂行办法》（粤府〔83〕68 号）规定了面积标准，即不同行政级别享受住房面积不同（表 2.2）。

表 2.2　粤府〔83〕68 号文关于行政级别与住房面积的规定

行政级别	住房标准
委办厅局级干部住房	每户建筑面积 100 平方米，最高不超过 130 平方米
处级干部住房	每户建筑面积 80 平方米，最高不超过 100 平方米
科级干部的住房	每户建筑面积 70 平方米，最高不超过 85 平方米
一般干部及其他职工	每户建筑面积 50 平方米，最高不超过 75 平方米

这些标准被应用到各事业单位和国有企业。事实上，在中国的体制内单位中，无论是事业单位还是国有企业的技术职称、行政干部都有相应的级别。例如，在 Z 大学这样的事业单位，教授待遇参照处级干部，老三级教授相当于委办副厅级；在 D 企业这样的国有企业，主要领导（院长）是厅级，再往下就是副厅、处长和高级技术人员。相关住房政策对住房标准的规定，制约了再分配者利用职权无限扩大自己在住房方面的消费标准，当然也

保证了他们在住房消费方面的优势。

由于对知识分子的作用有了重新认识,20世纪80年代,学历也成为能否获得住房的重要因素之一。事实上,当时广州市提出了优先解决四种人的住房问题,而拥有高学历的知识分子就成为优先解决住房的对象之一。在一些高校,拥有研究生学历的人都会获得优先分配住房的权利,学校在引进人才时也会有优先解决住房的承诺。在其他公有部门也是如此。"我们单位领导对知识分子非常重视,生活上也是很关心这些人,当然包括住房安排。"(QDLD001 曾先生,2011年4月28日)"我的研究生文凭是在1984年获得的,那时候我40多岁了,我爱人也算是高学历,她是本科,单位给我们安排了一个60多平方米的房子,那个时候也算宽敞了。"(QOTX001 张伯,2010年11月18日)

个人家庭状况也是重要因素。"结婚会被优先考虑。能想办法(单位)当然会尽量想办法,实在没有房子就单身的挤一挤,腾出婚房。"(QDLD002 张总,2010年12月10日)"如果没有结婚,一般是住宿舍,结婚一般是会优先安排房子,只要申请了还是能想办法解决的。单位实在没有房子就让单身的职工挤挤,还好我们单位住房还不算太紧张。"(QOTX001 张伯,2010年11月18日)对于年轻人来说,自己也会成家的,所以即使单位要求腾房,虽然会影响居住,但也不是不可接受。除了结婚因素外,家庭人口、其他人住房状况也对住房分配有影响。"我们单位的话,那个时候住房虽然紧张,所以对家在广州的职工,一般本地人住房比较好,所以就不考虑安排住房了,女同志的单职工,一般是去男方单位住。"(QDLD001 曾先生,2011年4月28日)当然,这也和单位本身住房状况相关,有些单位即使是结婚也不一定能分到住房。与卢先生(QOGG001)来自同一工厂的赵先生谈到当时的住房分配时说:"那时单位效益还行,但人多房少,年轻人住宿舍。如果结婚,就看情况了,有时候打报告也要很久才能排到房子,所以后来有些人就在外面租房子住。"(QOGG002 赵先生,2011年3月22日)

当问到政治表现好会不会有利于分到住房时,赵先生说:"肯定是有一定影响的,因为大家都是打分排队,表现好容易评优,评优是有加分的。但也看情况,如果厂里没有多余房子,总不能叫人家搬出来吧。"(QOGG002 赵先生,2011年3月22日)目前已是大学教师的刘女士最初曾在一家化肥厂上班,谈到政治表现对住房获得的影响时,她认为还是有用的,特别是在资源短缺与人竞争时,政治表现的作用就体现了出来。"表现好有没有用,在后来建房的时候就有用,因为大家都是根据级别、职称还有资历进行排队

的。在同等条件下，表现好的可以先选房子。"（QDYG001 刘女士，2010 年 12 月 23 日）

从单位内部的住房分配逻辑来看，再分配机制依然是其主要作用的影响机制。虽然教育等人力资本也发生着作用，但这种作用并不一定是市场机制的体现；相反，高学历的个体之所以能优先分到住房，依然是再分配权力在起作用。因此，与其将 80 年代教育对住房获得的影响看作市场机制的作用，还不如说是再分配权力影响之一。居于再分配权力中心的统治精英们，通过对知识分子的重视，释放出一种信号：对以往关于知识分子政策的纠正，展示"科学的春天"。传统文化对单位内部住房获得是有深远影响的，但是这种传统与其说是魏昂德所说的"共产主义新传统"，还不如说是传统的"生存伦理"的影响，是传统关系文化的影响。即使积极分子在获得住房方面是有优势的，但家计状况、结婚等因素影响更为重要。生存伦理，底线保障优先，在住房短缺时代显得尤为重要。正如 D 企业主管后勤的领导张总所言："在有条件的情况下，当然要根据个人贡献大小、职务高低、现实表现来安排住房，但是这也是有轻重缓急的。八几年的时候，一般单位都住房紧张。但人家要结婚，总要想办法解决吧，毕竟谁都要经历这个阶段。年纪大一点的也是，谁家没有小孩呢，小孩结婚时候没有房子怎么结呢？至于安排什么样的房子是另一回事，要看具体情况，也不能赶其他人出来，所以都是尽量照顾（结婚的人）。婚姻、家庭人数当然是安排住房很重要的因素。在这些基本问题解决后，才是职位和学历等问题。"（QDLD002 张总，2010 年 12 月 10 日）

值得注意的是，随着改革的深化，80 年代的承包制体现为层层承包的特点。单位内部逐步推行按劳分配，采用基本工资加福利的形式。在一些事业单位也是如此，如大学下面是学院，各个学院之间的效益也不同：有些学院获得资源比较多，教职工待遇比较好；有些学院效益较差，教职工待遇自然较差。如 Z 大学 80 年代末期集资建房时，采取两种形式：一种是单位集资，资金来自各个学院；一种是个人集资，资金来自个人。同时，关于集资资金来源也开始多样化。"各单位基金收入中本单位可自行支配的部分资金，各单位接受校友和协作单位用于资助生活住房的专项资金，实行经费承包或奖金包干单位的奖金和福利金的规划部分，个体工资或合法收入"（Z 大学房管处资料《集资建房暂行办法》，1989）。这也从另一方面说明，虽然在 80 年代广州市的集资建房都强调个体只有使用权，住房产权属于单位固定财产，但市场原则在 80 年代，特别是 80 年代末期逐步成为影响个体住房状况的因素，并随着市场化进行的加快变得越来越重要。这也体现在个人支付能力上。据 Z 大学退休教师李老师透露，当时很多能在外面挣钱的老师就买了较大的房子，"有钱的话可以要大一点的房子，因为当时集资建房有几个户型，大的 80 平方米，小的 50 多平方米。虽然对谁能参与建房、谁不能参与都有规定，没入围的人是不能参与的，什么情况选多大的房子都有规定，但有空余的大房子，你又有钱，当然可以申请面积大的房子"（SZTX001 李老师，2011 年 4 月 6 日）。黄女士是 Z 大学负责房屋管理的领导，解释当时 Z 大学集资房时说到："集资也有不同类型，有 40% 的集资房，有 100% 的集资房，可能你在 40% 的集资房类型中分不到大房子，但是你可以在 100% 类型的集资房中挑更大的。只是当时一般人都没有什么钱。"（SZLD002 黄女士，2011 年 3 月 21 日）

（四）小结：增量改革时期的住房分层——政治权力、市场权力与传统主义

住房在就业、福利、保障三位一体的企业制度中居于重要地位。和改革开放前比较，20 世纪 80 年代的广州市住房体制并没有发生本质的变化，无论是住房管理体制，还是住房产权方面，都是原有体制的延续。

1. 再分配权力的多重优势

行政部门由于掌握财政、土地等关键资源，因此在住房生产中存在很大优势。如在 1986 年 7 月 5 日广州市人民政府印发《关于解决广州市人均居住两平方米以下困难户住房问题的方案》的通知（穗府〔1986〕56 号）中规定，建房资金"原则上行政事业单位由市财政补贴"；同时要求各房地产开发公司必须在竣工商品住宅中拿出不少于 10% 的住宅交住房解困办公室分配，否则市规划部门不审批用地和报建。商品房市场的兴起，也给政府机关（城建公司）开辟了新的住房资源渠道——引进外资（港资）合作生产商品房，港商负责全部投资，合作部门负责提供用地，建成的住宅按商定的比例分成（广州市统计年鉴，1983）。城建公司成为地方政府的"小金库"或"蓄水池"，随时弥补自身资源的不足。这些房子主要是分给行政机关的领导。总之，在该阶段行政部门掌握住房资源的渠道更多了。其优势不仅体现在住房生产中的资金分配上，也体现在住房实物资源的分配上。

在单位内部，再分配权力的优势也同样得到体现。1983 年广东省政府《关于省政府直属机关房屋管理的暂行办法》（粤府〔83〕68 号）规定了不同行政级别享受的住房面积标准，并成为体制内单位的通行标准，保证了再

分配权力优势。从广东省委、省政府批转省纪委、省建委、省监察厅、省国土厅1989年《关于处理党政干部建私房问题的规定》（粤发〔1989〕17号）、《关于今后不再受理党政干部在城镇兴建单家独院住房的报建的通知》（粤建城字〔1989〕234号）以及《广东省建设委员会关于对城镇个人建造住宅进行严格管理的通知》（粤建法字〔1991〕099号）等文件中，我们可以推断在整个80年代党政干部建私房、兴建单家独院住房的现象比较普遍。

总之，再分配权力（政治资本）的优势是多方面的，有多重机制维持着政治资本在住房资源获得与消费上的优势。这体现在组织层面：一是住房生产中，财政资源向相关部门倾斜；二是在住房增量改革中，权力部门掌握的住房更丰富，住房来源渠道更多了，包括各房地产开发公司以及外资（港资）合作生产商品房等；三是"逆向软预算约束"——向下属单位"借用"住房。而这体现在个体层面：一是相关政策制定时向权力倾斜——体现出浓厚的官本位色彩，保证了再分配者优势；二是党政机关干部突破政策限制兴建私房、单家独院住房，甚至引起相关部门一再行文禁止（多次发文也说明是"禁而不止"）。

2. 市场机制：从单位资源到个人住房

经济改革、住房市场的兴起等市场因素或者市场机制对住房资源分配产生什么样的影响？除了前文所讨论的外资引进、房地产市场兴起给再分配权力提供更多住房资源外，也存在着倪志伟所说的资源分配对生产者有利。在组织层面，主要是在国有企业层面，这方面变化更为明显。在20世纪80年代住房生产中，国有企业可动用历年节余的福利基金、奖励基金和宿舍折旧资金解决建房资金；对困难较大的单位，由市财政采取有偿补助或银行贷款予以解决。

由市财政采取有偿补助或银行贷款予以解决与传统计划经济体制时代并无本质区别，还是取决于企业与上级部门和银行的讨价还价能力。在国有企业普遍亏损的年代，银行是一块悲剧性公地，最后呆账成坏账，坏账由全体国民买单（王永中，2008；张宁，2005）。"政府一直存在着通过金融来攫取社会剩余资源的心态，在那个时期政府通过国有金融产权制度安排而大量积累的银行不良贷款和资本市场一轮轮的圈钱游戏就是最有力的证明。"（李宏瑾，2008：132）。

经济改革给企业提供了另一个资源获得渠道——通过市场获得利润。邹至庄指出，在中国国有企业资源获得主要有两种机制：一种是和上级谈判的能力，争取更多资源；一种是自身通过市场获得资源（也取决于分成比例）

（Chow, 2002）。在约定分成比例、市场机会增加的情况下，通过市场获取更多资源比和上级谈判更为现实。而该阶段的放权让利、落实各种承包经营责任制的改革中，采用核定利润基数、增收分成的办法，鼓励企业增产增收，采用工资同销售收入（销售量）挂钩浮动激励员工，以及厂长（经理）负责制和在部分企业中试行厂长（经理）任期目标责任等等相关措施极大地增强了企业活力，许多企业扭亏为盈。在市场上盈利增长，为这些企业提供了建设住房的资金，从而能改善本单位的住房状况，让职工受益。而以往研究中，仅将教育回报看作市场机制在起作用，而将单位状况归类为计划经济逻辑（Bian & Logan, 1996; Logan & Bian, 1993），这并不符合改革开放中的经验事实。

在个体层面的住房获得，市场机制依然有一定影响。80 年代的住房生产资金来源的一个重要方面是个人资金。个人如果能在市场上获得更多收入，在参与集资房时支付能力也更强。同时，在一些企业中，对有较高技术水平的职工，在住房分配时也予以优先关照。

总体而言，市场机制在该阶段对个体住房获得的影响开始显现，但其作用也是经由单位而发生。

3. 单位住房分配的传统主义——家计原则

波兰尼从人们的行为原则与社会的制度安排两方面分析人类历史上与经济功能相关的方面。他认为存在过互惠、再分配和家计三种有经济功能的行为原则，分别对应对称、辐辏和自给自足三种制度模式，其中自给自足的家计原则适用于封闭群体。而我们看到，在 20 世纪 80 年代普通市民的住房获得主要是依赖于单位。单位住房生产流程是"国民收入—企业留利或挤成本—房地产投资"，企业把留利或者乱挤成本的收益投向住房，然后再作为福利分配给职工（王育琨，1992a，1992c）。而职工在单位之外是很难获得住房的：没有土地基本上使一般职工自建住房不可能（有些职工有宅基地，不在讨论之列）；商品房价格高昂而收入很低，也使得职工难以在房地产市场获得住房。因此，该阶段强化了企业包住房的程度（王育琨，1992c）。与此同时，单位的住房也是在本单位内部分配，不向外部出售。从这个意义上来说，在单位住房生产与消费来看，基本上是一个自给自足的运作模式，在这种封闭模式中，家计原则对住房获得也发生重要作用。结婚是会被优先考虑的，毕竟在中国人的观念中，成家是很重要的事情，因此，即使是住房非常紧缺，也会想办法给结婚的人尽量腾出住房。这也是政府所提倡的。在《关于解决广州市人均居住两平方米以下困难户住房问题的方案》（穗府

〔1986〕56号）中也特意提到要"由市房管局和市城建开发总公司等单位兴建一批深受大龄青年欢迎的'鸳鸯楼'，按成本租金出租或按成本加微利出售，解决部分青年婚后无房，造成困难户数量上升的问题"。同时也强调住房分配要"做出优先解决困难户的分配方案"，"必须保证分配（或售）给困难户，绝对不能挪作它用"。

4. 教育水平、人力资本与市场机制

值得注意的是，在20世纪80年代，无论是在行政机关、事业单位，还是在国有企业，教育一直是影响住房获得的一个重要因素。如果说国有企业开始面临市场竞争，或即将面向市场竞争而重视教育，为什么那些没有竞争压力的单位也会强调教育的作用？如果这是市场机制的结果，问题是在行政机关中的有较高教育水平的个体，人力资本如何起作用呢？从当初现实来看，教育水平并不必然代表人力资本。教育水平对个体住房资源获得有作用，与其说是市场因素在起作用，还不如说是政治力量在起作用。当初政府解决住房问题时，优先考虑的就是"四种人"，知识分子就在其中。这与其说是因为教育体现了市场能力，不如说更多的是一种政治表态——对知识分子的态度。

总之，该阶段住房分层机制依然是以单位制为基础的分层机制，是计划经济体制下分层机制的体现（下文对此统称传统住房分层机制）。

三、1990—2000年：住房自有化阶段的住房分层

（一）1990—2000年：增量改革与存量改革

经过短暂波折之后，中国加快改革开放和现代化建设步伐，并明确了建立社会主义市场经济体制的改革目标。国有企业改革是该阶段的重点任务。从20世纪90年代初期的股份制改造试点工作到90年代中后期的产权改革，国有企业改革从增量改革转向存量改革。

住房体制改革是当初国有企业改革的重要配套措施（参见《朱镕基讲话实录》，朱镕基，2011）。1991年6月7日国务院出台住房制度改革的纲领性文件——《国务院关于继续积极稳妥地进行城镇住房制度改革的通知》，规定"凡按市场价购买的公房，购房后拥有全部产权"。1994年国务

院发布《关于深化城镇住房制度改革的决定》，明确房改的根本目的是建立与社会主义市场经济相适应的新的城镇住房制度。广州市住房改革也于1991年全面展开，1992年，全市就售出公房9.5万套、面积592万平方米（广州市统计年鉴，1993）。1998年7月国务院出台《国务院关于进一步深化城镇住房制度改革加快住房建设的通知》后，广州市规定从2000年1月1日起，全面实行住房货币分配。虽然房租调整也是住房改革的内容之一，但相对于整个住房体制改革来说房租调整不是重点，该阶段福利住房改革的重点是住房产权改革，因此也被称为住房自有化时期。

随着住房产权明确化与金融制度建立，广州市房地产市场也有了较大发展。广州市住房投资额从1990年的17.24亿元增长到2000年的325.03亿元，期间住房投资额占全市固定资产投资额的比重都在25%以上（图2.5）。

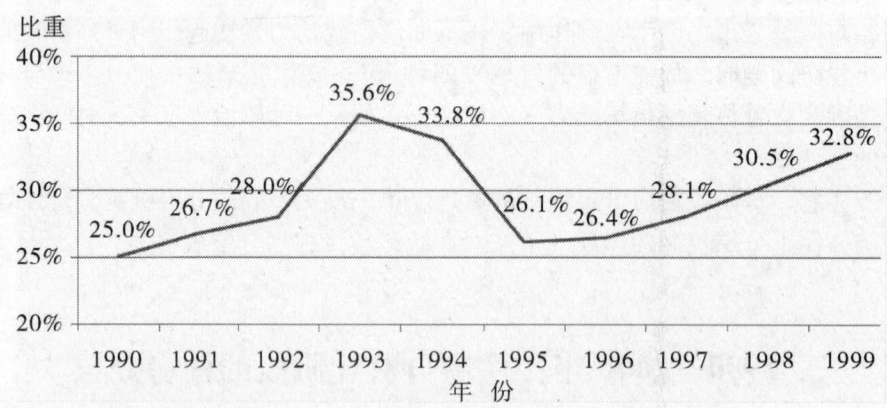

图2.5　1990—2000年广州住房投资额占固定资产投资额比重

伴随着房地产市场发展的是广州市商品住房价格快速上升。1991年，广州市商品房均价为1339元/平方米，1998年为5122元/平方米，10年不到，商品房价格涨了326%（图2.6）。

从住房建设单位来看，90年代各单位依然是住房建设的主要力量。为了赶上福利分房的末班车，各单位纷纷争取集资建房指标，单位建设住房热潮一直持续到2000年。

总之，随着经济快速发展，90年代广州住房建设投资也持续加大。该阶段，体制内单位建房热情高涨，房地产市场迅速发展，住房金融制度逐步建立，使得广州市住宅总面积不断增加，居民人均居住面积也持续增加，从

1990年的7.99平方米增长到2000年的13.13平方米（图2.7）。

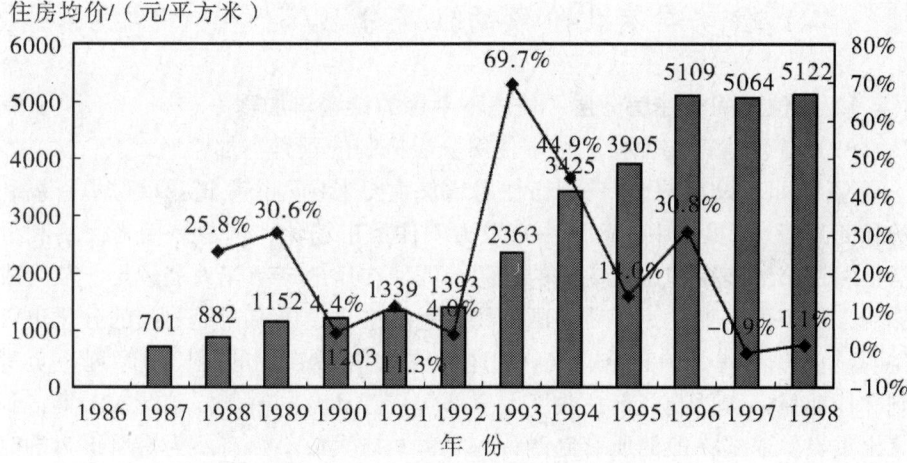

图2.6 广州1990—2000年商品房价格

资料来源：广州市统计局：《广州50年》。

注：房屋均价＝当年实际销售房屋合同金额/当年实际销售房屋面积，房价涨幅以上一年为基准。

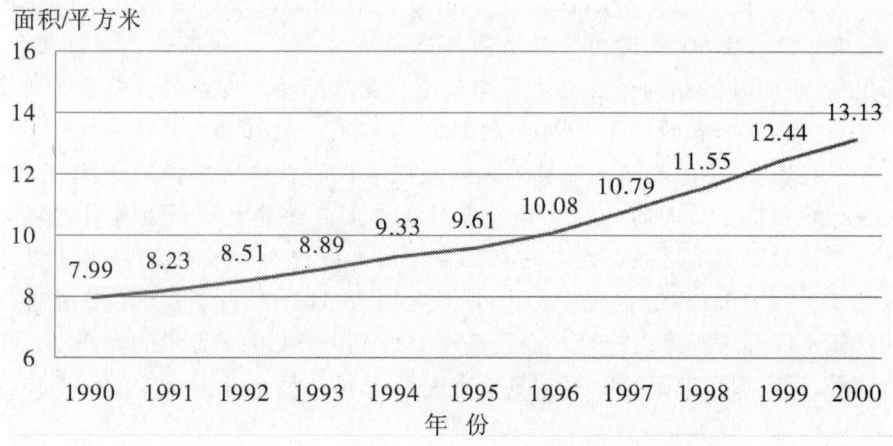

图2.7 1990—2000年广州人均居住面积

与广州市民人均居住面积不断增加相呼应的是，该阶段住房不平等加剧，住房分层更为明显，既表现在单位之间，也表现在单位内部，同时还表现在体制内与体制外居民之间；住房分层不仅表现在住房消费、住房金融上的分化，更表现在住房产权方面。

（二）住房自有化阶段的住房分层

1. 单位之间的住房分层：住房不平等的持续与加剧

（1）住房生产与消费：传统住房分层机制的延续与加剧。

在20世纪90年代，广州市住房增长主要来自两个渠道：单位集资福利房和商品房。① 虽然中国政府一直致力于住房市场化，但总体而言，福利分房依然是市民获得住房最主要的来源，即使在房地产市场发展较早、较为成熟的广州市也是如此。随着中国市场化进程推进，国有企业之间的分化也日益明显。90年代，国有企业改革加速。从90年代初期的厂长（经理）负责制和任期目标责任制、新招收工人全部实行劳动合同制、浮动绩效工资，到突出重点、退出一般的所有制调整与完善，抓大放小、有所为有所不为的改革方略，国有企业之间发生了巨大分化。一些国有企业在市场化浪潮中逐步被出售、转让、兼并、破产，一些企业在资产重组、股权改革中转变了所有制性质。单位间的住房状况差异在改革中变得越来越明显。一些差的国有企业基本工资都难以保障，在改善员工住房状况方面更是无能为力；一些好的单位在90年代一般都有两次建房，如D企业和Z大学，住房状况持续改善。"我们单位80年代初很多房屋都是矮矮的平房，也不带单独卫生间。在1993年的时候我们就想办法逐步改造，旁边那些三四层的就是更早一点的房屋。再高一点的就是1994年到1995年建的。我在那边的楼房就住了四五年。在2000年的时候，部里考虑到我们单位的特殊情况，又给我们一个文件，我们建了后面的两栋大楼。当时基本上只要愿意退还原有住房的职工，申请的话都有房屋，后来还剩几套，用来引进人才。在2004年也基本分完了。"（QDLD001 曾先生，2011年4月28日）笔者了解到，D企业新建房屋不仅周边配套设施好，而且基本上是100~130平方米的大户型，阳台宽敞，所以是"很合算的"。D企业是一家科技型企业，企业的一些产品

---

① 1994年7月5日通过的《中华人民共和国城市房地产管理法》规定只有有资质的房地产开发企业才能购买并经营房地产，个人无法取得住宅地，因此通过自建方式获得住房的途径被堵死（不包括"城中村"的居民）。广东省1989年《关于处理党政干部建私房问题的规定》（粤发〔1989〕17号）第二十三条规定"今后党政干部一律不准在城镇建单家独院的住宅"。1989年10月24日，广东省建委颁布的《关于今后不再受理党政干部在城镇兴建单家独院住房的报建的通知》（粤建城字〔1989〕234号），以及后来广东省建委颁布的《广东省建设委员会关于对城镇个人建造住宅进行严格管理的通知》（粤建法字〔1991〕099号），也对城镇个人建造住宅进行了严格限制。

在民用化方面很有竞争力。同时，作为一家部属企业，D企业在其时住房基本并不紧缺的情况下，出于"改制需要"和"留住人才和引进人才需要"，获得集资建房指标，改善职工福利。"我们是赶上末班车了，当时是因为要改制，要市场化，要留住人才，所以就给我们批了，这也要感谢我们前任T院长。当然能批下有很多原因，最重要的是，如果不建房，要很多补贴，局级干部的补贴，处级干部的补贴，等等，这也需要很多钱，所以就给批了。"（QDLD002 张总，2010年12月10日）

在国有企业工资增长乏力的情况下，住房相关福利是留住职工的重要原因。公有住房低租配给实际上是收入分配的一种方式，名义收入分配和公房暗贴的分配等一起构成了实际国民收入分配（萧高励，1991）。在90年代，住房补助成为职工收入的主要来源之一。有学者对广州某国有企业的主要开支情况的研究表明，该厂在90年代初期的住房投资每年都超过600万元，1990—1994年住房开支总额为3174.8万元，工资总额为17826.57万元，住房补贴占工资总额的18%；如果算入土地价格，这一比例又会大大提高（丘海雄，1996）。随着《国务院关于深化城镇住房制度改革的决定》出台，在住房改革政策对住房产权的阐述日益明确，单位建房的各种"减、免、补"和职工购买公房各种折扣"今后要逐年减少，2000年前全部取消"的预期下各单位建房热情大增。许多单位为赶上"末班车"都想办法建房。一些单位本身并不缺房，但出于长远考虑也开始多建。这使得一些部门（特别是行政机关），在2000年正式停止福利分房之后，依然有部分房屋没有分出去。运气好的话，2000年后进入这些部门工作的人依然能分到大小不等的住房。有些单位甚至在建设资金、土地不足的情况下，也上报争取建房指标。"很多人说我们单位在福利分房之后还有集资房，是因为某某领导的关系。但是JH苑（该企业的集资房）是很早以前就批下来的，而并不是后面所说的2002年、2003年那个时候批的。我们单位在2000年就批下了这块地建房，这在当时广州也是很普遍的现象，很多单位都因为要改制，政府给了一定优惠政策。我们并没有受到特殊照顾。只是我们单位穷，一直没有钱建，所以就拖了下来。后来这块地如果再不建房的话就过期了，会被政府收回去。所以我们就在2003年开始建房，一直到2005年才建好。事实上这房子也不便宜，如果我们早买的话，在外面买也不会贵很多。而且外面的房子将来要卖出去也没那么多事。"（QOGG002 赵先生，2011年3月22日）当时，虽然赵先生所在企业没钱建房，但依然争取到建房资格。赵先生认为自己受益不多，但在旁观者看来这些好处是实实在在且让人羡慕的。为了赶上福利分房"末班车"，各单位纷纷争取集资建房指标。但那些效益比较差的企业，以及没有相关资源支持的企业住房情况就比较差，而且住房"性价比"也较差。"1995年第一批集资房，房价按工龄打折，双职工的，有职务的有不同的折扣。新进来的都没有资格申请这些。我们最终买成2200元/平方米，很贵的。当时在外面的（芳村周边商品房）都是2000多元，有电梯的小区房也就2000多元。我们双职工，也是50多平方米（使用面积），不带装修。10万元钱。1998年还可以分房，但是没有新的了。新的都是留给领导的，领导搬走了可卖给员工，他们2万多元一个套间，买什么小区的都可以。40多、50多平方米的，两房。"（TOYG001周女士，2011年5月24日）

即便如此，也不是所有的单位都有能力建房，赶上福利分房"末班车"。一些单位由于经营难以为继，基本工资都难以保证，根本没钱买地建房。一些企业处于被兼并或破产边缘，根本无力给职工建房，而职工由于收入很低，也难以负担集资建房的资金。刘女士中专毕业后在一所化肥厂工作，因为效益太差后来离开了企业。"化肥厂这类企业效益都不怎么样，事实上他们效益就没好过。老职工好歹都有个地方，而且新来的人不多，又是未婚的，集资建房也不是几个人就能集资起来的，单位效益很不好，大家也没钱集资。"（TOLS001刘女士，2011年5月12日）周女士父母亲所在的建筑公司更典型。"那个时候建筑公司基本上是各自出去找活了，挂着单位的牌子。而且在东山区那一带，地也很紧张的。所以那个时候他们的房子都很小。都是领导搬出去后再分给普通职工。我父母是双职工，工龄比较长，所以就分到了一房一厅。在90年代初期也基本能住了。我哥哥他们也住在单位。后来就没有建房了。房改时也就买了下来。"（TOYG001周女士，2011年5月24日）相比于周女士父母亲所在的建筑公司，周女士公公所在企业似乎更为困难。"他们单位状况太差了，后来也没有建房，就是能住，不要交租。她爷爷即使在房改后也没有分到房子，一个单元一个人住的就买了，两户人一个套间的就不能买。两家人住怎么分呢，所以去世之后就收回单位了。"（那有相关货币补贴吗？）"按政策说是有的，但是单位效益太差，大家基本上是各干各的了，谁给补贴呢？单位效益不好，也没有钱补。做官的有得补，工人就没有补，现在她爷爷奶奶都走了，就没得补。"（TOYG001周女士，2011年5月24日）

该阶段的住房差异不仅体现在单位住房供给能力上，也同样体现在住房消费上。一些好的单位有专门的门卫，保安都是由单位出钱聘请，这无疑为居住者省下很大一笔费用；一些单位建设的集资房是单体房，没有围墙，也没有保安。在流动人口激增的90年代，广州市越轨犯罪也开始增加，这种小区管理的差异就很明显地体现了出来。在谈到住单位小区的好处时，来自G机关的罗先生特意强调安全因素。G机关作为执法部门，在这方面有着独特优势。"单位小区环境、治安条件等都是其他地方难以比拟的。我们单位当然不会有闲杂人等进来，一是进不来，二是不敢进来。"（ZGKZ003罗先生，2011年4月25日）D企业生活区的安全优势也在访谈中多次提到。"那个时候是外来人口多一点，在我们这边也是如此。城中村那边就住了很多外地人。这些人当然很多是在这边认认真真干活的，但也有些人游手好闲、不务正业的。所以那个时候偷盗事件比较多。我们单位这边保安工作一直比较好。你也看到了，外面的人要进来的话，都要核实到具体找谁的。这很久以前就是这样了。这样一个好处就是住在里面也比较放心。所以我们单位很少有外来人员偷窃事件。"（QDLD001曾先生，2011年4月28日）在D企业生活区参观时，我们看到整个小区环境优雅，布局合理，水泥路面显得也非常干净，芒果树下有水泥桌凳，老人带着小孩在树荫下聊天。当我们赞赏小区环境时，随同的王科长解释说："我们单位一直是海珠区这边的绿色示范单位，花园式小区。这些芒果树也很多年了。以前树更多点，后来建房的时候就砍掉一些。"新建的房子在单位院落的最后面，离公路较远，显得安静，房屋前面是花园，而地下室是车位。

与此相反的是，一些效益差的单位房屋还停留在"有居"阶段，周边设施也很一般。"房改时我和我爱人都可以分房，我爱人是在电视台那边。那边学校资源还有配套也好一些，而且房子也大一些。我们这边房子就很一般了，周边都是破破烂烂的。同时他是领导，分房位置也比较靠前，所以就选他们单位的房子了。"（TOLS001刘女士，2011年5月12日）如果说刘女士还可以放弃本单位不好的房源选择要其先生单位的住房的话，周女士和先生在同一家单位，只能选本单位住房。"我们是单体楼，以前很乱，家家都被撬过门，HN帮到处偷的。以前都没有请保安，现在服务公司请了门卫，才好了。"（TOYG001周女士，2011年5月24日）

（2）房地产市场：单位住房分层机制的拓展。

20世纪90年代，广州房地产市场开始了迅速发展，各城建、房产开发公司等地方投融资平台逐步成为住房建设主体。一些经济效益比较好的单位，也在市场上购买商品房。据统计年鉴资料，90年代广州商品房中很大一部分是单位购买。由于单位大规模集资建房，因此在1991—1994年，房地产市场住宅销售面积中单位购买部分逐步下降。随着《关于深化城镇住房制度改革的决定》出台，对购买单位房的住房产权归属做了明确规定，许多单位选择在商品房市场购买住房分配给职工，单位购买比例开始回升。

1996年，广州商品房住宅销售中单位购买比例约占一半，1998年单位购买比例依然高达42.7%（图2.8）。这些单位购买的房屋，单位再按解困房价格卖给单位职工，不足的部分则由单位予以补助。

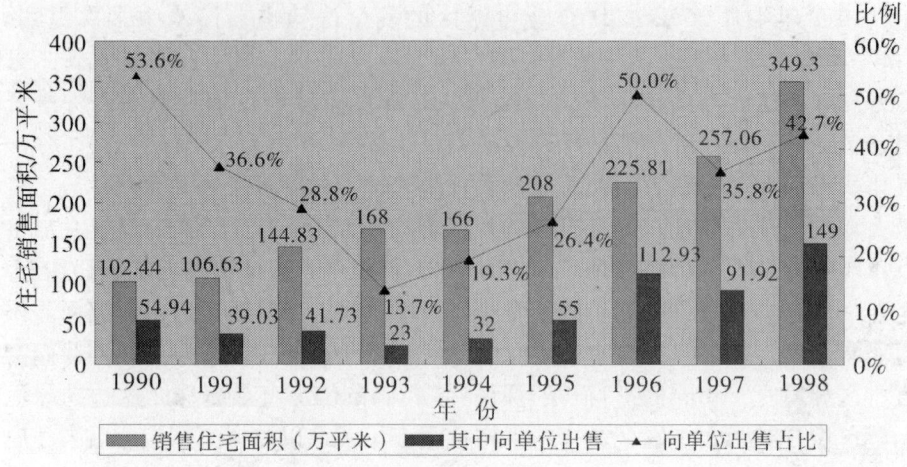

图2.8　1990—1998年广州市住宅面积单位购买和个人购买比例
资料来源：广州市统计局：《广州50年》。

（3）住房金融与货币补贴：单位制下住房分层机制的复制与繁殖。

为增加家庭住房支付能力，广州市在1992年开始试行住房公积金制度，并出台《广州市居民购房储蓄与购房抵押贷款试行办法》配合公积金制度的实行。1994年正式实施住房公积金制度，由单位和个人按规定的比例缴存住房公积金，住房公积金归个人所有，专项用于解决职工住房问题。然而，由于各个单位财政状况不同，在公积金参与时间与缴纳数据上有很大差异。根据广州市公积金政策，1992年4月—1995年5月，要求公积金缴存基数是单位和个人各缴存基本工资的5%；1995年6月，缴存基数变为单位和个人各缴存工资总额的5%。到1997年7月，广州市公积金缴存标准又进行调整，相关单位可以根据自身状况选择一种缴纳方法，分单位和个人各缴存工资总额的7%、5%或基本工资的5%三种标准。有条件的单位可适当提高缴存比例，但单位缴存比例最高不得超过20%，个人缴存比例不得低于单位缴存比例；如果单位经营状况比较差，则可以申请缓缴公积金甚至不缴纳公积金（表2.3）。

表2.3 广州市历年住房公积金缴存比例

年份	划分标准	缴存基数	单位最低缴存比例/%	个人最低缴存比例/%
1992.4—1995.5		基本工资	5	5
1995.6—1997.6		工资总额	5	5
1997.7—1998.6	工资总额为800元以上	工资总额	7	7
	800元以下，500元以上	工资总额	5	5
	500元以下	基本工资	5	5
1998—2006.6	市直属机关事业单位	工资总额	7	7
	工资总额为1200元（含1200元）以上	工资总额	8	8
	1200元以下，800元以上	工资总额	7	7
	800元以下，500元以上	工资总额	5	5
	500元以下	基本工资	5	5

注：有条件的单位，可适当提高缴存比例，但单位缴存比例最高不得超过20%，个人缴存比例不得低于单位缴存比例；划分标准的工资总额或基本工资为单位全体职工上年度月平均数；缴存基数为职工本人上年度月平均工资总额或基本工资

资料来源：广东省公积金网（http://www.gdgjj.gov.cn/）。

从广州市历年公积金缴存比例的调整我们可以看到，公积金作为住房金融的重要组成部分，与单位本身状况密切相关。在行政事业单位，公积金缴存是有财政保障的。在一些权力部分，工资待遇好，自然公积金缴存更多。"其实我们待遇不怎么样，但是我爱人单位福利还是很好的。她是广州国资委的一个处长，每年有三次出国机会。公积金的话我们不高，3000到4000元，4000元还差一点，加上单位的。我爱人的话，将近6000元。"（QDLD001曾先生，2011年4月28日）根据《广州市公积金管理条例》，市属单位一般是按照上月工资总额的7%和8%两个标准缴纳公积金。由于市属机关平均工资稍高于省直属单位，因此市属单位中，同等级别公务员的公积金稍高于省属机关公务员。"我爱人是市里公务员，工资1.2万元每月，公积金2200元，我自己工资7000多元钱（据其同事反映，应有1万多

元），公积金是 1900 多、2000 元吧。"（ZGKZ004 章先生 2011 年 4 月 16）

在国有企业这部分公积金缴存差异很大。效益不好的单位，公积金缴存比例低，总数低；效益好的单位，可以按照工资总额选取较高的缴存比例。这种不平等状况随着公积金政策的推广而加大。1995 年之前，缴存比例是各单位缴存基本工资的 5%。1997 年 7 月后，缴存比例则分化为三种标准：工资总额为 800 元以上的，单位和个人各负担工资总额的 7%；500~800 元的，该比例降为工资总额的 5%；工资总额在 500 元以下的，公积金缴存基数变为了基本工资，缴存比例也仅为 5%。到 1998 年之后，则分化为四种情况，总体情况是工资总额越高，单位为其缴纳的公积金就越多。而且还规定"有条件的单位，可适当提高缴存比例，但单位缴存比例最高不得超过 20%，个人缴存比例不得低于单位缴存比例"，而对一些"停业、歇业和经济困难单位"，则可以缓缴公积金，甚至不缴纳公积金。根据广州市历年统计年鉴，在 1995 年全市有 6606 个单位、101 万人参加了住房公积金缴存，存储总额达 7.02 亿元（广州统计年鉴，1996）。1996 年底，全市有 6675 个单位、约 106 万人（不含省属单位）参加了住房公积金缴存，存储总额达 12.26 亿元；1997 年全市有 7085 个单位、约 102 万人（不含省属单位）参加了住房公积金缴存，存储总额达 19.39 亿元（广州统计年鉴，1998）。从 1996 年到 1997 年底，广州全市参与公积金的单位虽然增加了，但参与公积金的人数反而减少了，这反映出一些国有企业在市场化进程中经营的困难。相关政策规定"单位及个人的住房公积金缴存比例各为 5%~20%，具体缴存比例由单位和个人根据实际情况自行选择。每个单位只能选定一个单位缴存比例，个人缴存比例应当等于或高于单位缴存比例。缴存比例取 1% 的整数倍。缴存住房公积金确有困难的单位，需按现行政策文件规定，向我中心提出降低缴存比例或者缓缴申请，经市住房公积金管理委员会审批后再进行调整。"可见，90 年代公有部门职工的公积金缴存取决于单位状况。行政、事业单位的公积金缴存因为是在财政部门核定的年度经费中列支，因此有保障；而一些企业单位，在"发生合并、分立、破产、解散或撤销等情形"时，住房公积金缴存就会发生变更甚至会注销缴存登记。

总之，在 90 年代，体制内职工住房状况主要还是取决于单位住房状况。无论是住房供给（单位建房或买房再分给职工），还是住房金融抑或住房消费（房租与基建设施）方面，单位住房状况是决定其职工住房状况最主要的因素。行政事业单位一般能获得各种财政支持，因此住房状况比较好，住房公积金政策也能得到很好的落实。但对国有企业来说，在市场化进程中，各企业经营状况不一，效益也有好有坏。有些国有企业在市场化过程中发展较好，又能获得上级的政策支持，因此住房状况改善很大；一些企业虽然经营状况一般，但依然能通过各种途径改善住房条件；但很多企业在市场化大潮中，在抓大放小的改革战略中，逐步走向衰落。因此，该阶段单位住房差距进一步扩大。而这些差距在房改中以私人财产的形式确立下来（李强、王美琴，2009）。该阶段的住房分层机制很大程度上是传统计划经济体制下（或者说单位制下）分层机制的拓展。

2. 单位内部住房分配：住房分层机制持续与演化

在90年代房改过程中，不仅单位之间的住房状况发生了很大变化，单位内部的住房分配机制也发生了很大变化。

（1）行政事业机关的住房分配：权力的延续。

中国住房改革是自上而下的改革，在自上而下的改革过程中，再分配权力拥有者可以在政策制定时选择有利于自己的政策，获得住房分配的上优势（Bian & Logan，1996；Logan & Bian，1993）。因此在行政机关内部，住房获得标准依然是按照职务标准，掌握再分配权力的、职务越高的住房状况越好。在广州市住房改革方案中，首先是20世纪80年代关于职务与住房面积的标准被延续下来，广东省政府《关于省政府直属机关房屋管理的暂行办法》（粤府〔83〕68号）规定：委办厅局级干部住房，每户建筑面积100平方米，最高不超过130平方米；处级干部住房，每户建筑面积80平方米，最高不超过100平方米；科级干部的住房，每户建筑面积70平方米，最高不超过85平方米；一般干部及其他职工，每户建筑面积50平方米，最高不超过75平方米。90年代住房自有化过程中，这一标准被沿用了下来。无论是1989年8月公布的《广州市住房制度改革实施方案》，还是1995年7颁布的《广州市深化住房制度改革实施意见》，抑或是1998年3月颁布的《关于广州市直属机关事业单位住房货币分配实施方案（试行）》，《关于省政府直属机关房屋管理的暂行办法》中关于行政职务的面积标准一直是重要的参照标准。虽然规定面积最高不超过130平方米，但现实中总是充满例外。"我父亲在江边也有一套别墅，他是NH舰队的将军。当时部队给了他一套三层别墅，当时很奇怪，给办房产证，虽然是部队的，但是也有70年产权。中央当时下的文件，2002年时候给办的，说是干了一辈子革命工作，留作纪念。"（QDLD001曾先生，2011年4月28日）

货币补贴是福利分房的另一种体现，也与职务高低相关联。《关于广州市直属机关事业单位住房货币分配实施方案（试行）》规定："对符合领取住房补贴的人员，每月按如下标准发放住房补贴：一般干部职工150元，科级 170 元，处级 200 元，厅级 260 元。"根据有关学者研究，广州市公务员住房补贴按照职务高低，20 年房补从 83280 元到 200880 元不等，按当时（1997 年）安居房价格，20 年房补可支付房屋面积从 34 平方米到 82 平方米不等（Chi-Man Hui & Seabrooke，2000；Hui & Wong，1999）。表 2.4 展现了住房补贴与职务的关系。

表 2.4 广州市 1998 年度住房补贴标准　　单位：元/月/人

住房补贴标准	机关	事业单位		机关或事业单位	
	行政职务	被聘专业技术职务	职员	技术工人	普通工人
233	办事员	员级	六级	初级工	5 年以下
280	科员	助级	五级	中级工	6～10 年
327	副主任科员	中级 3 年以下	四级 4 年以下	高级工	11～18 年
373	主任科员	中级 4 年以上	四级 5 年以上	技师	19 年以上
420	副处级	副高级 3 年以下	三级 4 年以下	高级技师	
467	处级	副高级 4 年以上	三级 5 年以上		
513	副局级	正高级 3 年以下	二级 4 年以下		
607	局级	正高级 4 年以上	二级 5 年以上		
747	副市级				
933	市级				

资料来源：《关于广州市直属机关事业单位住房货币分配实施方案（试行）》附件 1。

　　同时，住房货币分配实施方案中对行政事业单位的补贴资金来源提供财政保障，包括地方财政纳入预算，原用于住房建设、维修和房租补贴的资金，行政、企事业单位自筹用于住房建设的资金，出售公有住房回收的资金，行政、事业单位经财政部门核准开支的预算外资金等。

　　住房公积金也与个人行政级别、个人总收入密切相关。根据《广州市住房公积金管理条例》相关规定，住房公积金的月缴存额以职工本人上年度月平均工资总额为基数，按职工及单位的住房公积金缴存比例计算。级别越高，工资总额就越高，在同一缴存比例下，住房公积金缴纳数目也越大。据笔者访谈的反馈情况，在省直属公务员中，公积金分三等，在 G 机关，一般是科员 600 多元，正科 1000 元，处级 1200 元（此为 2011 年的数据，如算上单位缴存部分，则分别为 1200、2000、2400 元）。

中国的改革主要是在经济领域改革，保持了政治体系的稳定性。体现再分配权力的行政机关，在房改中改变的只是住房分配形式与补贴形式，而非分配逻辑。拥有政治权力的精英，在自上而下的改革中，设计了偏向再分配者的分配结果（刘欣，2003）。为了使改革阻力更小，使住房改革货币化改革顺利推进，作为主要执行部门的行政机关，原有的分配逻辑被保存了下来，原有的权力优势依然明显。

（2）国有企业内部住房分配：权力的延续与市场能力的作用。

中国的改革是在政治稳定的环境下进行的，改革重点在经济领域。在该时期，国有企业改革的目标虽然是建立现代企业制度，但在企业制度上并没有显著的改变，真正的大规模企业改制是在2000年以后。企业虽然作为市场主体参与市场活动，但在企业内部，特别是企业福利部分依然没有发生本质改变。国有企业内部住房分配时，参照体系是行政事业单位，分配标准依然是以行政级别为主（黄启臣，1998）。笔者的访谈材料也证实了这一点。"当时职代会几经讨论，通过了一个打分排号方案。当时是先按职务分档，高者优先；如果同一档次，那么就是分数高者优先；如果分数也相同，那就按所龄、工龄、双职工等进行排序的。主要领导是不排序的，按职务档次、岗位责任等综合因素先行选房。全院所干部职工，包括底下公司和院里签约的职工，一共是分为九档，从正厅级到科级，到最后一档的其他职工，就是刚进来的职员。"（QDLD002 张总，2010年12月10日）无论是对新建住房的分配，还是对原有公房的出售，"官本位"的房改方案保证了再分配优势。"1998年房改时还有公家房，但是没有新的了。新的都是留给领导的。领导搬走了就给我们，他们2万多元一个套间，买什么小区的都可以。"（TOYG001 周女士，2011年5月24日）

在90年代住房自有化过程中，特别是90年代末期，国有企业为了适应改制与市场竞争需要，开始强调绩效（市场能力）。"我们在1994年和2000年新建住房时，有个特别政策，就是拿出部分房子奖励一些骨干人员。当时院里有那么五六人获得了特别贡献奖，院里奖励了我一套三房两厅的房子，使用面积90多平方米，当时花了7万元。"（QDLD001 曾先生，2011年4月28日）从曾先生反映的情况来看，D企业对能力与绩效的奖励力度非常大，当然，这也和D企业本身是一家科技型企业有关。笔者从D企业提供的当初新建房与原有公房分配（出售）的方案中也发现，D企业对市场能力一直颇为看重，住房是企业留住人才的主要手段之一。"我所已经转制为科技型企业，要在激烈的市场竞争中求得生存与发展，必须依靠人才，充分发挥人才的作用。针对目前我所职工住房现状，很有必要采取措施改善科技、业务、管理骨干的住房条件,以达到留住人才、稳住人才、吸引人才和进一步调动职工积极性的目的。现经上级有关部门批准,我所将由职工出资新建(简称新建住房)一批面积分别为130平方米和100平方米的职工住房,重点解决为所做出突出贡献的科技、营销、生产和管理骨干的住房问题。"(D企业后勤与人事处,2000)关于分配原则的表述也再一次强调市场能力——按"职务为主、贡献(绩效)优先、兼顾公平"的原则进行认购。"对业绩显著、贡献突出的人员;经如下程序:所在部门推荐、核实业绩材料、评议小组评议、领导小组审批(简称推荐审批程序,下同),可认购上一级职务住房面积标准的住房。"(D企业后勤与人事处,2000)值得注意的是,在D企业向职工出售房屋时规定取得住房后必须为单位工作10年。对此曾先生解释到,企业主要是为了留住人才,适应市场竞争。"当时买房的时候,合同里就写得清清楚楚,要10年才能拿房产证。所以房产证要放在院里。当时很多人和我说,如果不是因为房子,早就走了。"(QDLD001曾先生,2011年4月28日)

(3) 事业单位内部住房分配:权力与声誉。

事业单位的住房分配方案(包括集资房、旧房分配)也是参照行政机关的分配方案进行,行政级别一如既往的重要。同时,在高校领域,文化资本与声誉也备受重视,知名教授、博导是学校的声誉与地位的象征。住房面积、分房时的排序与个体的职务、工龄、职龄等因素相关,也与户主家庭成员情况相关。如Z大学旧房分配和集资建房时各类人员住房计分办法中就包括职务分、工龄分、职龄分和户主家庭成员分等部分。为了引进人才,《Z大学教职工住房分配及管理办法》中还规定在计分方案中增加学位分一项:博士2分,硕士1分(表2.5)。在90年代,体制内人才也开始流动,高校也面临着人才的竞争。为了吸引高级人才——如成名教授,Z大学特意制定了针对知名学者的住房计划,如再剩余的住房不再出售,用于人才引进。

表2.5 Z大学《关于1999年住房分配意见》中各类人员住房分配计分

计分	类 别	得分
职务分	正副校级、老三级以上教授、厅局级干部	100
	教授、正处级干部及相应职称职务人员	92
	……	……
	处级职称人员和20～29年工龄的教职工	64
	19年以下工龄的教职工	60

续表2.5

计分	类别	得分
工龄分	解放后的工龄（含大专以上学龄）每年计	1
职龄分	正高、副高、中级职龄从任职时起每年分别计	0.7、0.5、0.3
	博士生导师每年另计	0.3
学位分	博士	2
	硕士	1
户主家庭成员分	配偶为无工作、一般教职工、中级职称、高级职称分别计	2、3、4、5
	……	……
	户主为军属、归侨、台胞（含配偶按户计）	1

（4）房改中单位内部的竞争与冲突。

90年代住房改革的主要内容是住房自有化，相对于提租改革，住房产权的确定给人带来的思想冲击更大。"你想想，我们当时紧张到什么地步？那套房子只要11万元，我在银行贷款8万元，是学校统一组织贷这个钱。这个8万元到前年才还清。当时我付不起那个钱，怎么筹到那个钱呢？我们以前也集资过一次建房，当时是在西区菜市场那边。60多平方米，两房一厅。2万多元钱，那个时候也是七拼八凑才勉强才凑齐那2万多元钱，我是将那个房子的钱抵了首付的2万多元钱。当时过日子都很紧张，所以大家都是很关注房子。"（SZMF002 韦教授，2011年7月16日）为此韦教授还特意提到房改中一件"让人印象非常深刻的"往事。"那天中午，系里忽然通知说中午要我去开会，我说开什么会，他说就是分房子。是一件什么事呢？学校在分房时首先要打分，然后按排分顺序选房号，当时有人搞了鬼。有些人想选中他要的房号，但是也有些人是不要的。比如说你想要那套房，按排号你选不到，但是小孙的分数比较高，他在你的前面好远。但是他可以选中那套房。他们采取的办法就是要那个人选中你想要那套房，然后等恰好排到你的时候，他宣布我不要了，这套房我放弃了，然后正好轮到你了。前面的都被他玩了。结果就不知道一个什么人一状告到书记那里去了。书记中午就把选中了这栋楼的人全都叫去了，学校房管处、后勤处、分管的副校长都来了，书记主持。领导就把这个事情跟大家讲了一遍，说要把这两个人叫过来，要讲清楚这个问题。但有人说找不着了。领导就说，现在我们是搞不清楚这个事情了，那我们就先把这两套房子（选号）都作废，你们后面的人都重新选过。你们都可以往前面移了。"(SZMF002 韦教授,2011年7月16日)这事也让韦教授等人对书记赞赏不已,"以前领导都是说研究研究,但书记就是当场处理"。

这种竞争在房改中非常普遍,不仅在 Z 大学如此,在 G 机关也同样如此。因为按照相关房改政策,这毕竟是"最后"一次分房机会,住房分配中的竞争也更为激烈。"我们来的时候,厅里大院还有几套房子,要在我们新来的年轻人中分配。但是,当时张科长也要求分房。其实他在部队的时候,部队就给他房子了,按照政策是不能给的。而且他参加分房的话,是按处级待遇给的。大家因为这个问题有点不愉快,后来领导不同意(给他)。"(ZGFK005 胡科,2011年5月13日)

这种竞争中,身份、资历、领导庇护显得尤为重要。"建房的时候,院里的理由是说为了引进人才,从厅里拿到的指标。但分房的时候,很多老员工就不干了,因为按照职务和职称、学历来分的话,一些老员工就排到新来的后面了,心里不平衡,就要求先有编制的分房,我们要等编制下来才分。结果我们等他们连水电工、看大门的都选了房后,才下来编制,只剩下中间最小的户型。更烦人的是,因为我们是等编制下来才选房交钱,前面那一批是很早交了预付款的,要求我们这一批就按照10%的利息交滞纳金……。选房时本来是按照排名来的,一个同事主动和人调到最后选房,说自己想选最下面一层,因为下面一层面对花坛。后来大家才知道,院领导比较器重他,因为有人在厅里建房的时候已经买房了,就退了一套房,面积很大,留给了他。"(SH01001 汪先生,2011年7月9日)

住房分配中的竞争与冲突,也使相关单位在住房分配时更为谨慎。"以前住房是单位的,所以即使是买也只有使用权,没有所有权。走的时候还是要还给单位的。80年代的时候,分房也不是住很久。如果单位建新房,一些人住进新房,年轻一点的就可以搬进稍好一点的旧房子。所以那个时候大家都经常搬房子。从楼下搬到楼上,从单间搬到有卫生间的套间。排队分房,考虑个人结婚、工龄、家计情况算分,很多人是一个单间,也有可能是两户人挤一套房,譬如两户共分两房一厅。但是后来房改就不同了,因为当时想着一辈子就是这套房了,排队时大家更较真。虽然有市里指导文件,但单位也要考虑自身发展情况,对相关内容进行调整。领导小组研究,职代会讨论,尽可能形成书面的东西,有据可查,避免事后扯皮。"(QDLD002 张总,2010年12月10日)即便如此,也不能完全解决问题。在 D 企业的住房分配中,一些退休"老人"当时觉得没必要花那笔钱(换购新房,面积增加要补钱),也放弃了房改中的部分优惠政策(补差)。但在2010年上级主管部门又下发文件，要求对当年"老人"放弃的部分予以补偿。"究竟怎么补还在研究中"，人事处的王科说。

3. 体制之间的住房分层机制

（1）生产环节中商品房与福利房之间的差异与分层。

随着中国市场化进程加快，房地产市场发展迅速，商品房逐步成为广州市民获得住房的另一渠道。生产环节中商品房与福利房存在显著的差异。

首先是城市级差地租负担的不平等。在住房建设过程中，不同生产体制对地价的承受度是不同的。在单位集资建设的福利房中，政府一般予以减免土地出让金以及税收减免。根据《中华人民共和国城镇土地使用税暂行条例》相关规定，国家机关、人民团体和由国家财政部门拨付事业经费的单位自用的土地，免收土地使用税。公有部门（行政机关、事业单位和国有企业）自有土地由行政划拨而来，利用自有土地建房无需缴费，即使新获得土地也享有一定优惠。商品房土地要缴纳较高的税金。同时，由于集资房都是利用本单位的闲置土地，这些土地虽然闲置，但周边的配套设施已经比较齐全，因此通水、通电、通路和平整土地的成本较低，所以建安成本比较低。由于商品房用地一般是在市郊区，周边配套设施不齐全，因此商品房开发一般"三通一平"成本较高。除此之外，商品房一般要百分百缴纳土地出让金，即使有部分减免，也是要求开发公司交出约定面积的住房给住房解困办公室。因此，商品房建造成本非常高。福利建房享受了多年来周边配套设施完善带来的便利，"不仅不必为享受到更多更大的便利付费，而且还享受着越来越多的级差收益"。商品房用地者就不同了，"以前没有享受土地的级差收益，现在却不仅要为自己享受到的级差收益付费，而且要为维持旧用地者的既得利益付费；不仅要为眼前的利益付费，而且要为未来几年、几十年将享受到的利益付费"（王育琨，1992b）。

根据广州市统计资料，广州市的土地出让金，1993年为15.79亿元，1995年高达20.88亿元，1996年为18.15亿元。到2000年，广州市房地产开发企业土地购置费高达55.48亿元，房地产投资中土地购置费大幅度上升，土地购置费占房地产投资额的16%（根据广州市历年统计年鉴整理）。地价上升带来房价高企，整个90年代，广州市商品住房房价居高不下：住房均价1990年为1203元/平方米，到1995年涨到3905元/平方米，1998年更是高达5122元/平方米。

在福利房中，原有公房销售价格都非常低。我们根据广州市历年统计年鉴中关于公房销售面积与回收金额，计算出原有公房销售均价，结果发现，即使在广州市商品住房价格已经突破5000元/平方米大关的1996年至1998年，原有公房销售价格最高也不超过1000元/平方米（图2.9）。虽然根据统计年鉴出售面积和回收金额计算原有公房均价可能存在统计不精确的问题，但一个不争的事实就是，原有公房销售价格远远低于商品房。

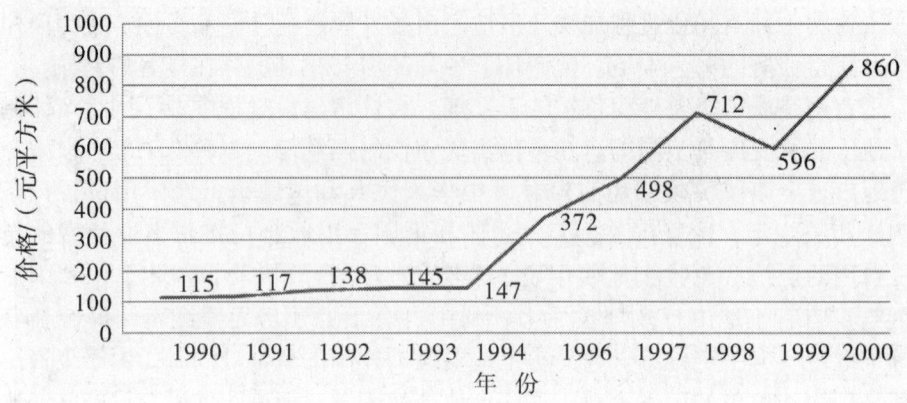

图2.9　1989—2000年广州公房销售均价

即使是新建住房，福利集资建房的价格普遍较低，只需支付建筑成本价。D企业的曾先生在谈到其两次参加集资建房的价格时说："我在1994年的时候，分到一套集资房，当时一共是6万元左右。2000年单位建房时，我将原来那套房退还给单位，然后买了现在的这套房子，一共是18万元，140多平方米，当时我们的均价是1200元左右。"（QDLD001 曾先生，2011年4月28日）2000年新建住房均价是2000元左右，而D企业旁边小区商品房的均价是4700元。"2001年，我参加了单位的集资建房，房产证上的面积是120平方米。集资建房的时候，我交了27万元，按照预算工程造价交钱，多退少补。后来退回了两三万元，实际上支付了24万元左右吧。旁边的YJ南苑，一平方米是4700元，将近5000元。所以与YJ南苑比还是省了不少钱。……按当时的价格算，与YJ南苑相比，一平方米的差价是2000多元，算起来差价是20多万元。"（QDYG002 常工，2011年5月22日）

在访谈中我们了解到1994年Z大学的集资房是每套（60多平方米）2万元，2000年Z大学的集资房是1200元/平方米。这一价格甚至要低于同时期的商品房造价（图2.10）。根据广州市统计局的《广州50年》中的房地产开发资料，广州市1994年住宅造价为991元/平方米，1998年为1279元/平方米。可见这种集资房中的"减、免、补"费用之高。

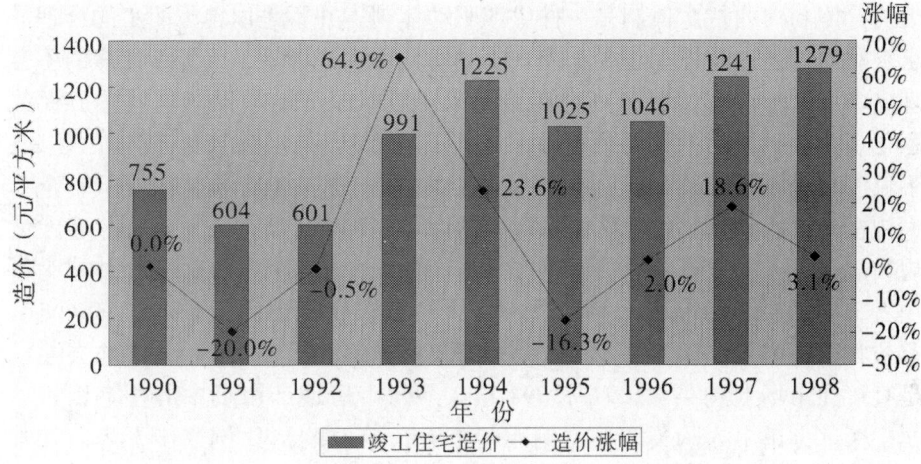

图 2.10　20 世纪 90 年代广州市竣工住宅造价与涨幅

但从价格还不能完全反映出商品房与集资福利房的差异，其差异还反映在住房质量上。"我们的房子算面积时是算使用面积，而不是建筑面积的，这也是单位对职工的一个优惠。而且房子是找人设计的，好用。自己建的房子比较放心，用料都是很好的，建房的时候我们都去看，钢筋都是很大条的，水泥也是用好水泥。"（QDLD001 曾先生，2011 年 4 月 28 日）

（2）单位小区与商品小区的公共服务设施的分化。

除了住房质量与价格差异之外，小区附带的公共资源差异也同样明显。正如前文所指出的，单位小区一般处于配套设施比较完善的地区，不仅交通方便，而且教育等公共资源也比较集中。在中国市场化过程中，教育等公共服务也开始通过商品房市场化、货币化（冯皓、陆铭，2010）。教育资源向一些重点小学、示范中学集中，使得广州市的教育资源分布并不均匀，也使得住房附带的公共资源消费变得更不平等。经济发展进程中，广州市区面积扩大，商品房建设也逐步向郊区发展，而单位小区依然在原有划拨土地上变更土地使用性质建房，区域分布不同的背后是教育等公共资源消费的不平等加剧。与单位制社区存在的各种隐性福利和好处相比较，商品房住宅小区的管理水平不高，业主与物业管理部门之间争执不断，投诉不断增加。

（3）体制内外的联动效应。

住房分层的体制差异化机制不仅体现在住房生产机制和住房获得机制上，还体现在体制内的住房生产驱动体制对体制外的消费需求体制的"挤压效应"上。

其一，正如世界银行咨询报告（1992）和王育琨（1992a）等学者所指出的,体制内的住房体制是一种生产驱动体制,并不是以单位职工的合理需求为驱动的,这种以单位生产能力驱动的住房生产体制,促涨了住房的不合理需求。这种"国民收入—企业留利或挤成本—房地产投资"的发展模式强化了企业包住房的程度,使得住房建设规模迅速并超越经济实力的扩展,不仅没有理顺需求机制,还强化了不合理的方面(王育琨,1992c)。企业大规模建房,使得物价上涨,从而引起商品房价格上涨。也就是说,企业大规模建房带来的通货膨胀传导到商品房市场,使得那些体制外的个体成为买单者,他们想通过市场途径实现自己居住需求变得更为困难。在90年代,单位为职工提供住房,并不仅仅是通过集资建房等方式,还有一个重要途径是直接在市场上购买。1991—1994年,广州市房地产市场中的住宅销售面积中大部分由个人购买,其比例逐步上升,单位购买比例逐步下降,其中1993年个人购买面积占到广州市房地产市场住宅总面积的86.3%。1994年由于国务院正式出台《关于深化城镇住房制度改革的决定》,对购买单位房的住房产权归属作了明确规定,刺激了单位购买住房,分配给职工,单位购买住宅的比例又开始回升。1996年,广州市商品房住宅销售中单位购买的比例约占一半;到1998年,单位购买比例约42.7%(表2.6)。

表2.6 1990—1998年广州市住宅面积单位购买和个人购买比例

单位:万平方米

年份	住宅销售	向个人出售	向单位销售	
			面积	比例
1990	102.44	47.5	54.94	53.6%
1991	106.63	67.6	39.03	36.6%
1992	144.83	103.1	41.73	28.8%
1993	168	145	23	13.7%
1994	166	134	32	19.3%
1995	208	153	55	26.4%
1996	225.81	112.88	112.93	50.0%
1997	257.06	165.14	91.92	35.8%
1998	349.3	200.3	149	42.7%

资料来源:广州市统计局:《广州50年》,网址:http://data.gzstats.gov.cn/。

这些"软预算约束"下的行政机关与企事业单位在商品房市场上显得

财大气粗,单位大肆购买商品房的后果是大大提高了商品房的价格。1991年,广州市商品房均价为1339元/平方米,到1994年涨到3245元/平方米,1998年更是涨到5122元/平方米。10年不到,商品房价格涨了326%。这种单位直接在市场上给自己干部职工买房的做法,对商品房消费个体来说影响很大。对于"硬预算约束"的个体者来说,高昂的住房价格使他们难以承受。

其二,住房补贴、公积金制度(利率优惠等)刺激了体制内消费者的住房需求,他们大量涌入商品房市场,增加了商品房需求,使得房价上涨。对体制外的许多消费者来说,虽然他们有着强烈的改善住房的需求和动机,但过高的住房价格使其需求变得难以满足。这就是住房消费的联动效应或传导机制(王松涛,2009:21;王松涛、杨赞、刘洪玉,2008)。"我的福利房是1999年房改时分的,60多平方米的两房一厅的房子,按我的工龄、级别来说,完全可以拿更大一点的。但是这边没有大的房子了,要大一点的要去黄岗岭那边去了,上下班都很不方便。所以福利房当时我不要出一分钱,单位还补了我1.4万多元。既然单位没有大房了,我就干脆在外面买了一套商品房,85平方米,两房两厅,主要也是为了她上下班方便吧。她如果加班啊,有事啊,那就住在那边了。每平方米是3900元,周边也是4000元左右,总共花了40多万元。装修花了10万元多一点。"(ZGLD001梁先生,2011年5月18日)据梁先生反映,像他这样的年纪,这样的情况的,在单位房改后再买房的人非常普遍。"像我这种情况的,到了现在,除了傻子,谁没有两三套房呢?"而这些人进入房地产市场对房地产市场的推动不容小视。

(4)商品房市场的价格排斥与住房获得。

单位大肆投资建房、购买住房对90年代的通货膨胀起到推波助澜的作用。根据广州市历年统计资料,1992年广州市房屋均价为1392元/平方米,家庭人均可支配年收入为3966.76元,可以购买的住房面积为2.85平方米;到1996年,房价涨到5109元/平方米,而家庭人均可支配年收入也涨到9905元,这时可以购买的住房面积已不足2平方米。随着经济的发展,购买住房的压力也变得越来越大。普通三口之家,如要购买60平方米的住房,需投入超过10年的家庭全部可支配收入。住房金融发展滞后,住房价格高涨,使得普通市民难以承受,因此被排斥在商品房市场之外。在90年代不多的商品房购买者中,主要是一些生意比较成功的老板与个体户。"当时住房价格那么高,一般人也买不起。那些村民有钱,但是不需要买房,都有宅基地。比较佩服的是那些当初看得比较准的,早出去做事的人,在我朋友中有些当初做生意的人买了房。"（TOYG001 周女士，2011 年 5 月 24 日）对此，曾先生提供的案例是他的一个徒弟。"我一直是主抓技术，有很多徒弟很能干的。我有个徒弟现在几个亿，小沈，一个小女孩。现在在番禺买了一平方公里的地。她的公司很大了。当时出去就在外面买了房子，也希望我能出去一起做生意。我对单位是有感情的，算是领导吧，一开始就在这里上班，所以也不可能走。"（QDLD001 曾先生，2011 年 4 月 28 日）在 90 年代，由于住房价格较高，一些体制外的生意人或在外企就业的人才会买住房。而在当时，这些人购买住房更多是为了自己住，是需求驱动型。"我女儿是 1993 年学计算机毕业参加工作，一个月有 3000 多元，在结婚时就买了商品房。我儿子是在一所中学，1000 元多一点，买的是单位集资房。"（QOTX001 张伯，2010 年 11 月 18 日）陈老板虽然当时不止一套房，但据他介绍，当时也只是为了方便，是一种改善型需求。"那时上班没有钱，我又是单身，本地人，分房子也轮不到我（因为家里有祖宅）。后来我一个远房亲戚在南海大沥那边办五金厂，我就去帮忙。起初就是将电脑配件上的金属分类，很脏也很累的……。后来才因为要结婚，村里外地人多，比较乱点，所以就买了房子。早几年到中山那边去开厂，为了方便就在那边也买了一套房。那个时候就是为了自己住，没有想过要炒房。"（MOLB001 陈老板，2011 年 8 月 20 日）

对于那些改革后的下岗人员来说，原来单位的经济状况较差，无法提供住房，商品房价高，也买不起，只能依靠政府解困房，但是即使是解困房他们也买不起。

（三）小结：1990—2000 年住房获得机制与住房分层——再分配权力的延续

由于该阶段福利住房与商品住房是满足城市居民住房需求的两个主要渠道，因此也称为"住房双轨制阶段"。在市场化改革中，一些企业因为兼并、重组，甚至破产，无法为职工继续提供住房；一些单位则为赶上福利分房"末班车"，建房热情高涨，甚至涌入商品房市场购房再分给其干部职工。该阶段，无论是新建福利房，还是单位在市场上购买商品房，都与单位状况密切相关，住房分层现象在单位之间持续扩大。在住房资源获得上，再分配权力优势依然明显，而市场机制作用也在加强。在诸多家庭不断改善住房需求的同时，许多困难家庭既无法获得福利房，也无力通过商品房市场满足住房需求。城市居民住房分化现象日益明显。

90年代广州市房改重点是公房出售,改革实质是将住房实物分配制度下形成的基于权力和身份的住房不平等结构从产权上固定下来(李强、王美琴,2009)。该阶段单位住房需求主要是由单位生产能力驱动的,住房不平等本质上依然是单位住房生产的不平等,住房生产多少依具体工作单位的经济实力强弱而转移,住房不平等在单位之间持续扩大(安德鲁·黑马、王育琨,1991)。

缺少有效约束的再分配权力拥有者,延续了计划经济时代住房分配的"官本位"游戏规则。虽然在单位内部住房分配中,工龄、家庭人口、技术职称等因素是住房分配的重要参考指标,民主评议、民主分房的方法使得住房分配的透明化程度有所增加,但作为游戏规则的制定者与执行者的再分配权力拥有者,住房优势依然明显,"使得住房多和住房少的两头之间,差距扩大了"(王育琨,1992a),住房不公平有了扩大趋势。如果个案访谈难以反映总体的话,2000年人口普查资料表明,再分配权力者住房方面的优势是全方位的。

首先是住房面积的优势。2000年人口普查资料显示户主是国家机关企事业单位负责人的家庭,平均每户有2.61个房间,人均居住建筑面积为28.17平方米,高于广州全市平均住户房间数与人均居住建筑面积数(表2.7)。

表2.7 2000年广州市按户主的职业分的家庭户住房状况

职业	户数/户	人数/人	平均每户住房房间数/个	人均居住建筑面积/平方米
国家机关企事业单位负责人	10198	32165	2.61	28.17
各类专业技术人员	18808	50733	2.22	25.22
办事人员和有关人员	16622	48620	2.25	24.01
商业服务业人员	37812	105749	1.87	20.36
农林牧渔水利生产人员	38442	157135	2.89	21.21
生产运输设备操作人员	40499	122754	1.97	19.41
不便分类的其他劳动者	3	11	1.67	11.36
总计	162384	517167	2.26	21.77

据人口"五普"10%抽样数据资料,16581户户主为国家机关事业单位负责人的家庭中,有5715户家庭人均居住建筑面积为30平方米以上;到

2009年底,广州市市民人均居住建筑面积为20.93平方米。也就是说早在10年前(2000年)国家机关事业单位负责人户主家庭中就有超过1/3的家庭(34.5%)人均居住建筑面积高于2009年底广州市市民人均居住建筑面积10平方米以上。这一比例远高于户主为其他职业的家庭(表2.8)。

表2.8 广州市按职业分的家庭户人均居住建筑面积

单位:户

职业	人均居住建筑面积/平方米								总计
	≤8	9~12	13~16	17~19	20~29	30~39	40~49	≥50	
国家机关企事业单位负责人	986	1431	1990	1486	4973	2716	1134	1865	16581
各类专业技术人员	3077	4905	6730	4861	14815	6530	2512	3107	46537
办事人员和有关人员	2987	3803	4826	3148	9944	4364	1796	2202	33070
商业服务业人员	18950	16433	14908	6779	19687	8169	3766	5475	94167
农林牧渔水利生产人员	12224	16021	17064	7009	22226	10200	5365	6559	96668
生产运输设备操作人员	18714	14665	13821	6537	17606	6668	3152	4252	85415
不便分类的其他劳动者	4	3	4	1	2	1	3	0	18
总计	56942	57261	59343	29821	89253	38648	17728	23460	372456

注:统计范围为人口"五普"10%抽样数据家庭户在职人口。表2.9、表2.10同此。

其次从住房产权来看,掌握再分配权力的国家机关企事业负责人优势依然非常明显。根据"五普"资料,我们得到表2.9。统计结果显示,拥有再分配权力的国家机关企事业单位负责人的家庭在住房方面的优势是全方位的,不仅体现在房改中(购买原有公房),也体现在房地产市场的产权获得(购买商品房)。

表 2.9　2000 年广州市按户主的职业分的家庭户的住房来源

单位：户

职业	住房来源							总计
	自建房	购买商品房	购买经适房	购买原公房	租用公房	租商品房	其他	
国家机关企事业单位负责人	1559	2068	322	3695	800	787	459	9690
各类专业技术人员	1653	2735	804	7805	3455	1122	1055	18629
办事人员和有关人员	2777	1904	561	6617	2237	1187	991	16274
商业服务业人员	6426	4103	803	4207	4858	9629	2220	32246
农林牧渔水利生产人员	36222	197	130	214	336	285	743	38127
生产运输设备操作人员	9668	2994	1070	6745	6417	8769	3327	38990
不便分类的其他劳动者	0	0	0	0	0	2	1	3
总计	58305	14001	3690	29283	18103	21781	8796	153959

根据"五普"资料，我们将购买商品房归为一类，将其他住房归为一类（表2.10）。统计结果显示，整个广州市购买商品房的比例为9.1%，而国家机关企事业单位为21.3%，远高于户主职业为各类专业技术人员14.7%的比例。农林牧渔水利生产人员中大部分从事农业生产的人员有宅基地，所以购买商品房的比例较低。同时，我们将自建房、购买商品房、购买经适房、购买原公房归为"有房产"类型，将其他类型归为"无房产"类型。从房产拥有情况来看，户主为国家机关事业单位负责人的家庭拥有住房产权的比例为78.9%，仅次于拥有宅基地的农林牧渔水利生产人员家庭。

表 2.10　户主职业与住房来源关系

单位：户

职业	住房类型			有无房产		
	商品房	非商品房	有商品房比例	有房产	无房产	有房产比例
国家机关企事业单位负责人	2068	7622	21.3%	7644	2046	78.9%
各类专业技术人员	2735	15894	14.7%	12997	5632	69.8%
办事人员和有关人员	1904	14370	11.7%	11859	4415	72.9%
商业服务业人员	4103	28143	12.7%	15539	16707	48.2%
农林牧渔水利生产人员	197	37930	0.5%	36763	1364	96.4%
生产运输设备操作人员	2994	35996	7.7%	20477	18513	52.5%
不便分类的其他劳动者	0	3	0.0%	0	3	0.0%
总计	14001	139958	9.1%	105279	48680	68.4%

总之，正如相关学者研究所指出的，在住房自有化过程中，"官本位"原则依然是通行原则，住房分层的传统机制或者说再分配机制的作用依然非常明显。

四、2001年至今：后福利分房时代的住房分层

（一）中国经济奇迹与房地产市场的黄金时期

从整个转轨政策来说，21世纪前10年的改革政策属于20世纪90年代转轨政策的延伸（王宁，2009）。改革普惠不再，利益分化加剧，因此社会开始反思改革，该阶段称为改革的反思阶段（孙立平，2006）。在国有企业

产权改革中,渐进式改革的描述显然已不能概括该阶段改革的特点(秦晖,2005)。因此,这一阶段也被称为改革的攻坚阶段。

在住房政策领域,停止福利分房后,国家一方面是全力推广公积金制度,发展住房金融;另一方面是建立和完善以经济适用住房为主的住房供应体系。2003年8月20日,国务院18号文即《国务院关于促进房地产市场持续健康发展的通知》中,房地产行业被正式确定为"国民经济支柱产业"。在中国经济增长的三驾马车中,投资一直是带动中国经济增长的重要推动力。以广州为例,从2000年到2010年,固定资产投资增长了253%(图2.11)。而房地产投资在固定资产中的比例一直居高不下。2000—2009年,广州房地产投资占固定资产投资的比例一直在30%以上(图2.12)。

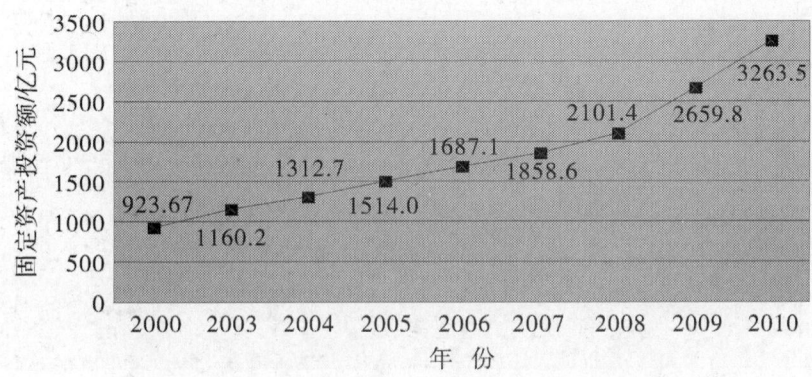

图2.11 2000—2010年广州固定资产投资增长情况

资料来源:《广东省统计年鉴2011》。

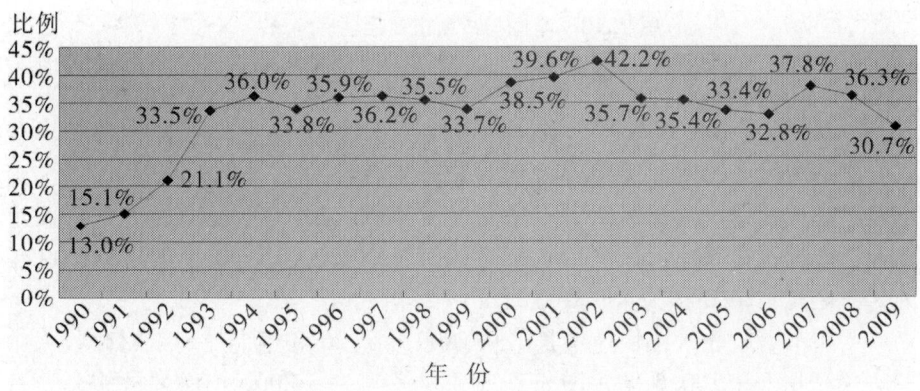

图2.12 1990—2009年广州房地产投资占固定资产投资比例

资料来源:《广州市统计年鉴2010》。

2001—2009年广州固定资产投资年均增长速度为10.67%。其中,房地产开发投资年均增长速度为9.05%;基础设施建设增长最快,为16.16%;而其他投资增长为负(-12.24%)(广州市历年统计年鉴,2010)。

土地财政给政府带来更多的财政收入,地区财政收入从2001年的271.91亿元增加到2008年的843.14亿元(广州市统计年鉴,2009)。这些财政收入很大一部分被用于"铁、公、基"建设,城市基础设施的改善为招商引资提供了良好的外部环境,使地方获得更多的营业税和所得税以及土地出让金。与此同时,大规模的政府投资也带来了物价上涨和商品房均价的快速增长。从2001年到2009年,全国商品房均价由2170元/平方米上涨到4681元/平方米(图2.13)。据广州市统计年鉴记录,2000年广州商品住宅均价为4200多元/平方米;根据广东省统计年鉴2011年数据,到2010年,广州市商品房均价已经高达11920元/平方米。

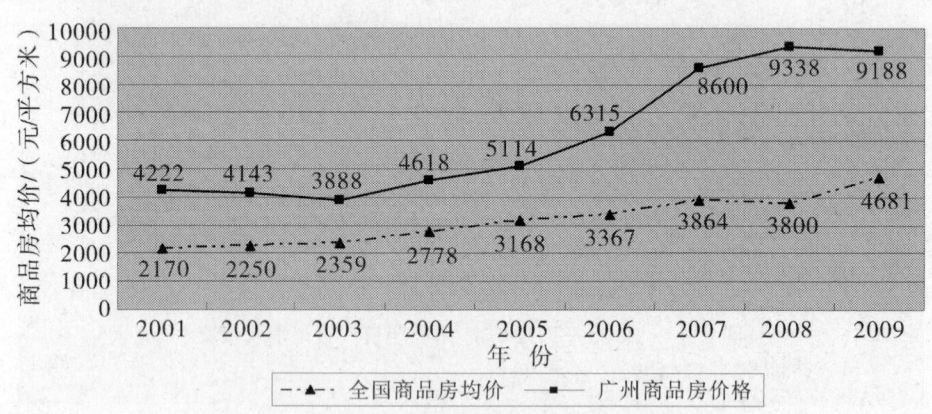

图2.13　全国与广州市商品住房均价

资料来源:全国数据来自《中国统计年鉴2010》,广州数据来自历年《广州市统计年鉴》中的住房价格(全市10区)。

房地产经济的发展给地方政府带来丰厚的土地财政收入。2010年全国土地出让成交总价款高达2.7万亿元(王卫国,2010)。在此期间,广州市土地出让金也在飞速增长,2001年广州市土地出让金为58.9亿元,2009年为323亿元,2010年为455.8亿元(图2.14)。

广州市财政收入也快速增长。从2000年到2010年,广州市财政收入中一般预算收入从200.6亿元增长到872.6亿元,除2002年增幅放缓外,其他年份增幅都在10%以上(图2.15)。

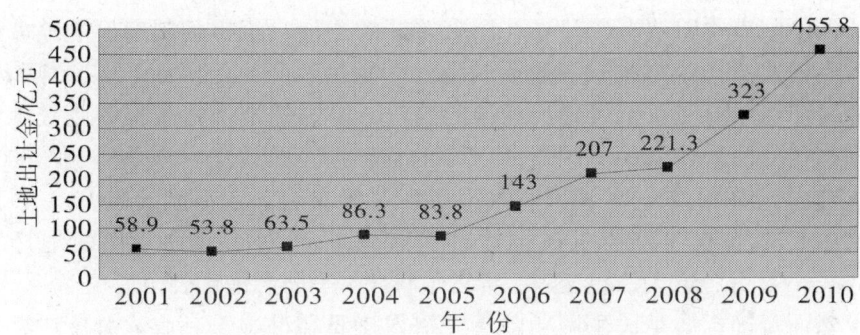

图 2.14　2001—2010 广州市土地出让金

资料来源：广州市历年财政预算公报。

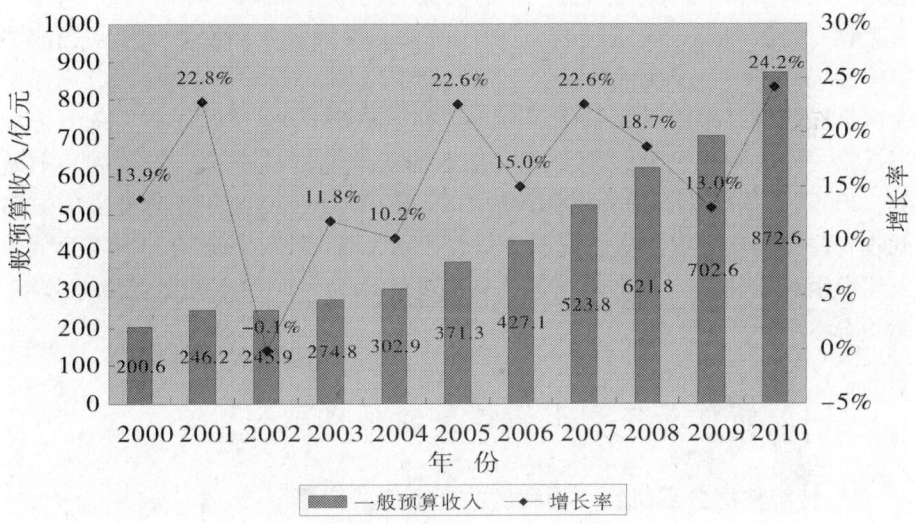

图 2.15　2000—2010 年广州市一般预算收入

注：一般预算收入是指"地方一般预算财政收入"，而非"广州地区财政一般预算收入"。2010 年"广州地区财政一般预算收入"为 3348 亿元。

在地方政府的组织推动下，以房地产行业为龙头，中国形成了"经营城市、经营土地"的经济增长模式。通过固定资产投资，特别是对基础设施的投资，给城市带来了靓丽的经济增长数据，被誉为"中国经济奇迹"。该种模式"显示出令世界震惊的发展效果——高效率的城市改造，急速提升的公共服务，强大的企业竞争力……，结果成就了过去十年令世界瞠目结舌的高速增长"（赵燕菁，2010b）。而 1998 年房改也被视为当年中国经济走出金融危机的关键因素（赵燕菁，2008），以至于有学者将中国经济的成功,即中国模式归结为"建立在国家垄断的土地一级市场制度上的地方政府盈利模式(土地财政)和政治制度(一党执政和政治协商)"(赵燕菁,2010a)。在政府受益于房地产经济的同时,中国的地产富豪也频频登上各种财富排行榜。在2004—2006年三年的福布斯富豪榜上,涉及房地产的富豪人数占比约为1/3,相应财产占比则在40%左右(冯燮刚,2010)。以广州为中心的房地产市场也在房地产黄金时代产生了号称"华南地产五虎"——富力、恒大、碧桂园、雅居乐和合生等著名地产公司。

然而奇迹背后是民生问题随着经济发展日益凸显。在收入分配中,政府、城镇居民、农民的收入之比极不平衡。据经济学家陈志武先生研究,在整个国家收入中,政府份额最多。2007年,全国的国家财政税收是5.1万亿元,相当于3.7亿城镇居民一年的可支配收入(陈志武,2010:166)。

收入分配中的"国进民退",住房价格与生活成本高涨,民生问题成为中国经济奇迹中备受关注的社会问题,其中住房困难问题尤为突出,高昂的住房价格使得许多市民面临住房困难。截至2008年底全国还有747万户城市低收入住房困难家庭,亟需解决基本住房问题(住建部、发改委、财政部,2009)。据广州市房管局公布的2007年12月—2008年3月开展的城市低收入住房困难家庭住房状况调查报告显示,有77177户调查对象符合低收入住房困难条件(广州市国土资源和房屋管理局、广州市住房保障办公室,2008年8月)。

(二)新住房体制中的住房分层机制

1. 传统住房分层机制:福利房的延续与"变形"

该阶段,大规模的福利分房已经停止,但福利房的各种变形依然存在。一些有资源、有实权的行政单位,为解决干部职工住房问题,利用集体权力"寻租",为干部职工在市场上"购买"优质、"相对低价"的商品房。相关信息在笔者调查中被一再证实。"我们是没有机会买到便宜的福利房或者内部价房子了。亚运会结束后,我到了现在单位,也没有剩下的房子分了。我一朋友也是公务员,2007年进去的,也买到内部房。价钱当然便宜很多,最主要是上班方便。"(ZX01001 林粤,2010年12月2日)

邹先生2008年参加公务员考试,来到广州市某部门,作为幸运者之一,他有幸分到了内部认购的团购房。"这房子是单位2004年就认购的,但是没有分完。剩下的就卖给我们新进的公务员了。我……买到一套两房一厅的房子,60平方米不到。……当初单位卖给我们时是每平方米将近6000元。这

是单位找房产估价相关机构按市场价格估价后卖给我们的。"（ZOJSF001 邹先生，2010年12月12日）

　　在广州，权力机关的福利房以内部认购的"团购房"等各种形式存在。如在芳村，有 FC 花园等各种公务员小区；在一些事业单位，有各种"教师新村"。虽然是按市场价卖给职工，但是价格却是难得的优惠。由于是购买商品房，因此并不妨碍相关人员继续获得住房相关的货币补贴。邹先生所说的内部团购房，为低容积率的电梯洋房。该小区的内部团购房，有"绝版复式，豪华装修"四室两厅，产权面积为 202.2 平方米；最小的即为邹先生购买的"自住豪装，实用两房"，产权面积为 56 平方米。该小区 900 多户住户，近 600 个停车位，绿化率 48%。小区名称"JS 雅园"，名副其实：绿树成荫，环境优雅，有花园、人工湖和各种休闲配套设施。周边配套有地铁站、公交站，为小区带来了便捷的交通。几站公交，往北可到珠江边，往东可到有广州"南肺"之称的海珠湖。更为重要的是，小区紧邻其上班的办公大楼，非常便利。笔者在网上查到该小区二手房屋中介消息，这个位于区行政中心旁边、人工湖附近、具有岭南特色、交通方便、公务员聚集的高文化素质小区的二手房均价早已超过 18000 元/平方米。

2. 传统分层机制的拓展：住房补贴与公积金制度的不平等

　　单位之间的分化，特别是国有企业改制使得住房补贴和住房公积金等住房政策的不平等加剧，而这些最终体现在住房市场个体的支付能力，从而影响住房获得。按照房改政策，货币补贴对于新人来说是按年发放。不同级别对应于不同的住房补贴面积标准，最终体现在补助金额的差异上。但这些政策措施主要是针对国家行政机关以及财政全额补贴的事业单位而言，对于这些"吃财政饭"的单位，由于有国家财政保障，这些补贴兑现不存在问题。但对于那些为建立现代企业制度改革的国有企业来说，住房补贴能否兑现与企业前景很有关键。对那些有资源的国有企业，特别是垄断性企业来说，货币补贴兑现问题不大，甚至企业会想办法去补贴更多。前文提及的 D 企业正是如此，当初该企业之所以能获得集资建房机会，其一是企业改制需求，其二就是该企业行政级别较高。"当时是因为要改制，要市场化，要留住人才，所以就给我们批了，这也要感谢我们前任 T 院长。当然能批下有很多原因，最重要的是，如果不建房，要很多补贴，局级干部的补贴，处级干部的补贴，等等，这也需要很多钱，所以就给批了。"（QDLD002 张总，2010年12月10日）当时该企业允许已经享受了购买公有住房的人换成大面积的新建房，但是"很多人不想买的，觉得没有必要花那几万块钱……。单位当初也就说不再补贴了，因为已经给过大家这么好的机会。后来部里又下文，说要'补差'，房改中补贴不到位的，现在要给补上。现在的问题是怎么补，涉及利息、通货膨胀等因素，所以这事还要开会研究"（QDLD002 张总，2010 年 12 月 10 日）。而对于那些效益较差的国有企业（如周女士公公所在企业）来说，相关补贴就难以落实。"一个单元一个人住的就买了，两户人一个套间的就不能买。……单位效益不好，也没有钱补。做官的有得补，工人就没有补，现在她爷爷奶奶都走了，就没得补。"（TOYG001 周女士，2011 年 5 月 24 日）很多职工无房可分，相应的货币补贴也没有兑现。

住房公积金也是如此。按照相关公积金政策，单位给干部职工缴纳公积金主要是基于干部职工的基本工资或工资总额。对于财政补贴的行政机关而言，差距并不大。但对于国有企业来说，则是多种状况。一般的企业能按时、按政策缴纳干部职工的公积金。一些垄断性的、效益好的企业，如银行、电网和烟草等企业，发的工资比较高，缴纳的公积金也多。"其实我们单位待遇不怎么样，但是我爱人单位福利还是很好的。她是广州国资委的一个处长，每年有三次出国机会。公积金的话我们不高，3000 到 4000 元，4000 元还差一点，加上单位的。我爱人的话，有将近 6000 元。"（QDLD001 曾先生，2011 年 4 月 28 日）"我们的公积金就是 800 元，包括学校和个人部分。那些在银行的公积金就很高，买房月供完全没有问题。我一个同学，在深发展，每月公积金都有 5000 多元，她们又在准备买学位房了。"（SOZF002 汪茜，2011 年 4 月 23 日）。

一些效益差的企业，按照相关政策，"单位经济效益较差，职工月平均工资水平等于或低于上年度全市职工月平均工资的 60%"，可以"申请降低住房公积金缴存比例"；"单位严重亏损，职工月平均工资等于或低于上年度全市职工月平均工资的 50%"，可以"申请缓缴住房公积金"（广州市住房公积金网站，2004）。一些企业改制成私营企业、股份制企业后甚至不再给普通职工缴纳公积金。周女士所在的国有商场据说以前效益不错，但改制后相应的福利没有了。"改制是在 2004 年。现在也没有公积金了。以前是有公积金，一个月有 100 多元。改制的时候，要补钱的，补平均工资，20 年，每年一个月，每月 800 元，所以才补 1 万多元。反正公积金很少的。现在我是改制后再返聘回去上班的，老板都是很孤寒的（小气），没有公积金。"（TOYG001 周女士，2011 年 5 月 24 日）

对于体制外的企业来说，长期以来不在公积金政策的覆盖范围之内。直到 2007 年 2 月 1 日，广州市住房公积金管理委员会才出台《关于进一步加强住房公积金管理的若干规定》文件，要求"本市行政区域内国家机关、国有企业、城镇集体企业、外商投资企业、城镇私营企业及其他城镇企业、事业单位、民办非企业单位、社会团体（以下简称单位）及其在职职工都应当按规定实施住房公积金制度"（广州市公积金网站，2007年2月1日）。即便如此，也很少有体制外企业给职工缴纳住房公积金，而在这些体制外企业就业的个体，似乎对此也不在意。韩苏毕业于Z大学计算机专业，虽然正在到处看房，准备买房，但他认为公积金还不如直接发钱，"直接发（钱）给我就好了。交了公积金，也办不了（住房公积金）贷款。而且即使能办贷款，我们缴存数目那么低，要多久才有资格贷呢？还有就是公积金好像也规定最高二三十万元，现在房子那么贵，不解决问题啊"（MOMF001韩苏，2010年3月26日）。

总的说来，该阶段住房货币补贴与公积金的不平等，与上一阶段并无本质差异。住房公积金与货币补贴之间的差异，不仅单位之间存在不平等，而且在单位内部也存在不平等。以下是根据访谈资料整理的公积金的一些信息（表2.12）。三个单位行政级别并不存在显著差异，Z大学甚至更高，但公积金缴纳最低。这也反映出改革开放以来，知识分子收入较低的现实。

表2.12　Z大学、G机关和D企业住房公积金缴存情况

单位：元

单位	缴存比例	缴存金额
Z大学住房公积金情况	7%	初级150 中级300 高级500
G机关住房公积金情况	7%	科级800 副处1000 处级1200
D企业住房公积金情况	20%	初级（本科）800 中级（硕士）1000 高级（博士）1600~2000

资料来源：Z校资料来自该校房管处，G机关据个案访谈资料整理，D企业来自该企业财务科。

3. 市场环境下的人才竞争与单位行动

和20世纪90年代相比较，新世纪以来，市场化进程加快，人才流动也更为频繁。为了增强竞争力，引进人才，在某些事业单位和国有企业都为引

进人才留有少量住房。"还有多余一部分吧，包括一些没有工作满10年退出房子的，10套左右。出租给院里面的特殊才能的人，比如博士什么的。"（QDYG002常工，2011年5月22日）即便如此，还是有很多人离开了企业。

2007年，汪茜和她先生在武汉一所高校毕业后就来到了广州。据汪茜女士介绍，在2009年，其先生离开了D企业，其中很大一个原因就是房子问题。"我们要买房的话还是能买得起房的，只是那就真的成了标准的'房奴'加'啃老族'了，没有必要。我父母和我公婆都在武汉那边有房子。我们也想年轻的时候做点事。我先生2009年离开了D企业，他是学技术的，留在这种企业也没有什么大的前途，而且也不像以前还有房子分。所以干脆出来做了。"（SOZF002汪茜，2011年4月23日）。据D企业领导曾先生介绍，每年新进的人才中，离开的至少有1/3。为此，D企业一是在工资绩效方面向相关人才倾斜。"我们单位的待遇的话，看工资还是不高，……不过我们的奖金还是很高的。有些能拿十多万元，有些上百万元，这是奖励给团队的，然后是几个人（团队）分。所以只要有能力还是有前途的。我们的政策也是先给你平台，再给你物质。只要你肯做，还是很好的。"（QDLD001曾先生，2011年4月28日）二是在住房方面尽量予以帮助。据企业相关领导介绍，D企业为新来职工提供婚前过渡房，每月租金在200元左右。"刚毕业，一个本科生，20多岁，买房还是很困难的，在我们这里，住房还是一个大问题。目前，单位也在努力，希望再建一批集资房。我们也在努力。要留住人才，这要单位努力，也要个人努力，同时也要市政府批准。现在如果市里给批下来的话，我们可以将我们的15号楼和17号楼重建。那就有很大一块地。现在家庭很重要，物价不正常，年轻人做房奴。但是单位住房保障的话，让技术骨干先安定，打好基础后，再到社会上去购房，单位也就留得住人才了。"（QDLD001曾先生，2011年4月28日）

Z大学也是如此，房改剩下的房子，基本上被留下来，用于引进人才，不再出售。同时对引进人才给予房租补贴。如果是"百人计划"引进人才，房租补贴是讲师每月1000元，副教授是1200元，教授则为1500元。但这样的待遇对引进人才并无多少吸引力。与20世纪90年代末期相比，以前都是Z大学从福建、湖南和湖北等地引进学科带头人和知名教授，但这几年Z大学由于不再提供有产权的住房，在人才引进方面与江浙一带相比毫无优势。一位即将离开的教授说道："其实我也不想离开。但问题是我在广州买不起一套房子。去浙江、江苏人家都会解决房子。N大学虽然房子小一点，但是我能解决我目前的问题就可以了，我也可以继续做学问。"（SZMF003

岳湘教授，2011年11月20日）对这种情况，Z大学房管处领导也是很无奈，"我们人才引进确实缺少吸引力，但是学校能做的非常有限。即使给人家100万元的房屋补贴，还要交税呢，所剩无几了，何况我们还拿不出这钱。人家领了这钱在广州也根本上买不起房子"（SZLD001王主任，2011年5月9日）。为了防止人才流失，Z大学也采取了诸多方式，但最有效、也是最实在的是采取团购的方式为职工解决住房。从2004年起，Z大学为解决教职工住房问题，"确定了以教职工自发组织成住房项目小组为主导，房地产管理处等职能部门全面配合，在校园周边通过团购商品房的方式，以相对低廉的价格提供给教职工认购"（Z大学房管处，2004年6月）。相对而言，面临困难的主要是一些年轻教工，Z大学在此方面所做依然非常有限。"现在广州市生活压力很大，房子当然是最主要的。……，但这些仅靠学校也很难，还需要政府多支持，社会多关注。"（SZLD001王主任，2011年5月9日）总之，在这一阶段，一些单位处于引进人才等方面的考虑，依然会在职工住房方面提供帮助，提供租房甚至买房的一些服务。但福利分房的结束，使得单位对员工置业的帮助只是在服务上、金融上的，已经很少有单位能直接提供住房。在更多的单位，除了过渡期间提供过渡房之外，真正解决住房问题还是要靠个人。单位从住房生产体制中退出，使得单位对个体住房获得的帮助只能在消费环节上做出有限贡献。

（三）住房市场中的竞争与住房分层

1. 住房属性：从生活需求到投资需求

2000年，广州市停止福利分房，除了少数单位依然有各种人才引进房以及剩余少量公房外，绝大多数个体只能在商品房市场获得住房。房改另一个重要的内容就是改变了住房产权问题。产权的清晰给个体带来了深远的影响。住房私有化改变了人们的财富观念，改变了财富的存在形式。住房在满足生存消费的同时，还可变现、抵押、存储、升值、继承，可以作为财富积累。产权明确了剩余索取权，即房屋增值财富归属问题。这使住房从一种消费品成为投资品。这也导致了房地产购买主体实现了从企事业集团为主体向消费者和投资者为主体的转变，中国的房地产市场需求迅速从基本安居需求转向了投资需求（周德文，2011）。一些人投资住房是无意识的，主要是为了满足自己的需求。"我没有炒房，现在有两套房子，但都是自己住。像我们这个年纪的人谁没有两三套房呢？"（ZGLD001梁先生，2011年5月18日）梁先生认为自己和身边很多人买房赚钱是无意识的，当时买房只是为了爱人工作方便，或者为小孩买一套房，只是后来大家都谈到房价时才发现因为住房增值带来的财富远比工作、其他投资回报更高。

也有人看重住房附带的教育资源而投资住房。王豫女士虽然已有住房，但为了小孩读书也买了学位房，可以说是一种投资性购房。王豫1998年进入华南理工大学学电力专业，2002年6月毕业后来到D企业工作，按照相关规定已无法购买单位的房改房和集资房。"房改房我们也是买不到的了，集资房是在2001年集资的，先集资后建房的，没有买到挺可惜的。"据王豫介绍，其爱人是她大学同学，"他是我在华南理工大学的同学，也是学电力专业。毕业后就到了天河那边的邮政局里面上班，他也没有参加购买单位的房改房。我公公婆婆是分到了福利房，在火车东站那边"。目前王豫买了两套商品房，其中一套是在2003年购买的。"那套房子是在JN新苑，就是Z大学西门对面，有80平方米；当时一平方米5000元，……。另一套在东山区那边的，占学位的，房改房，20年楼龄的，要100多万元。因为占学位，所以即使是很破旧的房子都炒到2.5万元每平方米。"（QDTZ001 王豫，2011年5月22日）

在D企业访谈中，曾主任也提到了身边的"炒房现象"。"周边也有些炒房的，……，我们单位也有一些，我前面说了，我还是很佩服他们。我妹妹也炒房，但是无意识的。她2002年在我们单位对面江边买了一套房，那个时候1万多元，已经是广州最贵的了。换了300多万元，2006年人家出价2000万元她也不卖。"（QDLD001 曾先生，2011年4月28日）

罗敏女士从1996年开始一直在Z大学西门对面做佛山轮椅厂的直销点，目前也有好几套住房，既是为了方便自己，也是带有投资性质。"1998年，我老公进省人民政府工作，刚好赶上最后一趟分房了，……，1999年入住，现在也值200多万元。……我在中大买了栋房子，中午休息用……。除了这两套房子之外，还有一套商品房出租给别人住。我先生是山东人，所以我在山东那边给他们买了一套70万元的别墅，现在值100多万元了。"（MOTZ002 罗敏，2011年4月17日）

房价上涨使炒房收入远高于工作收入。投资住房的不仅有像罗敏这样的个体老板，也有许多政府公务员。唐先生是街道主任，其爱人也是公务员，两夫妇对投资颇有心得。"房改时我们分了一套福利房，2003年在CY买了一套房，用来出租。在芳村那边也买了一套房子。后来我小孩出去读书，需要钱，我们就把这房子卖了。我们都是上班族，看起来光鲜，工资不高。如果不是因为房子和股票上赚了点钱，供小孩读书都难。"（ZOTZ001 唐生，2010年12月20日）

虽然投资住房能带来很大的收益，但随着房价上涨，投资面临的风险也在加大，投资时也更为谨慎与犹豫。在访谈时，黄女士的先生依然在为2009年的事情遗憾。"2009年的时候，ZJ帝景苑有一套房子要买，那个时候便宜，160万元就行了，但是后来犹豫了，又加上自己比较忙，就错失机会了。去年的时候，那里同样的房子要两三百万元了。一年时间不到，就差100万元。当时我们也去番禺、增城看房，但总因这样或那样的理由没买成。"（ZOTZ002 黄女士夫妇，2011年8月20日）

房价快速上涨给有房者带来巨大财富。D企业常工算了一笔账很有意思。2001年，作为人才引进的常工很幸运地买到了剩余的集资新房中的一套120平方米的房屋，据常工介绍，旁边的YJ南苑一平方米是4700元，现在价格2万多元了。一平方米差价高达15000元以上，120平方米就是180多万元。按照D企业领导所说，博士每月工资是5000～6000元，加上公积金不过8000元，10年下来也不过100万元左右的收入。但房屋带来的增值远远高于工资收入。Z大学与D企业位置很近，Z大学教职工工资不高，一般的院系，一个教授一年工资也就10万元左右，10年下来，也是收入赶不上房价上涨幅度。

在访谈过程中，我们也听到各种各样的关于炒房的财富神话。如Z大学法学院一教师炒房身家上亿，买房都是一层一层地买。关于温州炒房团的踪迹也是无处不在。韦教授在看房过程中，想买的别墅据说也是浙江人在从化买的，"买后就从来没有住过，看房子的时候找保安要钥匙，保安说直接去，根本就没有上锁，白蚁都将门蛀坏了。"（SZMF002 韦教授，2011年7月16日）

2. 投资市场中的合谋与结盟：开发商、中介、银行与政府的"有形之手"

在调查中，房产从业人士（下述案例中，陈先生和史工程师曾在房地产中介、开发公司工作）向笔者介绍的炒房故事，则从另一方面说明了为什么房价会涨得如此之快。从某种意义上说，房价上涨是开发商、中介和炒房者"合谋"的结果，而政府、银行又在其中推波助澜。"大家都说房价下跌，但事实上，你看到那些高档物业是不降的。在市场上，房屋成交量下跌。在一些高端楼盘，你会看到没有盘放出。如果你有钱，想买好一点的房，又想赶上这个调控的大好行情，去问那些楼盘，你得到的信息就是，虽然大家都在说房价下跌，但是你想买的房子都没有跌。甚至还没有人放盘了。以前是说开发商找人排队造声势，让房价涨。现在他干脆不放盘，或者内部人接盘。所以反映在市场上就是这一类高档房成交量少，但是量跌价涨。"（FC001 史工程师，2011 年 11 月 23 日）"很多人认为炒房是个人行为，但事实上，房价飞涨与银行以及从业机构是有很大关系的。可以说非常疯狂。市场上最常见的行为就是从业机构串通炒房。举个简单的例子吧。譬如说一个小区周边有那么几个中介，他们就会想办法弄到小区的住户资料，主要是电话，然后打电话给业主，问他房子卖不卖？一般人是自住的房子，是不会卖的。中介呢就告诉业主，现在是1.5万元啦，你卖不卖，业主说不卖。过段时间，中介们又打电话问业主，说现在是1.8万元了，卖不卖。业主可能还是不卖。但是中介传递给业主一个信息，周边房价又涨了。一个中介打电话给你，你不信，周边中介都这么说，你总信了吧。然后，如果是买家又怎么样呢？他去买房，问中介，都是那么贵。再问周边的住户，房价是多少，住户也不会知道具体市场价格是多少啊，就会根据中介信息反馈。即使有真的卖家了，他也会提高他的心理价位。所以在买家那里得到的信息是房价又上涨了。买家觉得贵啊，过段时间来问，结果也是可想而知了。无论是从朋友那里得到的信息，还是从中介那里得到的信息，抑或是从业主那里得到的信息，都是上涨了。你哪怕是私下里再问卖家，问1.6万元卖不卖，人家会说，周边都卖到1.8万元了。所以虽然成交量不高，但反映到统计数据上房价又上涨了。老百姓一看，房价涨了，媒体一报道更是强化了这种信息。"（KF002 陈先生，2011 年 11 月 22 日）

如果说，开发商、房屋中介是利用市场信息不对称，通过操纵市场信息，形成房价上涨预期而影响房价上涨的话，银行信贷的杠杆效应则使房价投资需求膨胀。虽然政府出台限贷政策抑制房价上涨，但炒房者依然有机可乘。"房价上涨，银行起到很大作用。只要银行一介入，房价马上就会涨起来。如果房价上涨，住房贷款在银行那里都是优质资产。房贷的时候信贷员会想办法帮你把贷款拿下来。在中国熟人好办事，流水单、收入证明，很好办的。有些人也是千方百计利用政策漏洞炒房。不说以前了，就说政府管得严以后的事吧，例如说限贷政策。如果一个人够资格买房但是只能买一套，还是有办法钻空子，同时买很多套的。传说中什么假身份证、假户口，那些太麻烦了。一个简单的办法就是，同时在不同银行办贷款。因为你在建行办了贷款，交行要一个星期之后才能在他们的系统中看到你在建行贷款的信息的。所以你同时贷，有熟人的话，那更好办。几个银行一起办，办下来后就是好几套房了。房价一涨马上就赚了。你的贷款在银行那里也是优质资产，大家皆大欢喜。"（FC002 陈先生，2011 年 11 月 22 日）

一些从业人员利用信息上的优势，零首付炒房，用银行的"钱空手套白狼"甚至套现。"为了方便表述，我举个简单例子吧。对于卖家来说，或者我们说的业主吧，这些人他可能需要钱了，要卖一套房。急于出手吧，然后心理价位是 800 万元，可能房子值 1000 万元。这就是所谓笋盘了。做中介运气好的话你就可能遇到这样的房子了。那么你可以利用手头资源，先付首付，200 万元吧。然后找银行贷款，说房子值 1000 万元，贷八成就是 800 万元。银行估价也是按市场行情来的，找人一评估，确实是 1000 万元，甚至会更多啦。然后就给你贷 800 万元。你把银行贷款给原业主。这样会是什么结果呢？其实你一分钱都没有出，银行把钱全部出了，你得到一套房子。所以完全是利用银行的钱炒房。你再想想，如果原业主不是要 800 万元，而是 750 万元呢？一般人对市场价格清楚吗？很难的。这样炒房的人就赚得更多了。"（FC002 陈先生，2011 年 11 月 22 日）"大家以为是有钱人才炒房，事实上很多人是 80 后，刚参加工作不久的就这么干。我一同事，1983 年的，高中文凭，没钱，做中介后，就用这样方法，后来手头就有很多套房子了。反正也不怕，房价下跌，本来也是穷光蛋，就丢给银行；上涨，那就翻身了。这些贷款在银行那里就都是优质资产。谁去追究你责任呢？"（FC002 陈先生，2011 年 11 月 22 日）

3. 高房价、刚需与家庭作用：住房获得中先赋性因素的强化与"啃老"

住房投资性需求大大挤压了安居需求，使得许多青年白领面临着巨大的购房压力，要么成为"啃老一族"，要么成为"房奴"，或者成为"啃老的房奴"。

胡科 2004 年来广州 G 机关工作，在父母的帮助下买了房子。"2004 年大学毕业我就到了广州。当时也没有房子分了。我一个朋友，大家一起长大的，也在广州上班，因为要结婚买房，我也和他差不多，也准备结婚了。他看中了 QJ 花园的房子，就约我一起去买，那不是说介绍买房还有一些物业什么优惠吗？我看了以后也很满意的。离我上班地点稍微远了点，但是这边什么都很方便，主要是我爱人上班也方便。当时买的时候是 4000 多元，5000 元不到，120 平方米，当时还是很贵的。钱主要是我爸妈出，贷了 30 万元的款，20 年，当时也觉得贵。"（ZGFK005 胡科，2011 年 5 月 13 日）胡科父亲是内地某县的局长，家庭相对宽裕；同时，2005 年广州的房价相对合理。因此，胡科实现他的安居生活比较轻松，胡科对自己的生活也非常满意，"再多的钱，又能花多少呢？好好过日子，努力工作，生活也很幸福的"。由于林粤先生参加工作较迟，因此与胡科相比购房时压力更大。2007 年林粤硕士毕业回到广州工作时，市区房价已经很高了，"我看了市区很多楼盘，大部分都是 7000 多元"。不过，林粤和他爱人都是广东本省人，家庭也比较富裕，在家里的支持下，还是买到了一套满意的房子。"我们收入不高，我爱人（为中学教师）税后收入有7000元多一点，我的话就是5000多元。2007年我硕士毕业，回到广州，参加工作。准备和女友结婚，毕竟大学二年级开始谈，到我研究生毕业，已经6年了，家里也希望我们结婚了。即使从2004年毕业算起，她也等我三年了。所以这个时候就想到买房。因为是婚房，要马上用，那些新建的我们就不看了，不知道什么时候能交房。其实那个时候广州市中心的房价是7000多元。考虑到生活方便，我们主要是在她上班近的地方看房，一个是在市桥那边，一个是番禺广场。也考虑到我上班的便利，所以我们就看这两个地铁口。现在这地方离她学校很近，走路也就一二十分钟，骑车的话就几分钟。她们学校车很多，如果远了，即使买个小车也不方便啊，堵呢。她们同事也很羡慕她的，中午都可以回家。我当时在亚组委志愿者部，发展大厦那边，坐地铁很方便，35分钟到了。所以就选这里了。当时主要考虑到时间（结婚）与生活的便利。当时也是看了很多房，都没有谈拢。就在这个小区的三楼也看了另一套房，很满意的，装修也不错，52万元。但是原房主有个要求，说考虑到他孩子读书的问题，希望能保留户籍，将户口留在这边。毕竟他现在工作的地方的中学是这里最好的。我们怕将来有麻烦，只好算了。所以就选了现在这套房。面积和户型也是一样的，100平方米，三房。户主是个女的，以前自己住的，所以装修也还可以吧。他们觉得做婚房也很满意的，于是就买了，一共是60万元。也就是带装修，每平方米6000元，手续费由我们出。然后我们又装修了一下，包括买家具，一共就是70万元左右。"（ZX01001 林粤，2010年12月2日）买房后，房屋升值很快。对此林粤夫妇直呼幸亏早买了。"早段时候那个三楼的房东还说当时幸亏没有卖，她后来卖是98万元，差不多升值了一倍。周边现在房价都是1万多元了。我们的现在也要100万元吧，嗯，可以说是翻番了吧。现在想想幸亏是买得早。否则这三年，能存20万元就不错了，还要省吃俭用。那要买同样的房子还是至少要找80万元。这样的话，生活压力就大了，月供就不得了。现在的话，她的公积金取出来就基本可以了。"（ZX01001 林粤，2010年12月2日）

与林粤和胡科相比较，买房较迟的郝泰购房时就困难许多。郝泰来自农村，经济相对而言并不宽裕，而且到2007年郝泰买房时房价已经上涨了很多。但在父母的支持下，作为家庭独子的郝泰依然买到了结婚的新房。"我们的房子是在2007年一起买的商品房，带装修一平方米价格大约是8000元，100平方米就是80万元，首付30万元，贷款50万元。我家就我一个孩子，父母是农民，虽然没有钱，但也没办法，要结婚总得有个地方住吧。买房的时候，我们经济很紧张，不但掏空家里的积蓄，我爱人父母也给了部分钱。广州房价高，要买房只能是大家有多少钱就凑多少钱。现在我们房子一平方米可以值1万多元了，升值了一二十万元。现在每个月的月供2700元，按揭30年。现在，我一个月的工资4000多元。住房公积金是基本工资的20%，有800元左右。我老婆的工资比我还低。所以压力非常大。"（QD-FN002 郝泰，2011年5月18日）

虽然广州房价一路高涨，购房压力也越来越大，但很多青年白领工作后还是想方设法购房。"我大学同学基本上在广州。在事业单位和做老师、公务员是最多的，电信、移动都有，大部分买房了。没买房的20%。有些是自己出钱。在移动、供电局的，都是自己买，那些牛。做老师的，就是要啃老，和我一样。"（SHFN002 林华南，2011年4月25日）林华南在2008年金融危机后来到现在工作的学校。他曾是某房地产公司职员，因此在买房中颇具专业眼光。"我2001年来广州，在华南师大读书，2005年毕业，工作五年多。2009年买房，南景园，5月1号。刚好是2008年下降，2009年上升，我在上升之前买了。现在是18000元，买的时候9100元。刚好翻番。70平方米，62万元。按揭，贷款44万元，每个月2700元月供，20年。物业管理1.55元，还可以，每个月100多元。小区物业费靠谱，很方便。"林华南家庭经济状况较好。"我哥哥在广州读书，在汕头工作，工作三年在这边读博士，医学。父母也是医生，收入在当地还算可以，现在自己开诊所。"（SHFN002 林华南，2011年4月25日）和郝泰、林粤一样，林华南的购房钱也主要来自家里支持。"当时是自己想买，家里也支持。我是为了升值，但我父母视为筑巢引凤，要结婚。""首付18万元，我工作三年，只有三四万元积蓄。其他都是家里拿的，啃老。"购房之后，林华南表示压力还是很大，称自己是月光族与标准"房奴"。"我第一份工是1500元，后来进入房地产行业，2008年又进学校，到手工资3000元左右，现在税后工资大约4000元，公积金算上个人和单位双方的是1000元。平时在清远住校不要钱，吃饭每天补助5元，生活费不高，清远校区交通不方便，所以不花钱。一个月生活费就500元，但回到广州开销较高，一个月下来要1000～1500元。基本上每个月是有多少就用多少。如果是现在买房根本买不起……日常开支，有时候还会向家里要钱，但基本上还是保证自己，真正的房奴。如果要创业、结婚，肯定还是要家里帮忙。"（SHFN002 林华南，2011年4月25日）

面对高房价压力，一些青年只能选择二手房屋，住房"过滤作用"（Ira S. Lowry，1960；L. James，1974；Sweeney，1974）再次得到了体现。桂珍女士和其先生都是某大专学校的教师，因为结婚而买房，然而受制于经济能力，只能选择市区旧房。"我们买房时（2007年）是广州房价最高的时候。我们结婚的时候，我妈妈就一个要求，一定要有房。当时我和我老公都不理解。但是我妈妈坚持，她说从一个女孩变成女人，这是很重要的改变，买房可以有安全感。现在想想还是很有道理的。由于我们都是外地人，他是农村的，我是县城的，买房主要是靠自己了。因为考虑到上班、生活方便，就在市中心买了二手房，10年楼龄、60多平方米的房子，加上各种手续费总价50万元。当时积蓄不到2万元，他哥哥借了10万元，公积金贷款30万元，贷15年。买房后我们也是很辛苦的，买房的时候我工资比较低，公积金就200多元，他高一点，但是也没有积蓄。因为二手房有家具，我们只添了床和桌子，还将卫生间和厨房搞了下。我们买家具都很省的。如果镜子预算是100元，绝不会看200元的；预算床是2000元以下，绝不会看3000元的。为了还钱就拼命上课，我一周都上30多节课，现在还得差不多了。由于房子没有电梯，又是9楼，所以也想过换房子，我老公是想去买个学区房。但是房子不好买，我们想要小孩，这也要钱。按我们的情况，等我们需要这个学区房的时候，就是10年后了，到时候政策是怎么变的，还难说呢，所以没有买……"（SHFN001 桂珍，2011年1月12日）

4. 住房分层与社会紧张：住房压力的传递与社会"中产"的焦灼

住房分化加剧带来的社会紧张不仅体现在刚需群体——青年群体，影响群体生活机遇与选择，也在代际之间传递，影响整个社会原本薄弱的中产阶层。

其一是新白领的安居问题。多年以来，肖湘先生一直在为购房而纠结中。肖湘出于生20世纪70年代末期，提及购房就有很多感慨。"我以前是在湖南工作，2006年到广州。我爱人2008年过来，在一家外企做检测。两个人全部加起来一年也就10来万元。2008年10月份我们去看了广电的LT御园，一个特价单位，130平方米，一口价150万元。那时跟老婆去看了三次，其实还是很想买的，但相对于我们的购买力来说130平方米就太大了，当时觉得贵啊。谁知道2009年房价又大涨了，2万多元了。后来就在WK泊悦湾，看中那个90平方米多一点的户型，好贵，要1.3万元，咬牙下了定金，结果摇号没摇中。后来也看了很多二手房，但楼价越涨越高。我们也在纠结：这么贵的房子是不是回长沙买算了。将来说不定还回长沙养老呢。现在也想买，但是想等房价低点再买，但又担心房价哪天又涨了。"（SZMF001 肖湘，2011年7月6日）

其二是压力的代际传递。房价高涨带来的购房压力不仅体现在刚参加工作而即将结婚或者新婚不久的年轻白领身上，也传导到他们的父母。正处于"空巢期"的韦教授最近一直为买房发愁："女儿工资低，贷不了款，工资不高，才3000多元。但是结婚还是要买房的。……没有房子，就没有家，没有家怎么有稳定的生活，感情怎么稳定呢？婚姻怎么长久呢？心里不踏实，不能让一个女的过心理不踏实的日子。"但由于女儿女婿刚参加工作，工资低，所以购房的压力就推到了韦教授这里。"我去碧桂园看别墅，那是二手房，70万元，但买不起，主要是太远了。后来去从化，90多万元，加税费就100来万元，当时觉得远一点。那个地方不错。房子也不大，140平方米联排小别墅。后来去金沙洲，和以前一个学生转了一天。那边房子是不错，但是只能卖了现在学校的房子才买得起（新房）。但是和我女儿商量就算了。"（SZMF002 韦教授，2011年7月16日）至于为什么看的是别墅，韦教授解释说，一是因为市区房子太贵了，二是既然看房子了，就什么都看看，相比较于广州市区的房屋，碧桂园的别墅反而便宜些。

其三体现在都市新中产对未来的职业规划与选择方面。高房价不仅给青年白领及其父母带来巨大的购房压力，也给正在创业中的年青一代带来很大困惑。韩苏2008年拿到Z大学计算机专业硕士文凭后一直在广州工作。据韩苏介绍，自己看起来过得很光鲜，但也很辛苦。公司给安排宿舍，平时吃饭、打车都可报销，除了公司每个月1万元的工资外，自己每月还能在外面挣到8000元左右。"看收入我们是不低，但是这点钱在广州能做什么呢？我积蓄不多，能够付个首付吧。但是不能把所有的钱都付了的。毕竟，我们这样比较辛苦，从早上忙到晚上，加班是很正常的事情。如果哪天我不想做事了，需要停止一段时间不工作，那这点积蓄一下子就没有啦。（是您的工作不稳定吗？）我们工作很稳定的，目前来说。但是很辛苦，从事计算机行业的不同其他行业，做到40岁就做不动了。而且我把钱全部买房了，如果真有什么项目需要钱，需要我停职安心去做，那我就会断供的。现在要买80平方米左右的，两房就可以了。总价不能超过80万元，所以我就只买二手房。目前主要是看市桥那边的房子。离地铁也有点远，但是靠地铁的要1万多元，我买不起……月供如果太高，压力就很大了。目前能承受的月供就是在3000多元，4000元。我的消费不高，一个月3000元完全够了。我们吃饭都不要钱，晚上加班可以报销打的费。现在房租是1000元，以后也不要自己出钱。但是超过4000元的月供，就不能做其他事了。我们和那些单位上班的人工作不一样的。房子嘛，有住就好，毕竟没有房子就没有自己的家，我到现在还是集体户，很不方便的。以前刚毕业也不想这些，但是现在确实觉得很有必要买房了。一是自己年龄大了，要结婚了。我们外地人没有房是不行的。房子还是需要有，但是以后如果有钱再换好的，不能一步到位，广州房价这么高。但我们是不可能回去的，我只能留在这些地区找活，回到内地的话，基本上就没有什么机会。所以还是留在这边好，房价是高了点，但是可以慢慢来。二手房的话也不要出什么钱装修啦。"（MOMF001 韩苏，2010年3月26日）在访谈过程中，韩苏一直为买房与创业而苦恼。当问及为什么要买房时，韩苏说是为了结婚："我是1978年的，在我们家乡那边，这是很大年纪的问题青年了。2001年 Z 大毕业后没好好找工作，因为是化工专业，我很不喜欢。又回来读了计算机，所以现在就年纪很大了，必须成家，否则家里人也惦记。"言语之中，韩苏显得感触颇多，又自我安慰。"其实说是为了结婚买房，但是女朋友刚分手，就是因为住房。在一起好几年了，也谈婚论嫁了，但是因为没有房子分手了。这也没有关系，女人这个时候可能因为房子会分手，将来也会因为其他原因分手。"（MOMF001 韩苏，2010年3月26日）

与韩苏纠结于买房结婚还是创业的取舍矛盾不同的是，汪茜夫妇则是为了创业完全放弃了买房。2007年汪茜和先生一起从华中科技大学硕士毕业后来到广州。汪茜曾经在番禺从事房地产中介工作，后转入学校，从事房地产专业类教学工作。她先生是在一家国有企业，2010年合约到期后，就出来自主创业。目前处于投入状态，只拿基本生活费。离职理由是以前的国有企业待遇太低，而且没有住房。但是，相关离职手续因为涉及军工产业保密工作，进展较慢。目前汪茜也经常去看房，但据她说，并不是因为自己要买房，也是为了工作。"我也经常去看一些楼盘，都是和朋友一起去看的。但是我们不准备买房，因为我爱人在创业阶段。我看房是为了教学需要啦，还有就是陪朋友去看房，并不要自己买。我先生辞职出来做了，现在是没有公积金了。老板说好了，大家只领基本生活费，不发工资。我的话，钱也不可能全投入买房的。"汪茜放弃购房也是一种无奈，因为她正准备要小孩，到时父母过来照顾也需要有地方住。"我们是有住房需求，这是刚性的。租房又经常担心房东要提租金，搬来搬去，确实是很麻烦的。以前广州房价低的时候，金融危机的时候没有把握住机会，现在要买的话，确实压力也大。"但是为了创业，汪茜非常支持她先生。"创业呢，说不定，也许会破产。但是现在的钱，还是优先考虑创业吧。确实也存在您说的情况，有些人，为了住房变成房奴了，做什么事情都受限制。但是凡事都是有利有弊的，创业可能破产，也有可能将来赚钱了，支付能力增加，这样就可以买一个好的房子吧。"至于未来规划，汪茜也显得比较犹豫、矛盾。"对我个人而言，不买房也好啊,我老公和我的想法都是,将来有钱了,就移民出去,这也是我们不想买房的原因。出去还是很好的,在这边,这个税那个税、食品安全等等。……在这边买个房,有些才40年产权,那些酒店式公寓就是这样,物业费也贵。现在还要收房产税。……买了房,以后还不知道会怎么样呢?我们给学生讲城市规划,一般规划要管20年吧,但是我们呢,就是到处挖。还有哪天政府在这边又建了一个垃圾焚烧厂,像番禺那样,这对居民影响还是很大的。广州不是有个骏景花园吗,建了电站,辐射很大,据说容易导致小孩血癌,就是白血病,还导致警民矛盾的。买了房,你还不知道哪天被拆,哪天又要搬呢。在这边很堵车的,也很烦……"(SOZF002 汪茜,2011年4月23日)

虽然汪茜表示不想买房,但言语中充满矛盾与纠结。"将来有钱的话,还是不在这边呆了,所以买不买房都无所谓。要买也是看看限价房,不知道我们会不会符合政策,会不会有好点位置的限价房。"(SOZF002 汪茜,2011年4月23日)

5. 住房分化中的边缘群体:蚁族、廉租房家庭与宿舍劳工

房价高涨也带动了房租的高涨。一些人在为购房而焦虑、无奈的同时,还有一些人甚至连租房都感受到了巨大的压力。其中刚毕业的大学生蚁族备受社会关注(曹福兴,2010;毛凌云、庾洋铭,2011;苏锡民,2009;陶短房,2011;薛涌,2010)。周女士的女儿陈敏去年大学毕业,"在佛山上班,实习期很少工资,也就是2000元多点,私人老板很孤寒的。只想要你帮他做,不想给你钱这样的。我们很想买房给她,她自己买就买不起。但是我们哪有钱买,最后还是只能看她们自己了"(TOYG001 周女士,2011年5月24日)。陈敏幸运的是佛山上班地点离家还不算很远,"就是祖庙,禅城。有地铁直达"。陈敏说,"我还是比较幸运了,还可以住父母家里,不要房租,生活费也省了。但是我们同学很多做的就是文员工作,这种工作老板是不会给你很高的工资的,也没有地方给你住。只好自己去租房。你知道广州的房租有多离谱吗?她们几个在白云那边,每个月都要800元了,很小的房子,老板还一直喊着要加租。然后就是公交费用,再加上生活费,简直不要人活了。"(TOYG001 周女士,2011年5月24日)

叶先生就业于直属国资委的FH科技集团,该集团公司驻地在武汉,根据有线、无线、元器件、软件等业务分不同的公司经营,一块牌子,不同人马。谈到租房,叶先生也直呼很贵。"说是国有企业,普通职员也是分很多等的,有上市公司部分的,有非上市公司的。我们是集团二等公民,各种待

遇比他们上市公司的要差一些。像我这样的刚工作的专科生，全部加起来就是3000多元，公积金就是210元。在广州这边租房都只能租差一点的房子，我和一个同事租到黄村那边了，有地铁虽然方便，但是很贵。每个月到月底就愁。也担心会涨房租。"（QOYG001叶先生，2011年3月20日）

龙湘2009年从一所大专学校毕业后，就在一家物业管理公司上班。谈到是否想在广州买房时，龙湘直摇头，"还是现实点，将来再说。如果有钱回我们老家建房也很好的。读书就是这样了，兜了个圈子还是出来打工"（NZ01002龙湘，2011年8月15日）。

高昂的房价使许多市民面临住房困难。据广州市房管局公布的2007年12月至2008年3月期间开展的城市低收入住房困难家庭住房状况调查报告显示，广州共有77177户调查对象符合低收入住房困难条件（广州市国土资源和房屋管理局、广州市住房保障办公室，2008）。李叔是白云区松洲街道住房困难家庭，曾参加2007年的广州市住房保障办的低收入调查。李叔家有父母、妹妹（残疾）、自己夫妇二人、儿子（刚高考完）、女儿（刚上高中）。目前全家7个人挤在建筑面积49平方米的旧房中，在获得广州市的廉租房补贴后生活依然艰难。"我在江南水果批发市场上班，老婆做家政，两人月收入2800元，没低保。妹妹是聋哑人，以前由区残联介绍去工作了两三年，后来由于某些原因就不去了，在家由父母照顾，如果有工作也愿意去做。我们拿住房补贴4个人780元。花费比较大的地方是两个孩子读书和看病。"李叔的愿望是有个可以住的地方，"我申请廉租住房，暂时没有，只能拿租赁补贴，什么时候能拿到都还不知道。有公租房，但没有一个低价的，如果是7元每平方米，我实在住不起。3元每平方米，60平方米，200元的租金，我们还可以承受。希望有50~60平方米，两房一厅的住房，女儿以后就嫁出去了，但儿子还是需要住的。"（MOLZ001李叔，2011年8月17日）

除了大学生"蚁族"（曹福兴，2010；毛凌云、庾洋铭，2011；苏锡民，2009；陶短房，2011；薛涌，2010）、城市廉租房家庭等住房困难群体外，还有一个群体——民工也备受关注。大学老师邵湘在某研讨会上的发言中讲到他一个亲戚找工作的事情，让人印象深刻。"我堂弟40多岁还没有结婚，他也是没有能力结婚了。现在到处找工作。他要求很低，就是要包食宿。因为不包食宿的话，一到月底他的钱就花光了，没有饭吃，住当然也是个大问题。"（SZFG001邵湘，2011年11月6日）笔者2011年8月在增城调查中发现这类现象并非孤立。笔者曾随某行政机构去增城进行"外来民工需求服务"调查（包括问卷与访谈两部分），访谈中发现一位在工厂做保安的民工与邵湘提及的情况非常类似。该民工每个月工资1200元,因为喜欢玩老虎机,月初一发钱很快就花完了,而厂里一到放假食堂就不开放了,他最怕放假,特别是国庆这样的长假,他就为吃饭发愁。

(四) 小结:后福利分房时代的住房获得与分层

1. 住房需求的多元化:从自住到投资

总的说来,在该阶段的家庭住房需求更为多样化,适龄青年购买婚房是该阶段主要的需求之一。韦教授案例中韦教授虽然是为自己买房,但主要原因是女儿回国结婚需要住房,适龄青年是福利分房后房地产市场需求的主要来源之一,社会上流行的"丈母娘推高房价"的说法从这个意义上来说也有一定道理。广州市2000年的人口结构也反映出这一特点。广州市2000年的人口结构中,25~29岁人口所占比重最大,其次是20~24岁的人口,接下来就是30~34岁人口和15~19岁人口(详情见图2.16)。这些年龄阶段的市民,要么刚结婚需要买房,要么就是尚未结婚,但也马上面临着结婚与住房的问题。虽然不能说这些人就一定需要购房,但从生命历程来说,这部分人如果没有购房的话,其购房需求是巨大的。

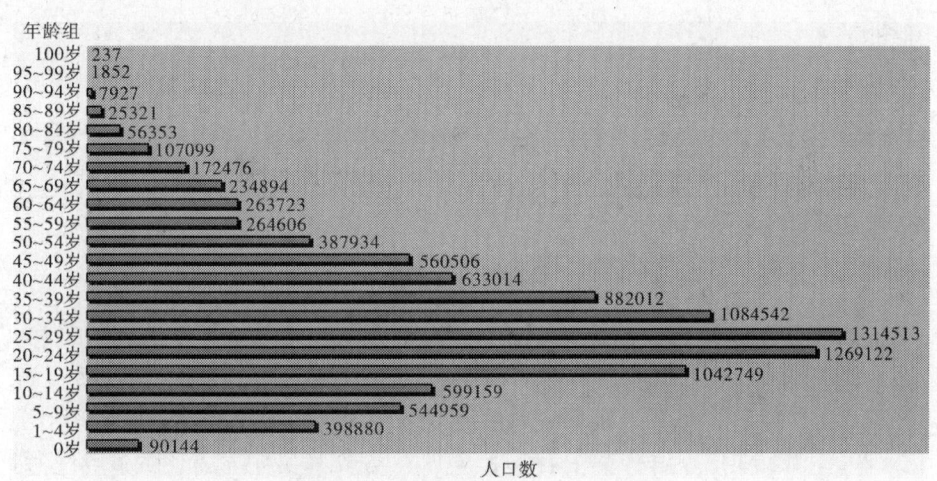

图2.16 2000年广州市人口结构

资料来源:根据广州市2000年人口普查数据整理。

改善型住房需求和投资性住房需求也是该阶段主要的住房需求。这些需求产生的具体原因是多样的。有些是为了小孩教育而购买学位房,有些是买房出租,有些是炒房;等等。福利分房结束后,广州市住房价格上涨,给许多投资者带来了机会。而产权归属的明确和相关交易制度的出台,使得住房市场化加快,新建商品房市场发展起来后,二手住房市场也持续繁荣。购买多套住房的家庭也逐步增多。根据广州市历年统计资料显示,房改后越来越多的家庭拥有两套住房甚至多套住房(表2.13)。

表2.13 2000年广州市居民住房情况

按房屋产权分	年份						
	2008	2007	2006	2005	2004	2003	2002
租赁公房	39	32	35	40	75	67	63
租赁私房	11	12	12	10	5	12	17
原有私房	31	37	50	53	60	73	58
房改私房	176	223	235	278	280	297	325
商品房	243	196	168	119	80	50	35
其他	0	0	0	0	0	1	2
总计	500	500	500	500	500	500	500
现住房外的其他住房	135	110	Na	95	85	55	60
出租房	90	70	Na	46	40	20	35
偶尔居住房	30	30	Na	35	35	25	20
其他用途房	15	10	Na	14	10	10	5

注:Na表示数据缺失。
资料来源:广州市历年统计资料(http://data.gzstats.gov.cn/)。

  2002年和2003年,住在商品房住宅中的住户比重并不大,2002年仅为7%,2003年也只有10%;到2007年住在自有商品房的家庭所占比重已近40%,2008年约为49%。同时,住在房改私房的住户比重也发生了很大变化。2002年500户家庭样本中有325户住在房改私房中,占比为65%;到2006年仅有235户住在房改私房中,不到样本总数的一半;到2008年,仅有176户,也即35%的家庭住在房改私房中。与此同时,除现住房外还有其他房屋的家庭比重也在增加。调查的500户家庭中,在2002年和2003年拥有多套房的家庭占比约12%;到2007年,拥有两套或两套以上住房的家庭有110户,超过1/5;到2008年该比重继续上升,有135户在现住房外还有其他住房。这些住房或被用于出租，或自己偶尔居住，还有可能是空置，待价而沽。

2. 住房支持的多样化：家庭支持与住房金融的双重依赖

福利分房结束后，无论是在公有部门（体制内）就业还是在私营部门（体制外）就业的个体，要获得住房面临的一个现实就是高昂的房价。因此，该阶段个体住房获得与其能动员的资源密切相关。从个体（家庭）在住房获得过程中所获得的支持来看，该阶段与福利分房阶段有了明显不同。

参与过福利分房且在体制内就业的个体，购房除了可以动用公积金等（住房金融政策）外，还可以将购买的原有公房兑现，再去购买新住房。Z大学韦教授为女儿购买婚房时，曾考虑卖掉购买的原有公房去买新的房子，就是这方面的例子。

单位因素依然是重要的影响因素，虽然单位像房改前一样直接给个体提供住房的现象越来越少，但单位待遇状况直接决定个体对住房的支付能力与房贷的承受能力。"那些在银行的公积金就很高，买房月供完全没有问题。我一个同学，在深发展，每月公积金都有5000多元。福利也很好，现在又在准备买学位房了。"（SOZF002 汪茜，2011年4月23日）"我一个同学就业于中信银行，他还只是在风险部，不是业务部门，但收入还是很高，每年报销这报销那的，常常问我要买书的发票，他们都不看书的，但是每年都有3000元的书费。他在风险部待遇一般，也有十五六万元到手。像他们在业务部的同事，从来不谈房子问题，因为这从来就不是问题，谁没有几套房子呢？"（SZBS001 田博，2011年11月2日）"我大学同学基本上在广州。在事业单位和做老师、公务员是最多的，电信、移动都有，大部分买房了，没买房的20%。有些是自己出钱。在移动、供电局的，都是自己买，那些牛。做老师的，就是要啃老，和我一样。"（SHFN002 林华南，2011年4月25日）

由于房价高涨，来自父母支持对个体住房产生越来越大的影响，并且这种影响在房价越高的情况下，家庭支持成为青年白领们购买房屋时首付的最主要来源。"我们也不想啃老，但没办法，自己也尽力了，现在不买房，将来可能更加买不起房，甚至供都供不起。"（SHFN002 林华南，2011年4月25日）。郝泰在买婚房时也是父母双方都支持，"虽然没有钱，但是也没有办法，要结婚总得有个地方住吧。双方父母都赞助了，大家有多少钱就凑多少钱。"（QDFN002 郝泰，2011年5月18日）对于没有参与房改的年轻人来说，他们买房的资金除了自有资金外，主要依靠家庭支持和住房金融

（银行贷款或公积金贷款），而且在房价快速上涨的情况下，对家庭支持依赖也越来越明显。"当时是要结婚，但是我们都没有积蓄，就只能靠家里了。当时全部是60万元，现在的话房子贵了很多，要100多万元了。即使贷款，首付都要增加20万元吧。你说我们一年工资全部算上都没20万元，怎么赶得上房价上涨啊？"（ZX01001 林粤，2010年12月2日）

由于住房是大件商品，绝对价格高，而大部分年轻白领工作时间不长，缺少积蓄，购房除了依赖家庭支持外，对住房金融的依赖度也在加强，月供压力增加，这就是媒体所说的"房奴"现象。在访谈中，大部分受访对象表示买房时首付基本上靠家里支持，而剩余部分就靠银行按揭。在Z大学笔者曾遇到一位美国回来的年轻学者，他说："说起来是海归，生活压力还是很大的。学校工作唯一的好处就是自由点，但工资低。我买的是学校二手房，光银行贷款就是90万元，月供要五六千元。"（SZFG002 张武，2010年11月）"我那同学本来是想在拿结婚证前先买房，但是广州这边规定，公积金最高不能超过个人最高额度，为人民币50万元，两个可以贷款80万元。公积金贷款便宜点，所以他们就先去拿证，然后在番禺那边买了YJL二期的房子。"（SZBS001 田博，2011年11月2日）

3. 住房分层机制的多样化：住房分配与投资

福利分房结束后，广州房价历经短暂平稳期后开始加速上涨。从2001年的4143元/平方米上涨到2009年的9188元/平方米，2010年为13107元/平方米，拥有住房家庭通过住房上涨获利甚至远远高于工资所得。来自媒体的消息反映出投资住房的优势：2010年广州房价涨幅38%，购房可跑赢"最强基金"（关丽，2011）。

D企业基建办负责项目管理的常先生是广州花都人，1998年7月华南理工大学海洋工程专业毕业，2001年来到了D企业。"2001年，我参加了单位的集资建房，房产证上的面积是120平方米。集资建房的时候，我交了27万元，按照预算工程造价交钱，多退少补。后来退回了两三万元，实际上支付了24万元左右吧。旁边的YJ南苑，一平方米是4700元，将近5000元。所以与YJ南苑比还是省了不少钱。现在我的房子一平方米可能值2万多元吧。按当时的价格算，与YJ南苑相比，一平方米的差价是2000多元，算起来差价是20多万元。如果算上要工作满10年的话（注：D企业规定拿到集资房需为单位工作10年），一年才2万多元嘛。"（QDYG002 常工，2011年5月22日）事实上即使是按当时差价算，常先生在住房方面得到的补助已经和其工资相当（其时常先生工资为3000元左右）。而住房价格在

10年之间也从2000元/平方米上涨到2万多元/平方米。如果按18000元/平方米算，120平方米住房带来的收益就高达200多万元；即使是按当时商品房价格5000元/平方米计算，也至少涨了15000元/平方米，120平方米总价就是180万元。这并非纠缠于常先生究竟在住房方面获利多少，而是阐释一个事实——城市住房价格快速上涨给有房家庭带来了巨大的收益。

根据网易房产提供的楼盘数据，笔者在天河、番禺等各个区选了几个楼盘（表2.14）。

表2.14 广州市一些楼盘住房价格涨幅情况

单位：元/平方米

城区	小区	开盘销售均价	目前均价	涨幅/%
天河	美林湖畔	9000（2007年1月）	17095	89.9
天河	东方新世界	6200（2004年6月）	28879	365.8
天河	汇景新城	21000（2009年4月）	33000	57.1
海珠	百合花园	5000（2003年6月）	19290	285.8
海珠	怡乐花园	4400（2000年12月）	18000	309.1
海珠	金碧花园	4000（2000年12月）	16700	317.5
越秀	恒华阁	7800（2000年12月）	19090	144.7
越秀	金铭轩	6200（2004年9月）	16666	168.8
越秀	印象东山	7000（2006年3月）	28714	310.2
越秀	兰亭君舍	20000（2009年9月）	30000	50.0
番禺	东怡新区	3102（2000年12月）	9099	193.3
番禺	恒大山水城	2800（2008年11月）	6450	130.4
番禺	珊瑚湾畔	8000（2004年5月）	16000	100.0
荔湾	岭南湾畔	13000（2009年9月）	22000	69.2
荔湾	康乃馨苑	3480（2001年10月）	12637	263.1
荔湾	红棉苑	5500（2000年12月）	13445	144.5
白云	金域蓝湾	9000（2009年9月）	17000	88.9
白云	怡新花园	8000（2008年11月）	21102	163.8

注：目前均价查询日期为2011年12月10日价格。

由于没有科学抽样，表中数据无法反映总体情况，即便是如此，依然反映出一个基本信息：2000—2009年期间，无论是在什么时候投资房产，回报率都非常高，最低涨幅为50%，最高涨幅为365.8%。一些优质、带学位楼盘的涨幅更大。

这在访谈中一再得到证实，正如柳教授惋惜中透露的信息："DJ苑当时（2009年底）只要160万元，现在（2010年5月）已经是280多万元，一年时间不到涨了100多万元。"（SZTZ001 柳教授，2011年1月16日）即使在刚性需求群体中，许多人也因为"当初"买了房子而庆幸。"当时全部是60万元，现在的话房子贵了很多，要100多万元了。即使贷款，首付都要增加20万元吧。你说我们一年工资都没20万元，怎么赶得上房价上涨啊？"（ZX01001 林粤，2010年12月2日）。

4. 住房获得影响的多元化：投资需求对基本居住需求的挤压

与福利分房时代住房获得主要依靠单位不同，房改后个人住房获得不得不面向价格高昂的住房市场。房改前在体制内就业的人，由于有房改房或者相关房补，因此在住房需求基本上得到满足。但那些在房改中没有分到住房，或者房改后参加工作的年轻人却不得不面向高价房地产市场。随着广州市住房价格上升，购房的压力也越来越大，住房需求的满足也更依赖家庭支持和信贷支持。同时，由于供房还贷，购房后生活压力也很大。在房地产市场的住房资源竞争中，年轻市民面临着多重不利因素。其一是20世纪80年代婴儿潮中出生的一代，在该段时间步入组建家庭的婚姻期，为组建家庭需要购买住房。大量的80后涌入住房市场，增加了住房的需求，从而也推动了房价上涨。其二是在房地产市场竞争中，年轻市民由于缺少财富积累，住房支付能力不足。而一些房改中获得福利房各种补贴的中老年市民，不但有足够的财富积累，而且能够将购买的原公共房屋推向二手房市场，换购新房屋，形成强大的住房支付能力。同时因为通胀使得公积金存款日益贬值，而将该部分钱购买住房反而会因为住房价格上涨带来收益。Z大学的柳教授即是如此，在问到为什么还想买房时，柳教授回答说："我以前买房都是全额付款，现在通胀那么厉害，公积金不利用起来也是存在那里。所以想买房，用公积金贷款，把那部分钱利用起来"（SZTZ001 柳教授，2011年1月16日）。其三是住房价格上升也给许多市民带来投资房产的机会。如案例中的王豫，虽然住房需求已经得到满足，但为了小孩读书购买学位房，其实就是一种投资。这进而促使更多的资金进入房地产市场，使房地产市场成为流动资金的"蓄水池"。像前文采访的罗敏、街道主任唐先生、黄女士夫妇等人都将住房作为投资首选，而曾主任的妹妹更是发现炒房收入远远高于工资收入。在上述案例中,我们看到两种截然不同的情形:一方面是住房价格上涨给投资者带来了丰厚的利润回报,另一方面是刚性需求者面对高房价时的无奈。在唐先生夫妇感叹没有投资住房带来的回报无法送小孩出国留学的同时,韦教授在供小孩出国留学后却面临给女儿买房的问题;在黄女士和柳教授为了将公积金利用起来寻求购房的同时,韩苏在是创业还是买房中权衡。房价上涨使得越来越多的市民将投资资金转向住房市场,这又进一步推动房价上涨,使得刚性需求者购买住房需付出的资金也越来越多。"10 年前,10 万元首付买套三房,10 年后不够买卫生间。"(左娟、徐凤、卢韵如 等,2011)这背后是购房压力越来越大,住房基本需求被挤压的青年白领。"价格排斥"下许多市民望房兴叹。"存款总是赶不上房价上涨速度","本想多攒点钱才买房,结果以前还能买个小的,现在小一点的房子都买不起了"。"本科的时候想着毕业后能买奔驰,博士毕业后房子就透支了我的全部。"(SZBS001 田博,2011 年 11 月 2 日)"我不知道别人买好几套房钱是怎么来的,凭心而论,我的课题费也不算少。人家聪明吧,我挣不来钱。"(SZMF003 岳湘教授,2011 年 11 月 20 日)在房价越来越高、购房压力越来越大的情形下,许多刚性需求群体只能选择"二手房"或者到更为偏远的地方购房,而远离市区买房的结果是时间和交通成本增加。"每天六点就起床,羡慕那些老员工,可睡到八点。开车上班也很不方便,来回路费加上油费就要 60 元,车位又紧张。现在车是给我爱人用,很少开车去市区,来回费用太高了。"(ZX01001 林粤,2010 年 12 月 2 日)

据《2010 年广州市国民经济和社会发展统计公报》,2010 年广州市居民家庭人均可支配收入 30658 元(广州市统计局、国家统计局广州调查队,2011 年 4 月 7 日),而当年房价为 13107 元/平方米,市中心六区一手住宅网签均价已经达到 18161 元/平方米(关丽,2011)。要达到《广州市国民经济和社会发展第十一个五年规划纲要》中城市人均居住面积 25 平方米的目标,需要 327675 元,也即每个家庭需要将 10.7 年的人均可支配收入全部用于购房才可能达到人均居住面积水平,这还不包括房屋交易中的其他费用。"广州房价高不高?房子贵不贵?看怎么比较,和过去比,涨得快,和国外比,和工资比,都贵。除非和香港比,东京比。"(SZMF003 岳湘教授,2011 年 11 月 20 日)中等收入人群为了买到一套婚房,不仅要耗尽小两口所有的积蓄,甚至还要借来各自父母的积蓄,举三家之力才能付完首付、装修,住进去后接着开始当"房奴",其结果是新白领等购房群体不堪重压,父辈也因为子辈购房啃老而耗尽一生积蓄,一套房子消灭一个中产家庭的故事不断在广州等各大城市上演(中国新闻周刊,2010)。

五、社会转型、制度变迁与住房分层

中国社会转型是基于北京共识的渐进式改革，使得转型过程呈现明显的阶段性与局部性，由此有学者用"局部改革"来概括中国社会转型特征（丁维莉、章元，2009；李宜春，2011；孙景宇，2009；张建君，2008）。新制度主义的一个共识是，财富分配是制度安排的结果，制度决定了个人的选择集，个人的最大化行为仅仅是被界定在一定选择集中的一种最大化选择（丹尼尔·W. 布罗姆利，2007）。中国社会转轨过程的特点必然影响到社会财富分配机制的特点。

（一）住房分层机制呈现明显的阶段性特征

根据社会研究情境性原理，制度变迁如何对社会分层产生影响的叙事关键在于时空，即制度变迁是发生在什么时间、什么地方和什么场合，以及以什么方式在时空中发展。时间即阶段性特征，空间不仅指地理空间，还有社会空间，或许我们可借用布迪厄的场域概念。中国社会政策转轨的阶段性特征，使得社会转型过程中的财富分配机制也呈现阶段性的特点。住房改革亦是如此，住房制度改革的阶段性特征也必然使城市居民住房资源获得、住房分层机制呈现明显的阶段性特征。

在20世纪80年代，广州市城市住房依然是福利分房体制，住房生产的任务是解决住房短缺，住房领域实质上的改革并没推行。该阶段住房分层主要体现在住房生产机制上，住房生产主要是各单位筹集资金组织住房生产。住房分层主要是通过单位制发生作用，体现在单位之间的住房差异。这种住房差异除了表现在住房使用面积、住房质量等方面外，还表现在住房租金的差异。在单位内部住房资源的配置，遵循的依然是计划经济时代的权力本位或官本位。同时该阶段城市居民住房绝大部分属于单位所有，职工只有使用权而没有所有权，不能上市交易。因此该阶段住房不平等主要是住房消费不平等，而这种不平等与单位的房屋生产能力有关，故该阶段的住房需求是由单位生产能力驱动的，有学者将其概括为"住房生产驱动体制"（王育琨，1992a）。该阶段住房分层机制依然是传统的、再分配机制在起作用。

到20世纪90年代，广州市住房改革进入住房自有化阶段。该阶段虽然单位依然是福利分房体制，但新建住房主要是卖给私人。广州市住房市场化进程快速推进，但依然市场化不足，住房市场上的商品房很大部分为单位购买。因此，该阶段城市居民的住房获得最主要的渠道是单位住房——单位通过集资建房的形式将新建住房卖给职工，或者单位在市场上购买住房，再以"成本价"卖给其职工。这使得城市居民住房状况主要还是依赖于所在单位的经济状况。而1998年房改推行的住房自有化，使得个体、单位在住房产权归属方面发生了显著变化，使得原有的住房消费差异演变成住房财产的差异。党政机关单位的干部职工住房状况依然依赖于单位的住房补贴，而补贴的来源来自地方财政，"吃财政饭"的事业单位也是如此。但在国有企业部门，住房分化状况更为明显。一些企业在市场化改革中经营困难：生产过剩，产品积压，连年亏损，甚至企业破产、被兼并重组；一些企业则在市场化过程中经济效益较好。这最终体现在企业职工的住房状况上。效益好的国有企业在集资建房过程中企业投入的资金、土地等资源也多，效益差的企业生产已难以为继，更是缺少资源投入住房建设。这些差异最终在房改中体现为住房资产差异，住房产权改革使得原有差异在改革中以家庭财产的方式确定下来。该阶段，单位不仅是住房生产过程中主要的力量，而且是商品房市场中主要的消费者。这些"软预算约束"下财大气粗的消费者的住房需求扭曲了整个住房市场和其他生产要素市场，使得90年代广州市物价飞涨，通胀严重，房价远远超出一般家庭的承受能力。住房市场上的个体（家庭）消费者，主要是体制外一些市场上的成功者，而普通家庭的住房需求很难在市场上得到满足。广州市民中一些被福利分房体制抛离者和市场中的失意者的住房需求满足变得日益困难，为此广州市政府开始推行"解困房出租"政策。在该阶段住房分化持续扩大，住房分层现象更为明显，不仅体现在住房消费上，同时以住房财产的方式体现出来。而为住房自有化配套的住房货币补贴、住房公积金等政策也成为住房分层的重要机制。但这些货币性政策与其说减少了原有的住房不平等，还不如说是再次复制原有的在住房生产与分配在单位之间的不平等。"吃财政饭"的机关事业单位在财政支持下相关政策得到落实，"吃市场饭"的单位则由其自身状况而定。市场化改革进程不仅使一些企业在生产领域陷入困境，也使得部分困难企业在住房消费领域、住房保障领域被抛离。该阶段的住房分层机制不仅保留了传统计划经济的特征，而且在社会转型中向住房金融制度拓展。

福利分房结束后，单位之间和体制之间的住房差异依然明显，这体现在住房货币补贴能否兑现、兑现多少等方面，也体现在住房公积金是否覆盖、多大程度上覆盖等方面。同时，住房消费方面的差异依然在持续并扩大。但该阶段的住房分层等主要体现在住房产权带来的"财富增值"的不平等。有产权的家庭能在住房价格上涨的过程中获得巨大收益,这种收益随着家庭原有住房质量、住房面积不同而不同,也与家庭住房产权多少(套数)不同而不同。而那些有着刚性住房需求的要组建新的家庭的年轻人却在房价加速度上涨中面临着越来越大的住房压力,成为"啃老一族"与"房奴",甚至被迫放弃买房。该阶段住房分层机制当然与就业组织的特征、个体家庭经济状况与人力资本状况密切相关,但更为重要的是,这种分层是政府有形之手带来的结果,住房价格上涨在透支几代人财富的同时也产生着土地财政盛宴与地产富豪神话。

三个阶段的住房分层呈现出阶段性特点:80年代住房产权归属单位,住房不平等主要是住房消费不平等;在90年代住房自有化过程中,住房分层主要体现在住房产权获得机制上,住房产权过渡给个体家庭,住房差异以财富(资产)的形式固定下来;福利分房结束后,住房价格上涨给房产所有者带来巨大的财富增值,该阶段的住房分层主要是依托住房产权的"财富增值"的财富分配机制。住房自有化过程中的住房分层是存量分配的差异,房价上涨带来的主要是财富增量的差异。

在三个阶段中,80年代虽然也存在各种住房差异,但由于增量改革的普惠性特征,以及政府对弱势群体(人均居住水平低于2平方米的家庭)居住问题的重视,因此,在住房分化方面并不明显。在90年代,国有企业改革使得企业之间分化加剧,这也体现在住房分配领域,一些单位因为经营不善,经济困难,对改善职工的住房状况也无能为力,住房资源的配置在该阶段也呈现出分化加剧的特点。而新的住房制度——住房公积金制度和住房补贴制度,又进一步加强了这种不平等,让传统再分配机制在金融制度、住房货币化制度中延伸。在后福利房时代,一是国有企业改革转制加快,使得单位之间分化更为明显,一些企业被兼并、破产的同时,原有的住房福利制度也不复存在,改制、破产的企业不再给职工缴纳公积金等。二是在该阶段住房分层主要体现在住房增值的获得与分配上。房价上涨,给参加工作的青年白领巨大的购房压力,同时又给那些占有住房资源的家庭带来巨大财富。

(二)住房分层的"场域机制"

不同阶段的住房制度落实的具体环境也是不同的。在中国的住房制度改革主要是针对体制内单位的福利房制度。体制内单位也是存在着各种差异。在改革中,一些体制内单位是经济改革的重点——如国有企业,另一些体制内单位事实上是延续了原有的体制——如行政机关单位。在改革中，一些体制内单位——部分国有企业被逐步市场化，被推向市场，面对日趋激烈的市场竞争；也有部分企业继续保有行政垄断优势，其汲取资源的能力在加强；同时，体制内的行政单位由于拥有行政审批权，汲取资源能力也在加强，市场经济的发展和社会财富的增加给这些单位更多可汲取的资源。更为重要的是，一些体制内单位——如国有企业，是改革的对象，另一些体制内单位——如行政机关——是改革的执行者。这些差异都使得住房政策的落实呈现"场域性"特点。因此，即使在住房改革的同一阶段，不同类型单位之间的住房分层机制呈现不同特点。这里借用布迪厄场域的概念，简称住房获得或住房分层的"场域机制"。

在行政机关单位，由于属于完全财政补贴单位，即"吃财政饭"的单位，无论是80年代还是90年代的住房建设，财政拨款依然是住房建设资金最主要的渠道，这与改革开放之前并没有本质差别。在住房货币化阶段，由于有财政保障，相关住房补贴都得到落实。因此，在任何阶段，行政单位都属于"不落空"的单位。在单位内部分配上，行政机关都体现出"官本位"的特点，即在行政机关，影响住房资源获得多少的关键因素在行政级别。

与行政单位相比较，Z大学这类事业单位和D企业这类国有企业都面临着市场竞争，因此在住房资源配置上呈现出新的特点。事业单位也属于"吃财政饭"的单位，但与行政机关不同，一些事业单位也要面临竞争。无疑，在体制内，官本位文化一直存在，行政级别是影响住房资源获得的最重要因素。但像学校这类单位依然面临竞争，主要是针对高级人才的竞争，在"创办世界一流高校"的目标下，提升学校科研GDP、提高学校知名度等都靠知名学者的引进。因此，在学校内部的住房资源配置开始向高学历和知名教授倾斜。

相较于行政单位和事业单位，住房改革对国有企业职工的住房消费与获得影响最大。20世纪80年代，中国城市住房领域面临的两个主要任务是解决住房短缺以及住房投资负担在政府、单位和个人之间"合理分配"。在国有企业之间，由于放权让利改革的推进，承包制的推广使国有企业呈现新特点。这种承包制使得国有企业住房建设资金除了来自相关主管部门批准的住房建设资金外，还可以拿出自留利润投入住房建设，解决职工住房困难问题。正如邹至庄研究所指出的，在国家社会主义阶段，国有企业突破"软预算约束"的资源来自两部分：一部分是通过和上级主管部门讨价还价争取到更多"计划性"的资源，另一部分是自留资源（Chow，2002）。在政府财政紧张的80年代，国有企业住房投资依靠"自有资源"显得更为实际。

而广州市政府在解决住房短缺过程中，采取"归类落实到各单位"解决住房困难户和职工的方法，也使得市民住房状况与其所在单位状况密切相关。在国有企业就业的职工，其所在企业效益越好，能投入到住房建设的资金越多，其家庭的住房状况也就越好。90年代国有企业分化加剧，一些企业在改革中经营困难，不但无力给职工建房，甚至连职工的工资发放都存在困难。因此，这些企业无论是在住房供给，还是在住房金融方面，都无法落实相关政策，既无力分给职工住房，也无力给职工货币补贴，同时也不能给职工按时缴纳住房公积金。一些企业甚至走向破产、被兼并，许多职工失业，依赖政府解困房。一些企业在市场竞争中获得更多资源，能保障职工的工资与福利，甚至在"改制"的目标下为企业职工争取更多的上级政策，大规模建房补贴给职工，在住房补贴和住房公积金等方面也是想方设法保障职工福利。在企业内部，与行政单位和事业单位一致的是官本位原则。广州市根据国务院23号文和广东省相关政策出台了住房改革方案，这些方案并非为企业单位而制定，主要是针对"吃财政饭"的行政机关与财政全额拨款的事业单位。但事实上，国有企业住房改革方案基本上是照搬了行政单位的住房改革制度。但由于国有企业面临着市场竞争压力，需要对拥有市场能力的人进行有效激励，因此，人力资本在国有企业内部也逐步得到重视。一些企业在住房改革过程中，为引进人才配套相应的制度，在住房分配中加入"市场绩效分"等做法，都体现出与行政机关住房分配方面不同的特点。在单位制内部，官本位得到延续，但在一些面临市场竞争的单位（包括国有企业和部分事业单位）内部，个人市场能力、人力资本得到更多的承认，住房成为这些单位激励这些"能人"的重要手段。

（三）个体行动与住房分层机制：房改中行动者适应策略与住房分化

中国住房改革的一个特点就是改革是一种自上而下的改革。这种由行政部门推行的改革，遵循着"政治权力—再分配权力—偏向再分配者的分配结果"的逻辑演进，使得再分配权力的拥有者在住房改革中利益得到最大程度的保护。因此，在中国住房改革中，无论是20世纪80年代的解决住房短缺问题，还是90年代的住房自有化过程，抑或在住房公积金、住房补贴等住房金融制度中，再分配权力优势都得到了很好的延续。我们有理由认为"权力延续论"依然具有足够的解释力。

但纵观整个住房领域的转型过程，其实也是个体选择空间在不断增加的过程。转型社会宏观社会情境的变化也意味着行动结构空间在不断变化。这些变化对不同类型行动者的冲击或影响不同，行动者能做出的反应（选择集合）和实际做出的反应（行动）也不同。行动者的角色在转型中也发生变化。表现在单位行动者方面，一些单位积极行动起来，尽可能多地投入土地、资金等资源扩大本企业的职工住房福利；一些单位却屡次丧失机会，导致后来出现很多问题。在解决住房短缺过程中，掌握财政配给权力的行政机关，将有限的住房建设预算资金留给拥有再分配权力的机关，依靠财政投资获取住房资源分配给其干部职工，而且利用和港资合作建房获取住房资源，改善单位住房状况。在国有企业部门也是如此，再分配体制下的讨价还价机制依然存在。在企业改制与市场化过程中，一些企业以改制需要留住人才为由，争取更多建房指标，或者以住房货币补贴太多为由，要求建房。D企业在2000年后依然获得建房指标，一个重要原因是"要留住人才"："如果不建房，要很多补贴，局级干部的补贴，处级干部的补贴，等等，这也需要很多钱"（QDLD002 张总，2010年12月10日）。同时，企业也利用面向市场竞争，获取资源，鼓励职工经营创收，从而能将更多资金投向住房建设，改善职工住房状况。面临人才竞争与市场竞争的单位（如高校、国有企业）将住房作为控制职工、留住人才的手段，要求职工在获得住房产权后必须为单位服务一定年限。然而，也有些单位缺少远见，错失机会。我们在采访中多次听到类似的观点："当初（90年代，黎子流为广州市市长时期）学校北门都是一片荒地，那个时候市政府就允许学校将这块地买下来，但是每一亩地要求解决一个人的就业，因此没有买成；否则现在用来建房，能解决很多青年职工住房问题。到后来那边的地就很贵了，学校买不起。"（SZLD001 王主任，2011年5月9日）"其实当时西区的树和中区是一样的，都是小楼，破平房还漏雨，但是树很多。如果中大不把树砍掉，建房子，而是买地、征地、要地，像北门都是沙滩，没有人要的，买下来给老师建房，那么西区的树也可以保留，房子也可以解决。"（SZMF002 韦教授，2011年7月16日）同样的故事也在其他单位发生。"当初学校周边一些边角地，政府规划都是给我们单位的，但要补点钱给村民。老房子旁边有条路，也是我们的地。后来路封了，地空下来了，村民在那建房子，也没有人管。以前的时候单位人少，对地不在乎，现在多宝贵。不过我们单位要建房的话，拆旧建新就能解决新进人员的住房问题。但现在广州市要求职工年均收入在2.8万元以下，我们单位的申请没有被批。"（QDLD002 张总，2010年12月10日）由于住房资源短缺，这些单位在人才引进中的压力很大，新进人才流失严重。

体现在个体（家庭）行动者方面也是如此。80年代初期，住房投资主要依靠国家财政，住房生产模式是"财政拨款—单位—房地产投资"，城市居民除少数家庭拥有宅基地可自建房外，大部分居民的住房需求满足只能依赖于单位住房。90年代，随着社会开放度增加与体制外部门发展，一些单位职工采取"一家两制"或者"一人两制"的策略，既享受市场化的好处，也享受单位的福利。在结束福利分房后，房地产被视为走出金融危机的可行选择，国家加大了对住房市场的支持，当时甚至出现零首付现象，支持个体购房。住房金融市场的快速发展——公积金制度和银行按揭的发展，使得个人能利用银行的杠杆效应进行住房投资（冯燮刚，2010）。因此，一些个体可以利用各种资源在房地产市场进行投资性购房。一些个体将眼光投向房地产市场，获得收益高于工资收益的同时，也有一些个体在不断等待与彷徨中发现房价越来越高。甚至在D企业房改中，一些退休职工不想换购新建住房，"认为没必要花那几万元钱"（QDLD001曾先生，2011年4月28日）。关于住房是投资品，抑或仅仅是消费品，两种观念在这些个体选择中体现了出来，从而影响到个体的选择与将来的财富增长。

住房制度改革使得住房从原有的单位福利变成了一种商品，从消费品变成了投资品。但不同行动者对此的认识是不同的，一些行动者延续了福利房时代将住房仅仅作为消费品的观念，一些行动者积极调整了行动策略，从而获得了更多的住房资源，从而影响到单位、个体的住房状况。

（四）住房资源获得中的高度竞争

在福利分房时代，公有住房的低租配给实际上是收入分配的一种方式，名义收入分配和公房暗贴的分配等一起构成了实际国民收入分配（萧高励，1991）。为了给职工更多补贴，其结果是企业将过多的资源投入到住房生产，住房需求在企业突破"软预算约束"的种种努力中被不合理地放大了，由于所需资金中很大一部分来自企业留利和折旧基金，这使得"政府担心住房建设是以牺牲'生产性'投资为代价的"（安德鲁·黑马、王育琨，1991）。在住房自有化时期，在即将停止福利分房的预期下，各个单位努力集资建房，将原属企业生产用地的土地用于建房，由此形成单位建房的热潮。住房产权相关制度的确定，意味着获得住房即获得家庭财产，住房福利成为实实在在的家庭财产性收入。在这种情况下，许多单位甚至直接面向市场购买房屋分给其干部职工。其结果是单位购买者涌入房地产市场，抬高了房价，也挤压了无法从体制内单位获得住房的家庭的住房基本需求。在福利分房结束后，城市住房价格在经过了短暂的平稳期后，开始快速上涨，一些个体开始将住房视为优质投资品，并由此获得高额回报。在住房带来财富甚至高于个体工资收入的情况下，有多种因素会放大"价格陷阱"。其中最主要的是住房金融的杠杆效用。个体通过调动各种资源满足自身住房需求的同时也发现住房升值带来的收益远高于其他收益，于是开始投资房地产。住房金融的发展也使得个体利用银行金融获得住房越来越容易。住房金融的杠杆效应开始显现：如果房价同比增长为30%，全额付款买房情况下，一年的资本回报率为30%。如果利用银行贷款，以首付20%房款为例来看，只需要付出20%的资金，就可以得到价值100%的房产，投资一年的资本回报率为150%，被放大了5倍（冯燮刚，2010）。从1998年货币化分房以来，一手房市场也迅速从安居消费阶段过渡到投资阶段与投机阶段，住房脱离基本居住需要，中国房地产市场进入投资与炒房时代。随着价格的上涨，一定收入以下的群体因无力承担住房支出退出市场（冯俊，2009：92-133）。冯俊指出，在住房供应不足的情况下，即使是住房价格下降，优先满足的还是高收入群体，形成"价格陷阱"，低收入群体在"价格排斥"的作用下，被住房市场抛离（冯俊，2009：92-135）。在越来越多城市底层人士甚至新白领面临日益沉重的住房压力的同时，温州炒房团故事在媒体与各大网络论坛中成为关注的热点（周德文，2011）。2011年被各大媒体报道的一个典型案例是"老公办厂不如老婆多买房"（赵磊、姜鹏，2011）。由于住房资源巨大的投资收益，购买住房成为家庭资金首要选择，越来越多的家庭开始投资住房，获得巨大收益。

（五）住房竞争中的代际差异与住房分层

不同阶层人群的储蓄能力不同，获得的住房金融支持也有差异，因此对住房价格的敏感度也不同；不同收入群体对住房价格的适应度也不同，随着价格的上涨，一定收入以下的群体因无力承担住房支出退出市场（冯俊，2009：92-133）。对于刚参加工作的年轻人或者青年白领来说，至少有如下几个原因处于不利地位。其一是福利分房结束，新人新办法使得房改后参加工作的年轻人从单位获得住房的概率很小，除了少数进入权力部门的公务员或某些事业单位个体还能获得单位预留的"经济适用房"之外，绝大多数年轻人已经无法通过单位获得住房。对于就业于体制外的年轻白领来说，不但获得福利住房不可能，而且连住房公积金、住房货币补贴都没有。因此，相对于房改前参加工作的老一代来说，青年一代要满足自己居住需求的经济压力更大。其二是由于这些年轻白领参加工作不久，缺少财富积累，住房支付能力比较低，因此在住房市场的竞争中处于不利地位，他们对来自父母的支持更为依赖，对住房金融也更为依赖。要购买住房这样的大宗商品，必须尽可能地调动各种资源。其三是住房的投资属性越来越明显，使得他们的竞争压力更大，不仅要面临同龄群体的竞争，还要面临炒房者的竞争。即便如此，这些年轻人由于处于人生历程中重要阶段——组建家庭阶段，住房是刚性需求。中国人的传统观念以及租房市场的不完善，使得这种需求更为强烈。住房已经不仅仅是居住需求和财产，更为重要的是家庭稳定性与归属感的重要符号。正如韦教授所指出的，"没有房子，就没有家，没有家怎么有稳定的生活，感情怎么稳定呢？婚姻怎么长久呢？心里不踏实，不能让一个女的过心理不踏实的日子。"（SZMF002 韦教授，2011 年 7 月 16 日）"我们结婚的时候，我妈妈就一个要求，一定要有房。当时我和我老公都不理解。但是我妈妈坚持，她说从一个女孩到女人，这是很重要的改变，买房可以有安全感。现在想想，还是很有道理的。"（SHFN001 桂珍，2011 年 1 月 12 日）

因此，对于房改后参加工作的年轻人来说，获得住房资源不仅要面临着巨大的同龄群体的竞争，而且要面临着与那些在房改中获得福利房并积累了一定财富的个体的竞争，还要面临着炒房者的竞争，在投资性住房需求、改善型住房需求的挤压下，缺少财富积累的年轻人的刚性住房需求受到严重挤压。他们越来越依赖父母支持，成为"啃老"一族，同时也越来越依赖住房金融，购房后面临巨大还贷压力，成为"房奴"。一些家庭条件差的刚工作的年轻人，甚至与诸多同龄人挤在城中村，成为"蚁族"。

（六）社会转型与日益凸显的住房分层现象：住房不平等的持续与加剧

可以说，在中国转型社会中，无论是福利分房时代，还是后福利分房时代，住房资源都是一种有价值的资源。在福利分房时代，工资差距比较小，且单位工资受各种约束的情况下，体制内单位可供的选择就是在单位福利方面去突破制度性约束，其中住房福利是最大的福利，各单位也主要是依靠住房福利制度给予其干部职工补助。这不仅表现在住房面积，也体现在房租等方面。在权力下放的情况下，各单位都尽可能利用所能汲取的资源投入住房建设，改善单位住房状况。在住房自有化时代，单位生产住房越多，意味着给予干部职工的补贴越多。更为重要的是，住房改革的目标是建立新的住房制度，各单位从住房生产中退出，因此单位为赶上福利分房末班车都尽可能扩大住房建设。因此，整个福利分房时代，由于房地产市场发展不成熟，住房金融等制度不完善，个体住房获得依然是依靠单位。而中国的改革主要是在经济领域，对于行政机关等公有部门依然是维系着原有的运行逻辑。行政机关利用其手中的再分配权力，以"政治权力—再分配权力—偏向再分配部门"的分配逻辑配置住房资源；同时也利用政治权力向下属单位汲取资源，扩大单位住房资源，从而维持自身优势。在市场化改革中，一些国有企业在市场竞争中逐步走向衰落；另一些企业通过改善市场经营能力获得好的效益，从而改善企业住房状况；还有些企业以企业改制需要为由向上讨价还价，获得更多资源。在市场化过程中，"政治权力—讨价还价能力—经济利益"的逻辑依然影响着企业住房资源的获得，从而影响个体住房状况。无论是哪个阶段，单位内部的住房分配，都呈现明显的"官本位"特征，再分配权力都是影响个体住房资源获得的主要因素。但一些单位，特别是面临着市场竞争的企业单位、事业单位，为适应新的形势，在住房资源配置中，开始重视市场能力、人力资源等因素。在福利分房结束后，一些权力部门，依然以各种形式进行福利分房。这里体现出的逻辑为"政治权力—集体寻租"。纵观转型过程，国有企业改革的逻辑是将国有企业逐步推向市场，而行政部门转型是关键权力逐步向一些关键部门集中。两种逻辑并行不悖。从这个意义上来说，市场化进程并不意味着行政部门的权力优势的消逝，在某些行政部门，这些优势还在加强。市场化进程对许多中小国有企业的影响更为明显，抓大放小的改革逻辑，使得许多国有企业所有制发生变化，这也意味着这些企业从再分配体制中退出，在住房资源获得上也是如此。福利分房对这些改制企业而言是真的结束了。但对掌握关键资源的国有企业而言，原有住房福利优势依然存在，只是从实物分房转变为货币化补贴。事业单位也是如此：一些有影响的事业单位，在政府协助下，能帮职工买到价格相对比较实惠的"团购房"与经济适用房；但更多的事业单位，既没掌握关键权力资源，无法寻租，也无强大的市场经营能力，在福利分房结束后，单位在住房方面给予职工的帮助大大减弱了。总的说来，在组织层面，再分配权力对住房的影响依赖于组织性质。魏昂德的"精英机会论"或许只是针对个体而言，但在组织层面上依然有效。

对于个体而言，在转型过程中，住房获得机制也变得更为复杂。在住房短缺时代，个体（家庭）住房获得只能依赖单位，在住房生产驱动体制下，个体住房状况依赖于单位住房生产能力。但市场化进程、经济发展给个体提供了更多的机会增加家庭收入。因此，市场能力对个体住房获得的影响也变得越来越重要。住房作为大件商品、耐用品,在住房金融不发达的90年代,个体即使具有较高的人力资本,要在市场上凭借自身攒足资金购房也非常困难,而大多数居民尚无能力进入房屋市场。因此,该阶段在市场买房的家庭并不多。即使是一些具有人力资本、技术优势的职工进入市场获得较高收入,但住房获得还是依靠单位。福利分房结束后,住房金融也逐步发展起来,成为帮助个体获得住房的重要支持手段。与此同时,住房价格越来越高,也越来越多的个体因为投资而购买住房:学位房、出租房甚至是炒房。在住房需求从安居需求转向投资需求的背景下,获得商品房的资金门槛也越来越高。个体能动员的资源越多,其获得住房的可能性越大。该阶段,住房金融虽然已经迅速发展,但此时具有刚性需求的主要是一些参加工作不久、缺少财富积累的年轻人,即使有住房金融支持,但攒足首付对很多即将结婚的年轻人来说也并非易事。该阶段年轻人获得商品住房越来越依赖于家庭支持。可见,住房作为高价值耐用品,并不完全是个人攫取资源能力的体现,也是其家庭(这里主要是其父母)拥有资源的体现。

总之,在转型过程中个体的住房获得是多重机制影响的结果。国家的住房保障政策和"优先供应"的经济适用房,体现了国家"有形之手"的作用。个体专业技能等人力资本等在提升家庭收入的同时,自然也对家庭住房获得产生影响。父辈财富积累、家庭支持等因素也变得越来越重要。个体选择时机、对住房市场的理解与阅读能力也是影响其住房资源获得的重要因素。这使得住房资源获得与住房分化呈现复杂性的特点。而在多重机制作用下,住房分化也越来越严重。住房市场上,不同阶层的住房需求能力是不同的,由此会形成"住房过滤现象":高收入者会将条件较差的住宅过滤给中等收入者,而中等收入者也会将条件更差、更低廉的住宅过滤给低收入者(崔竹,2008:28)。劳伦(Ira S. Lowry, 1960)指出"过滤"(filtering)产生的原因是住房老化与新建,而最终导致的后果是聚居分化,产生贫困隔离(the special segregation of poor households)。在前面一章关于福利分房后购房资源动员与住房获得的描述中,我们展示了诸多这方面的案例:一些福利分房的参与者,或卖掉福利房换置新的更好的住房以改善需求;一些有实力的购买者购买区位较好的房屋;同时,一些年轻的个体在硬预算约束的情况下选择了二手房屋。这就是典型的房屋过滤现象(L. James, 1974; Sweeney, 1974; 宋博通,2002),体现在整个广州市民居住状况中,就形成了所谓的富人区(如珠江两岸的"豪宅一条街")与所谓的穷人区。住房的发展并不是孤立的,而是与公共资源的发展相互依存,与地理环境以及人文环境密切相连,在地理环境差异和市场趋利机制的双重作用下,会形成区域分化,形成富人居住区和贫困聚居区（陈涌，2000；陈果、顾朝林、吴缚龙，2004；袁媛、吴缚龙、许学强，2009；袁媛、许学强、薛德升，2008；袁媛、薛德升、许学强，2006；张高攀，2006）。在低收入和贫困阶层聚居区域，不但存在着高密度、拥挤、公共设施匮乏等城市环境方面的问题，而且往往伴随着更多的社会越轨行为（Downs，1969；Alan，2004；崔竹，2008：47）。

参考文献

Bian Yanjie. Review: Making sense of China's transformations [J]. Contemporary Sociology, 2000, 29 (4): 613 – 624.

Bian Yanjie. Chinese social stratification and social mobility [J]. Annual Review of Sociology, 2002, 28: 91 – 116 (ArticleType: research-article/Full publication date: 2002 / Copyright © , 2002 Annual Reviews).

Bian Yanjie, Logan J R. Market transition and the persistence of power: The changing stratification system in urban China [J]. American Sociological Review, 1996, 61 (5): 739 – 758.

Cao Yang, Nee V G. Comment: Controversies and evidence in the market transition debate [J]. American Journal of Sociology, 2000, 105 (4): 1175 – 1189.

Che Jiahua, Facchini G. Dual track reforms: With and without losers [J]. Journal of Public Economics, 2007, 91 (11 – 12): 2291 – 2306.

Chiu R L H. Commodification of housing with Chinese characteristics [J]. Review of Policy Research, 2001, 18 (1): 75 – 95.

Chow G C. China's economic transformation [M]. London: Blackwell Publishing, 2002.

Downs A. Housing the urban poor: The economics of various strategies [J]. The American Economic Review, 1969, 59 (4): 646 – 651.

Gilbert A. Helping the poor through housing subsidies: lessons from Chile, Colombia and South Africa [J]. Habitat International, 2004, 28 (1): 13 – 40.

Goldstein S M. Reforming socialist systems: Some lessons of the Chinese experience [J]. Studies In Comparative Communism, 1998, 21 (2): 221 – 237.

Goldthorpe J H. Women and class analysis: In defence of the conventional view [J]. Sociology, 1983, 17 (4): 465 – 488.

Goldthorpe J H. Rent, class conflict, and class structure: A commentary on sorenson [J]. American Journal of Sociology, 2000, 105 (6): 1572 – 1582.

Goldthorpe J H. Occupational sociology, yes: class analysis, no: comment on grusky and Weeden's "Research Agenda" [J]. Acta Sociologica, 2002, 45 (3): 211 – 217.

Hedström P, Swedberg R. Social mechanisms [J]. Acta Sociologica, 1996, 39 (3): 281 –

308.

Hui E C M, Seabrooke B. The housing allowance scheme in Guangzhou [J]. Habitat International, 2000, 24 (1): 19 – 29.

Hui E C M, Wong F K W. Housing reform in Guangzhou and Shenzhen, China [J]. Review of Urban & Regional Development Studies, 1999, 11 (2): 141 – 152.

Kerbo H R. Social Stratification [J/OL]. (2006) http://works.bepress.com/hkerbo/27 SAGE Publications.

Lau L J, Qian Yingyi, Roland G. Pareto-improving economic reforms through dual-track liberalization [J]. Economics Letters, 1997, 55 (2): 285 – 292.

Lin Nan. Local market socialism: Local corporation in action in rural China [J]. Theory and Society, 1995, 24 (3): 301 – 354.

Logan J R, Bian Yanjie. Inequalities in access to community resources in a Chinese city [J]. Social Forces, 1993, 72 (2): 555 – 576.

Lowry I S. Filtering and housing standards: A conceptual analysis [J]. Land Economics, 1960, 36 (4): 362 – 370

Nee V. A theory of market transition: From redistribution to markets in state socialism [J]. American Sociological Review, 1989, 54 (5): 663 – 681.

Nee V. Social inequalities in reforming state socialism: Between redistribution and markets in China [J]. American Sociological Review, 1991, 56 (3): 267 – 282.

Nee V, Cao Yang. Path dependent societal transformation: Stratification in hybrid mixed economies [J]. Theory and Society, 1999, 28 (6): 799 – 834.

Nee V, Matthews R. Market transition and societal transformation in reforming state socialism. Annual Review of Sociology, 1996, 22: 401 – 435 (ArticleType: research-article/Full publication date: 1996/Copyright ?, 1996 Annual Reviews).

Parish W L. Destratification in China [M] //Lyons T, Nee V. The economic transformation of South China. New York: Cornell University, 1984.

Roland G. The political economy of transition [J]. The Journal of Economic Perspectives, 2002, 16 (1): 29 – 50.

Sweeney J L. Quality, commodity hierarchies, and housing markets [J]. Econometrica, 1974, 42 (1): 147 – 67.

Sweeney J L. A commodity hierarchy model of the rental housing market [J]. Journal of Urban Economics, 1974, 1 (3): 288 – 323.

Tan J. Phase transitions and emergence of entrepreneurship: The transformation of Chinese SOEs over time [J]. Journal of Business Venturing, 2007, 22 (1): 77 – 96.

Walder A G. Local governments as industrial firms: An organizational analysis of China's transitional economy [J]. American Journal of Sociology, 1995, 101 (2): 263 – 301.

Weber M. Class, status and party [M]. New York: The Free Press, 1966.

Zhong Yitong, Hays R A. The Transformation of the urban housing system in China [J]. Urban Affairs Review, 1996, 31 (5): 625 – 58.

Zhou Xueguang. Economic transformation and income inequality in urban China: Evidence from panel data [J]. American Journal of Sociology, 2000a, 105 (4): 1135 – 1174.

Zhou Xueguang. Reply: Beyond the debate and toward substantive institutional analysis [J]. American Journal of Sociology, 2000b, 105 (4): 1190 – 1195.

Zhou Yu. Heterogeneity and dynamics in China's emerging urban housing market: Two sides of a success story from the late 1990s [J]. Habitat International, 2006, 30 (2): 277 – 304.

Zhu Jieming. The changing mode of housing provision in transitional China [J]. Urban Affairs Review, 2000, 35 (4): 502 – 19.

安德鲁·黑马, 王育琨. 中国城镇住房改革: 问题与可供选择的方案 (提要和重点) [J]. 改革, 1991, (5): 37 – 44.

边燕杰, 吴晓刚, 李路路. 导言: 评述与展望 [M] //边燕杰, 吴晓刚, 李路路. 社会分层与流动: 国外学者对中国研究的新进展. 北京: 中国人民大学出版社, 2008: 1 – 30.

财政部. 2011 年 1 – 9 月税收收入情况分析 [EB/OL]. http://szs.mof.gov.cn/zhengwuxinxi/gongzuodongtai/201110/t20111020_ 600722.html.

陈涌. 城市贫困区位化趋势及其影响 [J]. 城市问题, 2000 (6): 15 – 17

陈果, 顾朝林, 吴缚龙. 南京城市贫困空间调查与分析 [J]. 地理科学, 2004 (5): 542 – 549.

陈志武. 百姓收入为何赶不上 GDP 增长 [M]. 北京: 中国言实出版社, 2010.

崔竹. 城镇住房分类供应与保障制度研究 [D]. 北京: 中共中央党校, 2008.

丹尼尔·W 布罗姆利. 经济利益与经济制度: 公共政策的理论基础 [M]. 上海: 上海人民出版社, 2007.

丁维莉, 章元. 局部改革与公共政策效果的交互性和复杂性 [J]. 经济研究, 2009 (6): 28 – 39.

恩格斯. 论住宅问题 [M] //马克思恩格斯全集: 第 18 卷. 北京: 人民出版社, 1964: 233 – 321.

冯皓, 陆铭. 通过买房而择校: 教育影响房价的经验证据与政策含义 [J]. 世界经济, 2010 (12): 89 – 104.

冯俊. 住房与住房政策 [M]. 北京: 中国建筑工业出版社, 2009.

冯燮刚. 破解房市危局 (兼论中国经济腾飞之路) [M]. 北京: 经济科学出版社, 2010.

关丽. 2010: 广州购房跑赢"最强基金" [N]. 南方日报, 2011 – 1 – 7 (B10).

广州市地方志 [M/OL]. http://www.gzsdfz.org.cn/sqsjk/zsk/.

广州市住房公积金管理委员会. 广州市降低住房公积金缴存比例或缓缴住房公积金规定 [EB/OL]. (2004 – 06 – 01) http://www.gzgjj.gov.cn/web/static/articles/catalog_ ff80-80813a9252aa013a9c49b695004e/2012 – 12 – 19/article_52cb532f2ceeb7f4012cf2e739dd01-

00/52cb532f2ceeb7f4012cf2e739dd0100.html.

广州市住房公积金管理委员会. 关于进一步加强住房公积金管理的若干规定［EB/OL］. (2007-02-01) http://www.gzgjj.gov.cn/web/static/articles/catalog_ff8080813a9252aa-013a9c49b695004e/2012-12-19/article_52cb532f2ceeb7f4012cf2216abe0038/52cb532f2-ceeb7f4012cf2216abe0038.html.

广州市国土资源和房屋管理局. 2011年6月广州市10区房地产市场运行情况通报［EB/OL］. (2011-07-15) http://www.laho.gov.cn/ywpd/scjg/tjzl/scbg/201107/t20110715_256954.htm.

广州市国土资源和房屋管理局, 广州市住房保障办公室. 广州市城市低收入住房困难家庭住房保障政策研究报告［R］. 2008-08.

广州市统计局, 国家统计局广州调查队. 2010年广州市国民经济和社会发展统计公报［EB/OL］. (2011-04-07) http://www.gzstats.gov.cn/tjfx/gztjfs/201104/t20110411_24947.htm.

广州市统计年鉴（1983-2009）［M/OL］. http://www.gzsdfz.org.cn/sqsjk/njk/.

国务院办公厅. 关于促进房地产市场平稳健康发展的通知［R］. 2010.

胡蓉. 中国城镇社会住房资源阶层分化研究［D］. 广州: 中山大学, 2010.

黄启臣. 国有企业职工住房制度的改革——广州重型机器厂职工住房调查研究［J］. 中山大学学报: 社会科学版, 1998 (4): 117-27.

吉尔·伊亚尔·伊万·塞勒尼, 埃莉诺·汤斯利. 无须资本家打造资本主义: 后共产主义中欧的阶级形成和精英斗争［M］. 北京: 社会科学文献出版社, 2008.

卡尔·波兰尼. 大转型: 我们时代的政治与经济起源［M］. 杭州: 浙江人民出版社, 2006.

李伯重. "相看两不厌"——王国斌《转变的中国: 历史变迁及欧洲经验的局限》评介［J］. 史学理论研究, 2000 (2): 148-158.

李丹. 理解农民中国: 社会科学哲学的案例研究［M］. 南京: 江苏人民出版社, 2009.

李强. 转型时期城市"住房地位群体"［J］. 江苏社会科学, 2009 (4): 42-53.

李强, 王美琴. 住房体制改革与基于财产的社会分层秩序之建立［J］. 学术界, 2009 (4): 25-33.

李宜春. 政府层级管理体制改革的实践与思考［J］. 中国行政管理, 2011 (3): 63-66.

林毅夫, 蔡昉, 李周. 论中国经济改革的渐进式道路［J］. 经济研究, 1993 (9): 3-11.

刘欣. 市场转型与社会分层: 理论争辩的焦点和有待研究的问题［J］. 中国社会科学, 2003 (5): 102-110.

刘欣. 当前中国社会阶层分化的多元动力基础——一种权力衍生论的解释［J］. 中国社会科学, 2005 (4): 101-114, 207.

刘祖云. 中国社会发展三论: 转型、分化、和谐［M］. 北京: 社会科学文献出版社, 2007.

刘祖云，戴洁．生活资源与社会分层——一项对中国中部城市的社会分层研究［J］．江苏社会科学，2005（1）：133－138．

皮埃尔·布迪厄，华康德．实践与反思——反思社会学导引［M］．北京：中央编译出版社，1998．

秦晖．国有企业产权改革的症状、病因与药方［J］．理论参考，2004（10）：25－26．

秦晖．经济转轨的"奇迹"与"困境"［J］．协商论坛，2005（1）：51－53．

秦晖．中国模式值得夸赞吗？［J］．商周刊，2010（22）：26－28．

宋博通．三种典型住房补贴政策的"过滤"研究［J］．城乡建设，2002（8）：27－29．

苏岭．中国高房价调查［M］．广州：南方日报出版社，2010．

孙景宇．理解"局部改革的陷阱"——基于国家能力的分析及其拓展［J］．人文杂志，2009（6）：75－79．

孙立平．实践社会学与市场转型过程分析［J］．中国社会科学，2002（5）：83－96．

孙立平．关于这场改革争论的几点思考［R］．北京：2006年中国宏观经济与改革走势座谈会，2006．

孙立平．维稳重在建立利益均衡机制［J］．农村工作通讯，2010（23）：40．

孙立平．中国当务之急是制约权力和资本［J］．政府法制，2011a（17）：9．

孙立平．转型社会的秩序再造［J］．学习月刊，2011b（7）：18．

王宁．中国社会变迁与转轨政策［R］．2009．

王宁．城市舒适物与社会不平等［J］．西北师大学报：社会科学版，2010（5）：1－8．

王松涛．中国住房市场政府干预的原理与效果评价［M］．北京：清华大学出版社，2009．

王松涛，杨赞，刘洪玉．我国区域市场城市房价互动关系的实证研究［J］．财经问题研究，2008（6）：122－29．

王卫国．中国楼市13年"二次房改"现端倪［N］．南方都市报，2011－03－04（A24）．

王永中．软预算约束与中国的经济增长和通货膨胀［J］．世界经济，2008（7）：26－43．

王育琨．改革以来我国住房体制的变化［J］．经济学家，1992a（5）：72－85．

王育琨．我国城市土地开发过程中的实物地租［J］．经济研究，1992b（10）：37－44．

王育琨．住房改革背景分析［J］．管理世界，1992c（5）：44－54．

谢宇．社会学方法与定量研究［M］．北京：社会科学文献出版社，2006．

杨茁．国有企业改革的制度选择及机制创新——黑龙江省国有企业改革中的困惑及问题分析［J］．求是学刊，2005（6）：57－62．

杨茁．国有企业改革中政府审计"缺位"问题分析［J］．求是学刊，2007（5）：55－59．

叶檀．中国房地产战争［M］．太原：山西人民出版社，2009．

袁媛，吴缚龙，许学强．转型期中国城市贫困和剥夺的空间模式［J］．地理学报，2009（6）：753－763．

袁媛，许学强，薛德升．转型时期广州城市户籍人口新贫困的地域类型和分异机制

［J］．地理研究，2008（3）：672－682．

袁媛，薛德升，许学强．转型期广州大都市区户籍贫困人口特征和空间分布［J］．热带地理，2006（3）：248－253．

Z大学房管处．Z大学教职工认购QLY商品房报名通知［R］．2004－06．

张高攀．城市"贫困聚居"现象分析及其对策探讨——以北京市为例［J］．城市规划，2006（1）：40－46，54．

张建君．"局部改革的陷阱"：层次性分析及理论拓展［J］．经济理论与经济管理，2008（4）：17－22．

张乐，张翼．从结论看方法：社会学研究的现实性维度思考——关于美国社会学者对中国社会分层研究的讨论［J］．社会，2008（1）：42－61．

张宁．中国渐进转轨中银行不良贷款与经济增长研究［J］．金融论坛，2005（6）：25－32，62．

赵磊，姜鹏．老公办厂获利不及老婆多买房［N］．新闻晨报，2011－10－04（A05）．

赵燕菁．1998年房改："中国奇迹"的制度因素［J］．瞭望，2008（49）：17－20．

赵燕菁．"企业政府"：税收·民主·中国模式——给张庭伟先生的复信［J］．北京规划建设，2010a（2）：158－160．

赵燕菁．投资型住宅需求与社会财富再分配［J］．北京规划建设，2010b（6）：150－152．

赵燕菁，吴伟科．住宅供给模式与社会财富分配［J］．城市发展研究，2007（5）：1－8．

中国新闻周刊．封面故事："被消失的中产阶级"［J］．中国新闻周刊，2010（3）．

周德文．最牛炒房客［M］．太原：山西人民出版社，2011．

周京奎．收入不确定性、住宅权属选择与住宅特征需求——以家庭类型差异为视角的理论与实证分析［J］．经济学（季刊），2011（4）：1459－1498．

周雪光．"逆向软预算约束"：一个政府行为的组织分析［J］．中国社会科学，2005（2）：132－143．

周雪光．权威体制与有效治理：当代中国国家治理的制度逻辑［J］．开放时代，2011（10）：67－85．

朱镕基．朱镕基讲话实录［M］．北京：人民出版社，2011．

住建部，发改委，财政部．2009—2011年廉租住房保障规划［R］．2009．

左娟，徐凤，卢韵如，等．10年前10万元首付买套三房，10年后10万元不够买卫生间［N］．南方都市报，2011－12－02（AA31）．

附录：访谈资料

1. 组织层面资料主要来源简介

D 企业后勤与人事处：《关于新建房与房改房的分配方案》（2000 年）。D 企业为厅局级单位，部属国有大型企业，高科技企业。职工可分为三类：一类为和院里签订合同的，称为 A 类职工；一类为和院下属机构签订合同的，称为 B 类职工；一类为劳务派遣职工，称为 C 类职工。B 类和 C 类职工大多为生产线上的工人。目前，该院一共有职工 2000 多人，其中正式职工（A 类）为 1000 多人，住房改革主要是针对这一类职工。根据职工入职时间享受的政策不同，可将 D 企业职工分为"老人""中人"和"新人"。文中 QD 标识的访谈资料均来自该企业管理人员与职工。

Z 大学房管处相关资料。Z 大学为教育部直属重点大学。共有四个校区，三个在广州。文中关于 Z 大学访谈对象仅限于本部（南校区）和大学城（东校区）的教师。单位层次相关材料来自 Z 大学房管处。文中标识为 SZ 访谈材料均来自 Z 大学。

G 机关为厅级单位，出于各种原因，笔者并未取得该机关房改的一些档案性文件，相关资料来自对该机关领导与公务员的访谈。文中标识为 ZG 访谈材料均来自 G 机关。

2. 个人访谈对象简介

按照相关学术规范，本文对访谈材料，特别是关于个人的访谈材料都进行了处理，剔除了涉及个人隐私的信息，并根据行文需要对一些情绪化、过于口语化的表述进行了处理。对个人访谈资料编码时，FC 代表房地产专业人士。除此之外，首字母 Q、S、Z、M 分别代表国有企业、事业单位、政府机关和市场部门（非公有部门）；T 表示体制内外的访谈对象，既包括因改制、破产重组被动流动者，也包括主动辞职流动者。第二字母 D、G、Z 分别为前述 D 企业、G 机关和 Z 大学，O 表示其他。从第三个字母起，仅为作者为方便对应相关个案的标识，如 LB 表示老板，LD 表示领导，ZY 表示职员，LZ 表示廉租，TZ 表示投资者，MF 表示正准备买房，ZF 表示租房，但并无统一规律。

（1）房地产业相关从业人员、专家：

FC001 史工程师，2011 年 11 月 23 日，房地产从业人员，国土相关单位，专业人士类型。

FC002 陈先生，2011 年 11 月 22 日，房地产从业人员，专业人士类型。

FC003 雷女士，2012 年 2 月 22 日，房地产营销人员，专业人士类型。

（2）私企老板、技术人员与工人：

MOLB001 陈老板，2011 年 8 月 20 日，"对陈老板的访谈，访谈地点：沥滘村某商场"。

MOMF001 韩苏，2010 年 3 月 26 日，"对韩苏先生的访谈，体制外、计算机专业、技术人员，同时在创业，访谈地点：康乐村"。

MOBY001 陈敏，2011 年 4 月 25 日，"对陈敏女士的访谈，新入职，本地人，民营企业"。

MOMG001 龙湘，2011 年 8 月 15 日，"对龙湘先生的访谈，××物业公司，刚毕业，外地人"。

MOTZ002 罗敏，2011 年 4 月 17 日，"对罗敏女士访谈材料，访谈地点：蒲园区"。

MOLZ001 李叔，2011 年 8 月 17 日，"对白云区廉租户李叔的访谈材料"。

（3）国有企业人员：

QDLD001 曾先生，2011 年 4 月 28 日，"对 D 企业曾先生的访谈"。

QDLD002 张总，2010 年 12 月 10 日，"对 D 企业张总的访谈，访谈地点：会议室"。

QDYG001 刘女士，2010 年 12 月 23 日，"对 D 企业刘女士的访谈"。

QDYG002 常工，2011 年 5 月 22 日，"对 D 企业常工程师的访谈"。

QDTZ001 王豫，2011 年 5 月 22 日，"对 D 企业王豫女士的访谈，投资性住房类型"。

QDFN001 小郑，2011 年 4 月 24 日，"对 D 企业小郑的访谈，新人，自购房"。

QDFN002 郝泰，2011 年 5 月 18 日，"对郝泰先生访谈资料，D 企业新人，已购房"。

QOTX001 张伯，2010 年 11 月 18 日，"对 HYJ 张伯的访谈，访谈地点：滨江东 HYJ 单位房楼下"。

QOGG001 卢先生，2011 年 3 月 22 日，"对某钢铁企业卢先生的访谈，访谈地点：芳村白鹤洞"。

QOGG002 赵先生，2011 年 3 月 22 日，"对某钢铁赵先生的访谈，访谈地点：JHY 小区"。

（4）事业单位工作人员：

SZFG001 邵湘，2011 年 11 月 6 日，"邵湘老师在'民工权益保护研讨会'上的发言"。

SZBS001 田博，2011 年 11 月 2 日，"与田博的谈话，访谈地点：海珠区某茶餐厅"。

SZTX002 黎教授，2011 年 8 月 21 日，"对黎教授的访谈，已退休"。

SZMF001 肖湘，2011 年 7 月 6 日，"对肖湘先生的访谈，购房犹豫中"。

SZFG002 张武，2010 年 11 月，"对张武老师的访谈，留学，月供"。

SHFN001 桂珍，2011 年 1 月 12 日，"对桂珍女士访谈，双方都是教师，外地人，已买房"。

SHFN002 林华南，2011 年 4 月 25 日，"对林华南先生的访谈，未婚已购房，本科，流向体制内，父母医生，广东人，访谈地点：海珠区某茶餐厅"。

SOJSF002 汪先生，2011 年 7 月 9 日，"对 H 校汪先生的访谈"。

SOZF002 汪茜，2011 年 4 月 23 日，"对汪老师访谈，其爱人从国有企业出来创业，访谈地点：金燕路"。

SZTX001 李老师，2011 年 4 月 6 日，"对 Z 大学李老师（退休）的访谈，访谈地点：Z 大学蒲园"。

SZMF002 韦教授，2011 年 7 月 16 日，"对 Z 大学韦教授的访谈，访谈地点：海珠区"。

SZTZ001 柳教授，2011年1月16日，"对Z大学柳教授的访谈，访谈地点：丽影广场"。

SZLD001 王主任，2011年5月9日，"对Z大学房管领导的访谈，访谈地点：Z大学房管处"。

SZLD002 黄女士，2011年3月21日，"对Z大学黄女士（Z大学管理房屋的行政干部）的访谈"。

SZMF003 岳湘教授，2011年11月20日，"对岳湘教授的访谈材料"。

（5）国有企业转制人员：

TOYG001 周女士，2011年5月24日，"对周女士和其女儿陈敏的访谈材料，访谈地点：江南西"。

TOLS001 刘女士，2011年5月12日，"对刘女士的访谈资料，从国有企业流向事业单位类型，访谈地点：H校办公室"。

（6）政府工作人员：

ZGLD001 梁先生，2011年5月18日，"对G机关梁先生的访谈资料，处长，访谈地点：越秀小北G机关"。

ZGLD002 林先生，2011年5月24日，"对G机关林先生的访谈，访谈地点：越秀小北G机关"。

ZGKZ003 罗先生，2011年4月25日，"对G机关罗先生的访谈"。

ZGKZ004 章先生，2011年4月16日，"对G机关章先生（科长）的访谈"。

ZGFK005 胡科，2011年5月13日，"对G机关胡科的访谈，访谈地点：天河区"。

ZOYF001 林粤，2010年12月2日，"对林粤先生的访谈材料，公务员类型，访谈地点：番禺DY新村"。

ZOJSF001 邹先生，2010年12月12日，"对S局邹先生的访谈，公务员类型，访谈地点：JS雅园"。

ZOTZ001 唐生，2010年12月20日，"对唐先生夫妇的访谈材料，访谈地点：客村太喜"。

ZOTZ002 黄女士夫妇，2011年8月20日，"对黄女士夫妇的访谈资料，访谈地点：天河珠江新村"。

下 篇
城市住房分层：基于全国调查的研究

研究报告三 城市住房分层状况研究

一、住房资源的阶层分化

迄今为止的社会分层研究主要集中在两大方面：一方面是分层结构研究，即探讨何种资源的分配差异形成了何种状态的层级结构；另一方面是分层机制研究，即探讨资源分配按照何种规则进行，并探讨这种分配机制又是如何维持或改变的。在伦斯基看来，前者是社会不平等结果的研究，主要回答"谁得到了什么"，后者是社会不平等原因的研究，力图理解"为什么会得到"。我们已有的研究大多关注市场转型过程中分层机制变化的规律和特点，较少关注阶层化（或结构化）状况或分层后果，而这在当代中国是"更具理论和现实挑战的问题"（刘精明、李路路，2005）。本研究试图利用2006年度全国综合社会调查（CGSS 2006）数据，揭示不同社会成员在住房资源占有上的表现和差异。

（一）理论背景

自从1967年雷克斯与墨尔出版《种族、社区和冲突》一书并首次提出"住房阶级"概念以来，住房就被视为代表和象征不同社会阶层的物质符号，成为学者们透视社会阶层分化的重要视角。在研究中国社会阶层结构问题时，住房也一直是一种重要的实物指标，在再分配体制下，住房是一种普遍性的单位福利（Whyte, *et al.*, 1984; Logan, *et al.*, 1993; Bian, *et al.*, 1997）。尽管当时整个社会呈现出"去阶层化"结构，但住房不平等仍是一个客观现实，只不过仅存在于占人口多数的一般群众和占人口少数的"再分配精英"之间：后者在住房面积和住房质量上都享有特权（Howe, 1968; Whyte, *et al.*, 1984; Logan, *et al.*, 1993; Bian, *et al.*, 1997; Wang, et al.，2000）。

自从1978年实行改革开放政策以来，中国社会一直并仍在经历从再分配体制向市场经济体制转型的重大变革。这一重大变革改变了整个社会的利益分配格局，进而也改写了整个社会的阶层结构，原有计划经济体制下的"农民、工人、干部"三级式阶层结构在转型期正在经历急剧的分化与重组，新兴阶层和边缘阶层的出现以及原有阶层地位的变化，使得整个社会的阶层结构从简单趋向复杂（刘祖云，1999）。经过30多年的改革历程，各阶层的社会地位和社会结构开始呈现出一定的刚性（陆学艺，2002；张宛丽，2004）。虽然学者们对中国阶层结构变化的分析和解释存在不同判断，分别提出了"层化论"（陆学艺，2002）、"碎片论"（李强，2002）及"断裂论"（孙立平，2003）等不同观点，但阶层结构的明显分化成为他们解读当下中国社会阶层结构的共识。

作为经济体制改革的一个重要部分，从1979年开始，政府通过各种政策推动住房的商品化和私有化改革。住房政策的调整和变革不仅改变了城市住房体系的结构和本质，更重要的是，同时扩大并加剧了城镇居民的住房不平等（Bian, et al., 1997；Khan & Riskin, 1998；Logan, et al., 1999；Huang, 2001；Davis, 2003；Pan, 2003；Wang, 2003；李喜梅，2003；李斌，2003；刘欣，2005；边燕杰、刘勇利，2005；Hiroshi, 2006）。尽管城市居民的住房差异是阶层差异的一个主要方面（Szelenyi 1983；Lee, 1988），但对改革进程中城市住房的研究仍显薄弱（边燕杰、刘勇利，2005）。在研究转型时期中国社会住房不平等问题时，学者们分析了不同职业阶层的住房资源占有状况，理论分析的焦点在于对权力与市场两种分配机制回报能力的检验。研究结果显示：公共权力，无论是寻租能力还是再分配能力，对于住房面积分配和购房机会的分配，都具有正向影响（刘欣，2005）。管理精英比专业精英更有可能拥有住房产权，管理精英在住房面积和住房质量上也均优于专业精英（边燕杰、刘勇利，2005）。

虽然学者们都是从阶层分化视角来研究住房资源分配，但他们的分析重点在于权力与市场两种因素对于住房分配结果的影响，即侧重住房资源分配机制的研究；相比之下，在住房分化结果和表现方面，已有的研究则涉及不多，不仅缺乏对住房分化状况进行全面而系统的勾画和分析，而且很少考虑不同制度背景下住房资源分配的代际差异。我们认为，在经历了近几年全国范围内的房价上涨之后，当下中国社会住房分化程度进一步加剧，这种分化既表现为阶层间，又表现为代际间。因此，在既有的社会阶层结构中相对清晰而又较为全面地勾画出住房资源分布的图景，从而揭示住房资源在阶层间分化的表现和程度，对于我们认识和解读当下中国社会的住房分化乃至阶层分化状况具有重要意义。

（二）分析模型与变量设计

1. 分析模型

住房分化，既可以从不同层面去探讨，也可以用不同指标来测量。本研究将从住房条件、住房产权及住房区位三个维度来探讨住房分化状况。住房条件反映了居住质量的高低，无疑是衡量住房分化的必要指标，但并非充分指标。因为在市场经济条件下，住房本身具有双重属性，它既是一种具有使用价值的必要生活资源，又是一笔具有交换价值的重要家庭财产。按照《中国房地产统计年鉴》公布的平均房价计算，在 2006 年，在北京和上海这样的大都市，一套 90 平方米的住宅价值高达 65 万~75 万元，相当于一个普通工人 30~40 年工资收入之和。因此，住房产权也是衡量住房分化状况的重要维度。此外，住房区位对于住房价值以及居民居住模式也具有重要意义，良好的住房区位往往意味着便利的交通条件、适宜的居住环境以及齐全的生活设施，因而成为决定住房价格的关键因素。如果说住房面积反映的是居住的物理空间的大小，那么住房区位则反映出了居住的社会空间的优劣，同样也构成了反映住房不平等的重要维度之一。

在分析方法上，本研究选择了潜在类别模型（Latent Class Modeling，LCM）技术。LCM 最早由统计学家 Lazarsfeld 与 Henry 在 1968 年的《潜在结构分析》（*Latent Structure Analysis*）一书中提出，是在对数线性模型基础上发展起来的一种概率模型（Probability Model）。LCM 技术起源于因素分析（Factor Analysis），但与传统因素分析的最大不同在于变量的形式——LCM 处理的是类别变量，因此它是我们研究某些社会现象的重要分析工具（邱皓政，2008）。LCM 可以从观测变量的联合分布概率的特征值中寻找某些相同特征构成潜在变量，通过联合分布的最大概率似然值求解，从而给出外显变量在各个潜在类别上的响应概率，研究者据此可以揭示出潜变量不同维度之间的基本特征。

假设有 A、B、C 三个外显变量，构成的最基本的潜在类别模型如下：

$$\pi_{ijk}^{ABC} = \sum_{t=1}^{T} \pi_t^X \pi_{it}^{\bar{A}X} \pi_{jt}^{\bar{B}X} \pi_{kt}^{\bar{C}X} \text{。} \tag{3.1}$$

式中：π_{ijk}^{ABC} 表示一个潜在类别模型的联合概率（Joint Probability，为各潜在类别概率的总和）；π_t^X 表示观察数据归属于某一个潜在变量 X 的特定潜在类

别的概率，即 $P(X=t)$，$t=1, 2, \cdots, T$；$\pi_{it}^{\bar{A}X}$ 表示属于第 t 个潜在类别的受测者对于第 A 个题目上第 i 种反映的条件概率，即 $P(A=i|_{X=t})$，$i=1, 2, \cdots, I$，依此类推。

根据以上的基本统计模型，针对本研究所确定的显示住房阶层分化的三个维度，我们的研究模型为：

$$\pi_{X_1CTQ} = \pi_{X_1} \prod \pi_{C_i} \prod \pi_{T_j} \prod \pi_{Q_k}, \qquad \text{（模型1）（3.2）}$$

$$\pi_{X_2CTR} = \pi_{X_2} \prod \pi_{C_i} \prod \pi_{T_j} \prod \pi_{R_l}, \qquad \text{（模型2）（3.3）}$$

$$\pi_{X_3CTS} = \pi_{X_3} \prod \pi_{C_i} \prod \pi_{T_j} \prod \pi_{S_n} \text{。} \qquad \text{（模型3）（3.4）}$$

2. 变量设计

住房是家庭成员共享的生活资源，因此我们的研究将以家庭为分析单位，衡量不同阶层地位的家庭所享有的住房资源差异。在数据处理过程中，我们选择了被访者家庭中的户主作为分析对象，将其作为家庭阶层地位的代表。户主，即为"户籍上的一家之主"或"户籍上一户的负责人"，也就是我们常说的"家长"，将其作为家庭特征的代表，主要基于以下两点考虑：首先，已有的阶层分化理论大多建立在个体基础之上，缺乏家庭阶层地位的分析框架，因此只能通过在家庭中选取最具代表性的个体作为家庭阶层地位的代表；其次，在家庭人口学中，户主是研究家庭结构或亲属关系等问题时的关键分析对象，按照一般的做法，男性被认定为夫妻户中的户主（曾毅、郭志刚，1994）。从中国的现实国情来看，中国户主一般以男性居多，并且家庭中男性的阶层地位通常比女性高，或至少相当，因此户主的阶层地位可以作为家庭社会阶层地位的代表。

模型 1~3 表示的是客观分层变量与住房资源三种维度变量之间的联合分布的潜类模型。其中，X_1、X_2、X_3 表示各个模型中的潜类，C_i、T_j、Q_j、R_k、S_n 分别表示的是阶层地位变量组、参加工作时期、住房条件变量组、住房产权变量组、住房区位变量组。以下对各组变量做出详细说明。

（1）C_i 变量组——阶层地位变量。

该组变量用于标示受访者的阶层地位。由于阶层分化具有多个维度，在本研究中，我们选择了三种常用的社会分层指标：职业、收入及教育程度。

职业阶层：根据职业的权力和工作自主性，家庭户主的职业被区分为管理者阶层、专业技术人员阶层、办事人员阶层、体力劳动者阶层、自雇者阶层以及无业或失业人员阶层六类（李路路，2002）。对于退休职工，我们按照其退休前的职业进行划分；对于目前仍未再就业的下岗职工，我们则将其归入无业或失业人员阶层。

收入等级：本研究选用家庭人均年收入考察收入等级。考虑到收入中的地区性差异，在此我们对收入等级做了一个有限的标准化处理：首先根据调查抽样设计所划分的地区层（北京、天津、上海、东部省会市辖区、中部省会市辖区、西部省会市辖区、东部区县、中部区县、西部区县共9层）计算各层内的人均年收入，然后根据样本家庭人均年收入与所在层人均年收入的比值，将收入划分为五等分。因此，本研究中使用的收入等级是受访者家庭在所在地区层域内的相对收入位置。

受教育程度：被调查家庭的户主的受教育程度分为三类：初中及以下、高中或相当（即包括中专、技校、职业高中等）、大专及以上（包括全日制或非全日制大专、本科，以及研究生及以上）。

（2）T_j变量——参加工作时期（入业年代）。

考虑到改革政策对于不同时期入职群体在住房获得机会的差异，我们引入了户主参加工作时间这一时间变量，从而考察制度变迁背景下不同代际的住房资源差异。中国的住房改革是伴随着经济体制改革进行的，从1979年实行向居民全价售房试点的改革开始，住房改革进入探索和试点阶段；1991年国务院办公厅下发了《关于全面进行城镇住房制度改革的意见》，标志着住房改革从此进入全面推进期；1998年国务院发布《国务院关于进一步深化城镇住房制度改革加快住房建设的通知》，宣告了全国实物性住房福利的终止。至此，住房市场化、商品化改革基本实现，住房制度改革的主要任务基本完成。因此我们将受访家庭户主参加工作的时间粗略划分为三个时期：住房改革前（1979年以前）、住房改革中（1979—1998年）、住房改革后（1999年以后）。事实上，由于各地房改政策在制定和执行上的差异，这种改革时期上的划分并不精确，但在一定程度上能够为我们比较改革前后的代际差异提供参考。

（3）Q_j变量组——住房条件变量。

该组变量用于测量居民居住条件的差异，其中包含三个变量：住房面积水平、住房户型结构以及卫生设施。

住房面积水平：本研究使用的是家庭住房建筑面积除以家庭人口数，计算出人均住房面积。由于不同地区住房水平存在地区性差异，在此我们也对住房面积水平做了有限的标准化处理：首先根据调查抽样设计所划分的地区层计算各层内的人均住房面积，然后根据样本人均住房面积与所在层人均住房面积的比值，将人均住房面积划分为五等分。因此本研究中使用的住房面积水平是受访家庭在所在地区层域内的相对住房面积水平。

住房户型结构：根据家庭房间数将住房户型结构分为四类：一居室、二居室、三居室、三居室以上。

卫生设施：卫生设施在一定程度上能够反映出住房的成套率以及住房质量，本研究将其分为三类：无独立卫生间、单个独立卫生间、两个及以上独立卫生间。

（4）R_k 变量组——住房产权变量。

该组变量用于测量居民住房产权的差异，共包含两个变量：现住房产权情况和别处住房产权情况。

现住房产权情况：根据受访者目前所居住住房的产权情况，分为六类：租赁私房、租赁公房（包括政府直管公房及单位公房）、有产权自建房、部分产权房、全部产权房（非自建）、借住或其他。

别处产权房情况：根据受访者除现住房外在别处是否拥有部分产权或全部产权住房，分为两类：别处另无产权房、别处另有产权房。

（5）S_n 变量组——住房区位变量。

该变量组用于测量居民住房所在位置及社区的差异，共包含两个变量：居住区位置、居住社区类型。

居住区位置：在住房商品化条件下，房价是衡量住房所在位置好坏的关键性指标，因此本研究通过受访者居住社区地段的房价水平来反映其居住区位置的等级。根据受访者所在社区的平均房价，相对于所在省内同级别城市的住房价格，划分为五等分。计算方法是：按照抽样设计，将样本区分为直辖市（或省会城镇）、区县两个层，并以省为单位，分别计算各省内各层的城镇住房均价（元/平方米）；以居委会为单位计算各社区地段的平均房价；然后计算社区地段均价与相应各城镇层住房均价的比值，并对这一比值加以五等分划分。在此，这一变量指的是以居委会为单位的社区在省内相同城镇中的价位序列（刘精明、李路路，2005），这在一定程度上能够反映受访者居住区的位置好坏。

居住社区类型：在 CGSS 问卷中，城市社区的类型被分成九类[①]。根据住房阶层分化研究的需要，依据社区配套设施的优劣和居住质量的高低，我们将其九类整合为三档五类：高档社区——商品房社区，中档社区——单位社区、经济适用房社区，低档社区——棚户区/老城区（街坊型社区）、移

[①] 这九类社区分别是棚户区、未经改造的老城区（街坊型社区）、工矿企业单位社区、机关/事业单位社区、经济适用房社区、普通商品房社区、高档商品房区/高级住宅区/别墅区、最近由农村社区转变过来的城市社区、移民社区。

民/农转非社区。

基于研究目的的不同，LCA 模型可以区分为探索性与验证性两种不同的操作形式。前者对于潜在类别的数目和相关参数没有设定限制，纯粹根据数据的拟合程度来决定适配模型；后者则是通过先验模型与观察数据的对比，来检验假设模型是否成立。本研究采取前一种建模方式，即采用探索性分析方法，从潜在类别数目为 1 的基准模型，逐渐增加潜在类别的数目，并逐一检验每一个模型的适配性，从而选出最佳模型。模型 3 为五潜类最佳适配，而模型 1 和模型 2 虽为六潜类最佳适配，但五潜类同样达到了良好适配的标准（$P>0.05$）。为了分析方便，在此对三个模型均作了五潜类划分的处理。三个维度的五潜类模型检验结果如表 3.1 所示。

表 3.1　各维度五潜类模型拟合度检验

维度	G^2	P	BIC	df	Para
住房条件	6763.42	1.00	66243.25	16069	114
住房产权	3932.26	0.999	71160.65	3138	99
住房区位	6051.99	1.00	86080.65	6640	109

（三）数据分析与结果

此项研究通过潜类分析方法从住房条件、住房产权与住房区位三个维度考察了家庭阶层位置与住房阶层分化的客观后果，下面将数据分析结果逐一说明。

1. 阶层地位与住房条件

利用模型 1，我们将家庭阶层位置与住房条件变量的联合列联分布采用潜类分析技术加以估计，结果如表 3.2 所示。样本被区分为五个类别，数据标示了每个类别群体在职业、教育、收入、参加工作时间、居住面积水平、户型、卫生设施等方面的分布情况。严格来说，表中显示的是各观察变量值在某潜类上的响应概率，但是我们可以用百分比来解释，这样做并不影响数据的本质，且更容易理解与说明。

表3.2 阶层地位与住房条件潜类分析

	变量	潜类1	潜类2	潜类3	潜类4	潜类5
家庭阶层地位	户主职业类别					
	负责人/高级管理人员	21.3* (0.038)	21.4** (0.021)	5.5* (0.022)	3.5 (0.020)	1.8* (0.008)
	专业技术人员	12.0* (0.043)	46.9** (0.025)	7.3 (0.049)	5.1 (0.032)	6.8** (0.017)
	一般管理人员/办事人员	10.1** (0.030)	21.1** (0.021)	10.1* (0.039)	11.0** (0.030)	12.8** (0.018)
	体力劳动者	10.3** (0.055)	8.7** (0.023)	57.9** (0.052)	47.7** (0.038)	49.1** (0.028)
	自雇者	36.6** (0.034)	1.0 (0.009)	12.6* (0.055)	6.3* (0.031)	16.2** (0.022)
	无业或失业人员	9.7* (0.037)	0.8 (0.007)	6.6** (0.018)	26.4** (0.068)	13.3** (0.030)
	户主受教育程度					
	初中及以下	45.3** (0.049)	0.0 (0.000)	39.6** (0.080)	87.7** (0.071)	55.9** (0.049)
	高中或相当	36.9** (0.040)	26.7** (0.075)	54.8** (0.061)	12.1 (0.068)	37.6** (0.041)
	大专及以上	17.8** (0.078)	73.3** (0.075)	5.7** (0.028)	0.2 (0.007)	6.5** (0.018)
	家庭收入水平					
	收入最高20%组	23.2* (0.075)	43.2** (0.037)	17.8* (0.052)	4.3 (0.047)	9.3** (0.048)
	收入次高20%组	27.9** (0.034)	27.7** (0.018)	24.7** (0.025)	11.1* (0.040)	12.3** (0.025)
	收入中等20%组	18.1** (0.028)	18.1** (0.023)	25.9** (0.037)	19.8** (0.050)	18.3** (0.022)
	收入次低20%组	15.0** (0.032)	8.4** (0.017)	21.9** (0.032)	28.8** (0.029)	20.2** (0.022)
	收入最低20%组	15.7* (0.061)	2.6* (0.008)	9.7* (0.030)	36.0* (0.018)	39.9** (0.048)

续表 3.2

变量		潜类 1	潜类 2	潜类 3	潜类 4	潜类 5
入业期	住房改革前	24.9** (0.047)	24.9** (0.035)	26.0 (0.161)	75.2** (0.094)	31.8** (0.037)
	住房改革中	56.5** (0.041)	45.2** (0.022)	60.9** (0.122)	23.5* (0.076)	49.9** (0.028)
	住房改革后	18.6** (0.027)	29.9** (0.032)	13.0* (0.045)	1.3 (0.023)	18.3** (0.028)
住房条件 / 住房人均面积水平	人均面积最高 20% 组	59.5** (0.048)	25.1** (0.029)	13.5* (0.061)	16.8** (0.044)	2.3 (0.011)
	人均面积次高 20% 组	24.0** (0.031)	22.6** (0.018)	21.9** (0.027)	16.9** (0.021)	2.2 (0.016)
	人均面积中等 20% 组	11.2** (0.031)	23.9** (0.018)	31.1** (0.024)	24.9** (0.025)	4.1* (0.018)
	人均面积次低 20% 组	3.9* (0.021)	18.0** (0.019)	24.2** (0.040)	26.7** (0.028)	14.9** (0.032)
	人均面积最低 20% 组	1.4 (0.010)	10.5** (0.016)	9.2* (0.035)	14.7* (0.050)	76.5** (0.046)
住房条件 / 户型结构	一居室	0.5 (0.007)	13.9** (0.020)	10.9** (0.025)	10.5** (0.028)	65.6** (0.056)
	二居室	7.1 (0.160)	60.8** (0.034)	77.0** (0.028)	59.1** (0.075)	29.0** (0.043)
	三居室	49.3** (0.073)	24.3** (0.034)	12.2** (0.030)	22.3** (0.029)	3.7 (0.020)
	三居室以上	43.1* (0.132)	0.9 (0.009)	0.00 (0.000)	8.1 (0.043)	1.7 (0.013)
卫生设施	无独立卫生间	4.8 (0.034)	3.7** (0.009)	4.2* (0.015)	16.1* (0.065)	53.1** (0.041)
	单个独立卫生间	62.0** (0.071)	94.8** (0.016)	95.5** (0.021)	83.0** (0.069)	46.9** (0.028)
	2 个及 2 个以上卫生间	33.3** (0.063)	1.5 (0.017)	0.3 (0.012)	0.9 (0.010))	0.0 (0.000)

续表3.2

变量	潜类1	潜类2	潜类3	潜类4	潜类5
潜在类别概率	0.102	0.230	0.297	0.227	0.144

注：括号内为标准差，$*P<0.05$，$**P<0.001$。

资料来源：CGSS 2006 调查。

潜类1：占样本总数的10.2%——居住条件最好的自雇者和高级管理人。

阶层地位：从职业上看，该类群家庭户主主要由自雇者（36.6%）和负责人/高级管理人员构成（21.3%）；家庭收入属中上水平；受教育程度总体相对较低，但也有17.8%的户主为大专及以上文化水平；且多在1979—1998年住房改革期间参加工作。由此可见，该类群主要由改革前期下海经商的中青年个体户和部分中年负责人/高级管理人员组成。

住房条件：该类群是所有类群中住房条件最好的。有近六成（59.5%）的家庭居住在人均面积最高的住房中，居住面积中等以下的仅占到5.3%；在户型结构上，有九成以上（92.4%）的家庭居住在3居室及以上的大户型中，家庭中有两个及以上卫生间的比例也达到了33.3%。

潜类2：占样本比例的23.0%——居住中上水平的白领阶层。

阶层地位：从职业上看，该类群主要由专业技术人员（46.9%）、负责人/高级管理人员（21.4%）和一般管理人员/办事人员（21.1%）所构成，即一般所谓的白领阶层；家庭收入水平在所有类群中是最高的，有近一半的人（43.2%）位于收入最高组；教育优势显著，具有大专及以上学历的占到了73.3%；从入职时间上看，该类群多为住房改革过程中参加工作的中年人（45.2%）。由此可见，该类群主要为受教育程度较高的高收入中年专业技术人员和管理人员。

住房条件：该类群的住房面积主要集中于中上水平，住房面积中等以下的仅占到28.5%；在户型结构上，以二居室为主（60.8%），但也有近四分之一的（25.2%）家庭居住在三居室或三居室以上的大户型中；尽管大户型比例较大，但在住房的卫生设施上，该类群仍以单个独立卫生间为主（94.8%）。由此结合该类群的年龄，我们推测，这些大户型的住房可能大多建成于90年代中期以前，尽管面积较大，但在卫生设施上仍然以满足基本需要即可。

潜类3：占样本总量的29.7%——住房中等水平的中年技术工人。

阶层地位：从职业上看，这一类群主要是体力劳动者家庭（占

57.9%），家庭收入多处于中等水平（25.9%）；有54.8%的户主具有高中文化水平，在体力劳动者中具有较高的受教育程度；60.9%的户主在1979—1998年住房改革期间参加工作。由此可见，该类群主要为中等收入的中年技术工人。

住房条件：从人均住房面积水平来看，该类群多处于中等水平（31.1%），最低组和最高组比例较小，呈现比较明显的橄榄球形状；从户型结构来看，大多居住在二居室中（77.0%），且住房的成套率很高，绝大部分住房配备了独立的卫生间（95.5%）；该类群居住在大户型住房中的比例很低，居住在三居室中的仅占12.2%，没有一人居住在三居室以上的住房中。

潜类4：占样本总数的22.7%——居住水平中下的中老年退休工人及无业人员。

阶层地位：从职业类别来看，该类群主要由体力劳动者（47.7%）和无业或失业人员（26.4%）构成；绝大部分在1979年房改以前参加工作（75.2%）；受教育程度在所有类群中是最低的，有近九成（87.7%）的户主仅为初中及以下水平；从收入水平来看，该类群家庭收入较低，有36.0%的家庭属于收入最低家庭，收入次低家庭也占到28.8%。由此可见，该类群主要由收入较低的退休工人和老年无业/失业人员构成。

住房条件：从人均居住面积来看，该类群属于中等偏下水平，有共计41.4%的家庭居住在人均居住面积中等以下的住房中；从户型结构上看，该类群有近六成（59.1%）的家庭居住在二居室中，有16.1%的家庭没有独立的卫生间。

潜类5：占样本总数的14.4%——居住水平最低的自雇者及老年体力劳动者。

阶层地位：从职业上看，该类群主要由体力劳动者构成（49.1%），同时还包括部分自雇人员（16.2%）和无业或失业人员（13.3%）；该类群受教育程度较低，有55.9%的户主仅接受初中及以下教育；且绝大多数在1998年以前参加工作（81.7%）；从家庭收入水平来看，该类群的收入是最低的，有近四成（39.9%）的家庭属于收入最低组别，收入次低组别的也占到了20.2%。由此可见，该类群主要为收入最低的自雇者及中老年体力劳动者。

住房条件：该类群的住房条件在所有类群中是最差的。有近八成（76.5%）居住在人均面积最低组的家庭中，人均面积次低家庭比例也占到了14.9%；从户型结构上看，该类群以小户型为主，其中一居室占到了

65.6%，且有一半以上的家庭（53.1%）没有独立的卫生间。

2. 阶层地位与住房产权

利用模型2，我们将阶层地位与住房产权变量的联合列联分布采用潜类分析技术加以估计，结果如表3.3所示。

表3.3 阶层地位与住房产权潜类分析

	变量	潜类1	潜类2	潜类3	潜类4	潜类5
家庭阶层地位	职业阶层					
	负责人/高级管理人员	30.7** (0.029)	11.3** (0.019)	3.1 (0.059)	4.1** (0.008)	1.7* (0.006)
	专业技术人员	43.4** (0.037)	44.0** (0.030)	8.4 (0.087)	5.2** (0.009)	3.7** (0.010)
	一般管理人员/办事人员	20.3** (0.035)	22.6** (0.021)	14.1* (0.066)	12.1** (0.014)	3.1 (0.010)
	体力劳动者	4.7 (0.029)	14.8** (0.026)	62.7** (0.176)	50.7** (0.027)	36.9** (0.029)
	自雇者	0.9 (0.015)	3.9* (0.014)	5.0 (0.042)	5.4** (0.012)	43.9** (0.022)
	无业或失业人员	0.0 (0.000)	3.3* (0.012)	6.7* (0.022)	22.5** (0.018)	10.8** (0.017)
	户主受教育程度					
	初中及以下	4.9 (0.027)	0.0 (0.000)	13.9 (0.167)	79.6** (0.066)	70.0** (0.039)
	高中或相当	32.8* (0.122)	25.3** (0.049)	76.4** (0.123)	19.0** (0.060)	27.5** (0.036)
	大专及以上	62.3** (0.130)	74.7** (0.049)	9.7 (0.056)	1.4 (0.008)	2.5* (0.010)
	收入水平					
	收入最高20%组	39.8** (0.088)	48.2** (0.035)	13.6* (0.040)	6.8** (0.011)	20.7** (0.024)
	收入次高20%组	32.0** (0.023)	22.1** (0.020)	23.1** (0.022)	13.6** (0.013)	23.2** (0.018)
	收入中等20%组	16.7** (0.040)	16.3** (0.020)	29.8** (0.025)	20.0** (0.014)	17.3** (0.019)
	收入次低20%组	8.7* (0.044)	10.1** (0.020)	22.5** (0.036)	24.7** (0.014)	19.5** (0.019)
	收入最低20%组	2.7* (0.011)	3.3** (0.013)	11.0** (0.032)	34.9** (0.022)	19.1** (0.026)

续表 3.3

变量		潜类 1	潜类 2	潜类 3	潜类 4	潜类 5
入业期	住房改革前	44.4** (0.068)	0.0 (0.000)	21.1 (0.114)	69.2** (0.034)	11.7** (0.030)
	住房改革中	55.6** (0.068)	31.1* (0.110)	65.6** (0.095)	28.8** (0.030)	64.4** (0.028)
	住房改革后	0.0 (0.000)	68.9** (0.110)	13.3** (0.031)	2.0* (0.009)	23.9** (0.023)
住房产权	现住房产权情况					
	私房租赁	3.4 (0.021)	26.0** (0.036)	0.0 (0.000)	1.4 (0.010)	45.2** (0.053)
	公房租赁	14.1** (0.023)	14.4** (0.019)	16.4** (0.035)	12.6** (0.011)	7.3* (0.028)
	有产权自建房	5.6* (0.020)	11.8** (0.021)	11.6** (0.042)	29.0** (0.019)	24.9** (0.041)
	部分产权房	5.9** (0.011)	4.8** (0.010)	8.0** (0.016)	4.5** (0.007)	0.7 (0.007)
	全部产权房（非自建）	68.9** (0.038)	41.5** (0.029)	63.1** (0.031)	50.9** (0.020)	16.9* (0.052)
	借住或其他	2.0* (0.008)	1.6* (0.006)	0.8 (0.008)	1.6* (0.005)	5.0** (0.011)
	别处产权房情况					
	别处无产权房	85.0** (0.038)	93.7** (0.017)	97.2** (0.013)	95.3** (0.008)	78.2** (0.024)
	别处另有产权房	15.0** (0.038)	6.3** (0.017)	2.8* (0.013)	4.7** (0.008)	21.8** (0.024)
潜在类别概率		0.140	0.125	0.184	0.354	0.195

注：括号内为标准差，$*P<0.05$，$**P<0.001$。
资料来源：CGSS 2006 调查。

潜类 1：占样本总数的 14.0%——拥有多套房的中年专业技术人员和管理者。

阶层地位：从职业上看，该类群主要为专业技术人员（43.4%）、负责人/高级管理人员（30.7%）和一般管理人员/办事人员（20.3%），即所谓的白领阶层；该类群大部分受到过良好的教育；全部在住房改革完成前参加工作；从收入上看，该类群的经济实力较强，有39.8%的家庭属于人均收入最高组别。由此可见，该类群主要为高收入的中年专业技术人员和管理者。

住房产权：该类群中居住在非自建的商品房或单位房中的比例在所有潜类中是最高的，达到了68.9%，租房者的比例仅占17.5%。除此之外，该类群中还有15%的家庭在别处另有产权房，占全部另有产权房家庭的23%。

潜类2：占样本总数的12.5%——以商品房和租赁房为主的青年白领。

阶层地位：从职业来看，该类群主要由专业技术人员（44.0%）和一般管理人员/办事人员（22.6%）构成；受教育程度在所有潜类中是最高的；从年龄上看，该类群主要为1999年住房改革基本完成后参加工作的青年人；从家庭人均收入看，该类群的经济实力最强，有近一半（48.2%）家庭的人均收入属于最高组别。由此可见，该类群主要为住房商品化制度背景下成长起来的高收入青年白领阶层。

住房产权：从现居住房的产权来看，该类群主要居住在有产权的非自建商品房中（41.5%），同时有超过四分之一（26.0%）的青年白领阶层租赁私房，有14.4%租赁公房，租房的比例共计40.4，基本和有商品房的比例持平；除了现住房之外，该类群中仅有6.3%的家庭在别处另有产权房。可见该类群尽管收入很高，但是有多处房的比例却很低。

潜类3：占样本总数的18.4%——以自有产权房为主的中年技术工人。

阶层地位：从职业类别来看，该类群主要由体力劳动者构成（62.7%），受教育程度主要是高中或相当水平（76.4%），且大多在1979—1998年住房改革时期参加工作；从家庭收入来看，该类群的收入水平居于中游，有近三成（29.8%）的家庭人均收入位于中等水平，呈现比较明显的橄榄球形态。由此可见，该类群主要为中等收入水平的中年技术工人。

住房产权：从现住房的产权来看，该类群中绝大部分家庭（63.1%）对所居住的非自建的单位房或商品房有全部产权，拥有部分产权房的也占8.0%，是所有类群中，部分产权房比例最大的；除了16.4%的家庭租住公房和0.8%的家庭借住外，该类群对现住房的自有率达到了82.8%，是所有潜类中最高的；但除了现有住房外，该类群中仅有2.8%的家庭在别处另有产权房，是所有潜类中最低的。可见该类群的产权优势仅体现在自住房上。

潜类4：占样本总数的35.4%——以单位房和自建房为主的老年工人。

阶层地位：从职业上看，该类群主要由体力劳动者构成（50.7%），同时还包括了22.5%的无业或失业人员；与潜类2中的体力劳动者不同，该潜类的受教育程度很低，有近 80% 的户主仅接受过初中及以下教育（79.6%），且多在 1979 年住房改革之前参加工作（69.2%）；从收入上看，该类群的收入水平在五个潜类中是最低的，有 34.9% 的家庭属于人均收入最低组，次低组的也占到了 24.7%。由此可见，该类群主要是在改革前参加工作，目前已退休或下岗的低收入老年工人。

住房产权：从现住房来看，该类群中有一半左右（50.9%）家庭对现居住的非自建的商品房或单位房有产权，同时有近三成（29%）的家庭居住在有产权的自建房中；该类群租房的比例并不高，仅为 14%，其中租赁公房的就占到了 12.6%。由此可见，尽管该类群的经济条件很差，但在自住房的产权上并非处于明显劣势。除了自住房外，该类群也极少有另有产权房的家庭，其比例还不到 5%（4.7%）。

潜类 5：占样本总体的 19.5%——以租房为主的中青年个体户和体力劳动者。

阶层地位：从职业来看，该类群主要由自雇者（43.9%）构成，同时还包括 36.9% 的体力劳动者；该潜类的受教育程度较低，有 70% 的户主仅接受过初中及以下教育，且大多在 1979—1998 年住房改革期间参加工作（64.4%）；从家庭收入来看，该类群的收入水平大多中等偏上，有 43.9% 的家庭人均收入处于中等以上水平，但同时也有 38.6% 的居民收入处于中等以下水平，收入分化明显。由此可见，该类群主要为中青年个体户和体力劳动者。

住房产权：该类群大多居住在租赁的私房中（45.2%），其次为有产权的自建房（24.9%）。在所有类群中，该类群租房的比例最大，达到了 52.5%，而购买非自建商品房或单位房的比例在所有类群中是最小的，仅为 16.9%。由此可见，该类群在现住房的产权获得上处于明显的劣势。尽管对现住房的自有率不高，但是该类群却是拥有别处住房比率最高的，有 21.8% 的家庭在别处另有产权房，占全部另有住房家庭的近五成（46%）。由此我们推论，该类群多为外来务工体力劳动者或个体户，因而在城市中住房自有率很低，但在别处（老家）仍拥有住房。

3. 阶层地位与住房区位

利用模型 3，我们将阶层地位与住房区位变量的联合列联分布采用潜类分析技术加以估计，结果如表 3.4 所示。

表 3.4 阶层地位与住房区位潜类分析

变量			潜类 1	潜类 2	潜类 3	潜类 4	潜类 5
家庭阶层地位	职业阶层	负责人/高级管理人员	20.8** (0.017)	2.5 (0.023)	5.7** (0.012)	3.0* (0.014)	1.4** (0.012)
		专业技术人员	45.0** (0.023)	7.1 (0.038)	8.2** (0.013)	1.1 (0.016)	3.7** (0.012)
		一般管理人员/办事人员	21.3** (0.016)	14.5** (0.032)	10.8** (0.014)	0.0 (0.000)	7.5** (0.022)
		体力劳动者	9.7** (0.021)	65.6** (0.085)	58.0** (0.019)	43.3** (0.035)	38.3** (0.039)
		自雇者	1.6 (0.016)	2.9 (0.050)	2.1 (0.014)	47.5** (0.053)	12.9** (0.036)
		无业或失业人员	1.5* (0.006)	7.5* (0.025)	15.1** (0.021)	5.0** (0.036)	36.1** (0.043)
	房主受教育程度	初中及以下	0.6** (0.011)	0.0 (0.000)	69.6** (0.029)	68.4** (0.095)	75.0** (0.038)
		高中或相当	27.3** (0.037)	89.4** (0.055)	29.6** (0.027)	27.0** (0.064)	22.1** (0.032)
		大专及以上	72.1** (0.040)	10.6 (0.055)	0.8 (0.009)	4.7 (0.043)	2.9* (0.012)
	收入水平	收入最高20%组	43.1** (0.021)	17.4** (0.047)	11.2** (0.017)	29.8** (0.054)	0.2 (0.042)
		收入次高20%组	27.6** (0.015)	22.9** (0.030)	19.3** (0.019)	30.6** (0.032)	4.9 (0.038)
		收入中等20%组	16.7** (0.014)	29.6** (0.037)	25.5** (0.022)	19.7** (0.025)	10.6** (0.029)
		收入次低20%组	9.3** (0.012)	23.0** (0.034)	24.0** (0.016)	13.8** (0.032)	26.5** (0.031)
		收入最低20%组	3.2** (0.007)	7.1* (0.028)	20.0** (0.039)	6.2** (0.051)	57.8** (0.083)

续表 3.4

	变量	潜类 1	潜类 2	潜类 3	潜类 4	潜类 5
入业期	住房改革前	23.3** (0.017)	0.0 (0.000)	63.6** (0.028)	11.8 (0.061)	49.9** (0.046)
	住房改革中	45.7** (0.018)	72.8** (0.038)	32.4** (0.025)	64.6** (0.044)	44.0** (0.036)
	住房改革后	31.1** (0.017)	27.2** (0.038)	4.0** (0.011)	23.6** (0.035)	6.1* (0.021)
住房区位 居住区位置	房价最高区	24.0** (0.014)	18.3** (0.031)	18.4** (0.014)	24.9** (0.026)	17.5** (0.021)
	房价次高区	22.4** (0.013)	23.0** (0.034)	22.7** (0.016)	18.2** (0.039)	10.3* (0.032)
	房价中等区	20.9** (0.013)	22.8** (0.035)	25.2** (0.014)	11.9** (0.021)	13.2** (0.033)
	房价次低区	17.7** (0.012)	20.7** (0.030)	21.2** (0.014)	15.3** (0.022)	23.2** (0.027)
	房价最低区	14.9** (0.013)	15.2** (0.035)	12.6** (0.018)	29.7** (0.048)	35.8** (0.062)
社区类型 低档社区	棚户区/老城区	14.1** (0.012)	17.4** (0.032)	21.1** (0.019)	29.8** (0.036)	44.2** (0.037)
	移民/农转非社区	2.1** (0.005)	3.6 (0.020)	0.0 (0.000)	20.2** (0.036)	17.6** (0.042)
中档社区	单位社区	31.6** (0.017)	31.0** (0.047)	38.6** (0.022)	8.7** (0.025)	17.8** (0.032)
	经济适用房社区	17.1** (0.012)	14.3** (0.030)	14.8** (0.021)	11.0** (0.027)	9.0* (0.045)
高档社区	商品房社区	35.1** (0.015)	33.8** (0.032)	25.5** (0.017)	30.4** (0.041)	11.4** (0.029)
	潜在类别概率	0.265	0.136	0.329	0.115	0.156

注：括号内为标准差，* $P<0.05$，** $P<0.001$。
资料来源：CGSS 2006 调查。

潜类1：占样本总数的26.5%——居住于高房价高档社区的中青年白领阶层。

阶层地位：从职业来看，该类群主要为专业技术人员（45%）、负责人/高级管理人员（20.8%）以及一般管理人员/办事人员（21.3%），即所谓的白领阶层；该类群受教育程度很高，有72.1%接受过大专及以上教育，大多在住房改革期间参加工作（45.7%）；在家庭收入上，该类群的经济实力最强，有43.1%的家庭属于人均收入最高组别。由此可见，该类群主要为高收入的中青年白领阶层。

住房区位：从居住区位置来看，该类群主要集中在房价较高区，其中居住在房价最高区的占到了近四分之一（24%），居住在次高区的也达到了22.4%；从社区类型来看，该类群有35.1%的家庭居住在高档的商品房社区，同时也分别有31.6%和17.1%的家庭居住在中档的单位社区和经济适用房社区中。

潜类2：占样本总数的13.6%——居住于中上房价的中、高档社区的中青年技术工人。

阶层地位：从职业上看，该类群主要为体力劳动者（65.6%）以及一般管理人员/办事人员（14.5%）；受教育程度多属中等水平，且全部在住房改革开始后参加工作；从家庭收入水平来看，该类群中大多属于中等水平（29.6%），收入上贫富分化不明显。由此可见，该类群主要为中等收入的中青年技术工人。

住房区位：从居住区位置来看，该类群主要居住在房价中等偏上区内，居住在房价最高区和最低区的比例分别仅为18.3%和15.2%，相对较少；从社区类型来看，该类群大多居住在高档的商品房社区（33.8%）和中档的单位社区（31.0%）中。

潜类3：占样本总数的32.9%——居于中等房价中档社区的中老年下岗或退休群体。

阶层地位：该类群是所有潜类中比例最大、人数最多的。从职业上看，该类群主要由体力劳动者（58%）和无业或失业人员（15.1%）构成；受教育程度较低，绝大多数（69.6%）仅为初中及以下水平；且大多在1979年改革前参加工作（63.6%）；从家庭收入来看，该类群的家庭收入大多属于中下水平（69.5%）。由此可见，该类群主要为收入较低的中老年退休工人或下岗工人。

住房区位：从居住区位置来看，该类群多居住在房价中等区（25.2%），居住在房价次高区和次低区的分别占了22.7%和21.2%，分化程度不明显。从社区类型来看，该类群大多居住在中档的单位社区（38.6%），是所有类群中居住在单位社区比例最大的；其次为高档商品房社区（25.5%），同时还有21.1%的家庭居住在低档的棚户区/老城区。

潜类4：占样本总数的11.5%——居住区位分化的中青年自雇者及产业工人。

阶层地位：从职业类别上看，该类群主要由自雇者（47.5%）和体力劳动者（43.3%）构成；受教育程度相对较低，绝大多数户主仅为初中及以下水平（68.4%）；多在住房改革开始后参加工作（88.2%）；从家庭收入来看，该类群的收入水平处于中上等，有30.6%的家庭属于人均收入次高组。由此可见，该类群主要为经济收入较高的中青年个体户以及中青年产业工人。

住房区位：从居住区位置来看，该类群分化显著，有24.9%的家庭居住在房价最高区，同时也有29.7%的家庭位于房价最低区，而居住在中等房价区的仅为11.9%，呈现比较明显的两极化状态。从社区类型来看，该类群有30.4%居住在高档商品房社区中，同时也有29.8%和20.2%分别居住在低档的棚户区/老城区及移民/农转非社区中。由此可见，即使该类群在经济状况上并不差，但其居住环境并不理想。

潜类5：占样本总数的15.6%——居于低房价低档社区的中老年失业群体。

阶层地位：从职业类别来看，该类群主要由体力劳动者（38.3%）和无业或失业人员（36.1%）构成。与潜类3不同的是，该类群中失业人数的比例更多，且受教育程度更低，收入水平也更低，有一半以上（57.8%）的家庭属于人均收入最低组别。由此可见，该类群主要为低收入退休工人和中老年下岗失业人员构成。

住房区位：从居住区位置来看，该类群主要集中在低房价区，其中居住在房价最低区的达到了35.8%，居住在房价次低区的也达到了23.2%；从社区类型来看，该类群中有61.8%的家庭居住在低档社区中，其中居住在棚户区/老城区的达到了44.2%，居住在移民/农转非社区中的比例也达到了17.6%。

（四）初步结论

以上我们从住房条件、住房产权、住房区位三个维度考察了住房资源在阶层间分配结果上的差异。通过综合比较以上三个维度的潜类分析，在阶层地位和住房资源变量的联合列联分布中,我们可以得出以下两点结论。

1. 住房资源的占有状况因人们的阶层地位不同而存在明显差异

从住房条件、住房产权、住房区位三者关系看,住房条件和住房区位在阶层间的分化表现得比较明显,多套房产权占有状况也有明显阶层分化,但现住房产权差异则在阶层间表现得并不明显。笔者认为,这可能是由于住房商品化改革后较高的住房自有率造成的。CGSS 2006 的数据显示,在调查的6013 户居民中,拥有现住房全部或部分产权的比例达到了 72.5%,因此,自有住房产权的阶层分化不如其他维度那么明显。

首先,住房资源的阶层分化体现在不同阶层之间。研究显示,社会成员的职业阶层与其住房条件、住房产权和居住区位表现出一定的正向关联:与产业工人等体力劳动者相比,转型时期的权力精英(负责人/高级管理人员)和技术精英(专业技术人员)在住房资源占有上具有明显优势。

从住房条件看,转型时期权力精英的居住面积更大,卫生设施与住房成套率最高,更重要的是,在多套房的占有比例上,与其他阶层的差异显著。这一点也验证了其他学者的研究结论(刘欣,2005;边燕杰、刘勇利,2005)。研究也显示,并不是所有的体制外非精英都处于住房资源分配结构的下层,在改革早期"下海"进入市场闯荡的自雇者们,虽然因处于体制外而无法享受国家和单位给予的各项住房福利或购房优惠,但这类群体的住房条件却是最好的:他们的住房面积大,成套率高,且以大户型为主。其原因至少有两个方面:一方面是因为这部分人在改革早期进入市场,并在普遍受益的改革初期首先且较多享受了市场回报,并凭借其经济实力在住房商品化过程中获得了优势住房资源;另一方面是因为该类群体的住房来源主要为自建房,无论是从其他研究(Pan,2003)还是此项研究数据看[①],自建房的平均面积均高于其他类型住房。

从住房区位看,住房区位的阶层分化体现在两个方面:社区类型和居住地段房价的分化。数据显示,一方面,居住社区类型在阶层间分化明显:职业阶层地位较高、收入较多的中青年白领阶层多居住于高档社区(商品房社区),城镇无业失业群体多居住于低档社区(棚户区/老城区),企业工人多居住于中档社区(单位社区),自雇者多居住于低档社区(老城区和移民

[①] CGSS 2006 数据显示,自有私房的平均建筑面积为 110.73 平方米,而商品房的平均建筑面积为 78.42 平方米,经济适用房的平均建筑面积为 72.41 平方米,单位房的平均建筑面积为 65.86 平方米。

/农转非社区);另一方面,住房地段房价和阶层地位也体现出一定的正向关系——权力精英和技术精英多居住于房价较高地区;无业/失业人员多居住于房价较低地区;体力劳动者多居住于房价中等地区;自雇者主要居住于房价最低地区,同时也有相当比例居住于房价最高地区。除上述一般情况外,也有一些中下阶层居住于高房价地区而部分中上阶层居住于低房价地区的特殊情况。导致中下阶层居住于高房价地区的原因是总体均价较高的城市中心地区除中高档商品房小区外,还包括街坊型老社区、陈旧的单位社区以及"城中村"社区;导致中上阶层居住于低房价地区的原因是总体均价较低的城市边缘地区除棚户区、农转非社区等低档社区外,还包括一些中高档商品房社区。

其次,住房资源的分化也体现在阶层内部,因而整个住房资源分布呈现出比较复杂的状态。我们的分析显示:由高级管理人员、专业技术人员以及办事人员所组成的所谓"白领阶层"位于住房资源分配结构的中上层,内部有一定差异,且主要体现在普通白领阶层和负责人/高级管理人员之间,后者在多套房的拥有率上具有显著优势;无业/失业人员位于住房资源分配结构的下层,内部分化程度较小,住房水平普遍较低;退休老工人以及其他老年体力劳动者住房条件最差,住房面积小,住房成套率也最低;在体力劳动者内部,受教育程度较高的技术工人与文化水平较低的非技术工人之间存在明显差异,前者无论是在住房条件、住房产权还是住房区位上,都比后者具有优势,由此可以在一定程度上验证人力资本对于住房获得的回报(边燕杰、刘勇利,2005);阶层内部分化最明显的是自雇者阶层,即"个体户"或"生意人",其中有一部分占据了住房资源的上层,在房价较高区享受大户型住房,并置办多处产业,但同时也有部分虽然经济条件不差,却仍居住在移民社区——"城中村"或老城区等房价较低区内的出租屋中。

2. 住房资源的占有状况因人们的入业年代不同而存在明显差异

据我们所知,已有研究很少甚至没有考虑住房资源分配的代际差异。为了弥补这一不足,我们的研究中加入了时间变量。分析结果显示:在"老人老政策、新人新办法"的增量改革过程中,由于政策原因,不同代际对住房资源占有的机会和方式不同,因而也影响了整个社会的住房资源分配结果,尤其体现在住房产权和住房区位两个方面。

从住房产权来看,在所有类群中,部分产权房的比例极小,租赁公房的比例也不大,这充分体现了中国住房制度改革的成果。在各个阶层内部,拥有自购房或自有产权房的比例都占多数,由此可见住房社会化、商品化改革成效显著。除了外来务工的自雇者或体力劳动者外,各阶层在现住房产权上的差别并非主要来源于阶层差异,而是来源于代际差异:无论是白领还是蓝领,青年人中租房的比例远远大于中年或老年群体。对于在住房改革前或住房改革期间参加工作的老年或中年群体来说,尽管住房类型存在阶层间差异,如收入最高的中年白领阶层和收入相对较高的中年技术工人主要居住在单位房和商品房中,收入较低的普通中老年工人或下岗失业者则大多居住在棚户区/老城区的自建房内,但他们中绝大多数居住的都是自己的房子,即拥有现住房的产权。

正因为如此,代际间住房资源的差异呈现出了一个有趣的现象:收入较低的老年退休工人以及其他老年体力劳动者在住房条件上最差,一半以上的家庭甚至没有独立的卫生间,且大多居住在房价较低甚至最低地段,但是该类群却具有较高的住房自有率;相比之下,在住房商品化制度背景下就业的青年白领阶层和收入较高的青年自由职业者虽然经济能力强、住房条件较好,也大多居住在生活便利的高房价地段,但是拥有现住房的产权的比例却远远小于前者,住房自有率最低。这种看似"没钱人有房而有钱人没房"的矛盾现象虽然一部分源于家庭财富积累上的时间效应,但更重要的是由中国特定的制度转型背景所造成的。大多数老年退休职工所居住的均为改革以前的实物型福利房。在改革过程中,为了推动住房私有化,单位往往在职工的承受范围之内,以非常优惠的价格大规模出售公房,从而使其获得住房产权,因而此类人中有产权房的比例非常大;只不过由于计划经济时代的住房水平普遍较低,所以住房条件相对较差。而当下的中青年白领阶层,在"一刀切"、终止福利房分配的政策背景下,只能按照市场价购买商品房,虽然质量更好,但成本更高,尤其是在近年来房价高涨的社会现实下,获得住房的经济成本已经超出一般家庭的承受力,因此尽管中青年白领收入较高,但是在住房自有率上却并无优势。不过尽管如此,也并不影响第一点结论的判断。因为虽然老年蓝领有房,但有的并不是好房;青年白领虽然暂时无房,但住的大多是好房,而且从长远来看,青年白领在改善住房条件以及获得更好住房产权的能力上显然要大大优于老年蓝领。

从住房区位来看,居住社区在代际间也有一定分化。一般来说,居住在低档社区(棚户区/老城区)中的居民大多为中老年低收入群体。对于房改后参加工作的中青年人来说,大部分居住在高档的商品房社区以及中档的经济适用房社区和单位社区中;但其中也有例外:文化程度较低的中青年自雇者和体力劳动者仍主要居住在低档的棚户区/老城区以及移民/农转非社区中。这也在一定程度上体现了阶层和代际之间的交互影响——与房改前的老年人相比，房改后中青年群体阶层间的社区分化更为明显。

居住社区的代际分化不仅显示出居住质量的差异，同时也体现了转型时期人们聚居模式的变迁。在改革前的计划经济时代，由于城镇职工的住房基本由单位提供，因此居民的居住区域基本以工作单位为中心，聚居方式大多是同一行业或同一单位的市民相邻而居，呈现出一种相对单一的自然产业型的社区居住模式（刘祖云，2000a）。改革开放以来，随着老城区的大规模改造、原有单位社区的改建、新兴商品房小区的兴建，原有的城市居住空间分布状况大大改变：一方面，住房制度改革终结了住房的单位供给模式，居民的居住区域不再以工作单位为中心；另一方面，住房市场的商品化使得住房价格成为城市居民选择居所的现实门槛，因而人们的聚居方式逐渐转变成经济收入水平相同或相近的市民相邻而居。由此呈现出相对复杂的阶层分化型社区居住模式。我们的研究显示，除了最低收入阶层外，商品房社区已经成为大多类群的主要居住区，以往传统的街坊型社区和单位型社区占主导的聚居模式已经逐步改变，新型社区快速成长、传统社区逐步衰落已是不争的社会事实。

住房是透视社会贫富差距和阶层分化的重要视角。尽管在制度变迁背景下，住房资源分配呈现出复杂多样的图景，但不可否认的是，住房资源的占有以及住房区位的分布已经打上了阶层分化的烙印，成为标示社会不平等的重要指标。

二、住房阶层分化的地区差异

区域结构始终是我国社会结构的重要方面（刘祖云，2000b），因此，区域差异也是在分析我国社会经济发展时不可忽视的一个重要问题。住房是关系民生的重要问题，与所在地区的经济社会发展密切相关。所谓住房阶层分化的地区差异分析，指的是将地区作为分析单位，考察住房资源分配的不平等在不同地区中的差别。

（一）住房阶层分化形成地区差异的原因

首先，从宏观背景来看，住房阶层分化的地区差异是由于我国区域发展战略的变迁而造成的。

从中国社会整体结构转型的历史进程来看，随着经济发展战略的变化，我国区域结构的历史演变经历了由均衡发展到非均衡发展的变迁（刘祖云，2000）。

1949—1978年，在均衡发展战略下，我国的区域结构的同质性大于异质性。新中国成立之初，为了迅速改变旧中国的落后状态，我国在经济上采取了赶超型工业化发展战略，其目标是追求国家的统一、社会的稳定和民族的富强，反映在区域发展战略上则是追求区域的均衡发展，在工业布局上倾向于原本相对落后的内地，并通过高度集中的计划经济体制来实施。均衡发展战略一方面有效地缩小了内地与沿海之间的发展差距，使得内地经济发展严重落后于沿海经济发展的状况有所改善；另一方面也形成了同质性相对较强的区域结构，每个区域内部都初步形成了工农业项目齐全、相对独立和完整的经济体系，区域间的经济联系也主要通过自上而下的行政计划来安排，区域间由于历史、经济、社会、民俗等原因形成的自然差异被人为缩小。

从1978年改革以来，在非均衡发展战略下，我国区域结构的异质性越来越显著。改革开放后，随着党和国家的工作重心向以经济建设为中心的转移，我国的国民经济和社会发展进入了快速发展阶段。与此相适应，我国在区域发展政策上采取了非均衡发展战略，即让条件好的地区优先发展，并依次带动条件差的地区的发展。在具体方针上，推行的是由外到内优先发展、由东向西逐步推进的区域发展政策，并在沿海城市建立经济特区，给予大量优惠政策发展经济，大大促进了我国社会特别是东部沿海地区的快速发展。在非均衡发展战略下，东部沿海地区与内陆的中西部地区的经济差距进一步扩大，同时，东部沿海地区与中西部地区的社会差别也表现得越来越明显，改革开放在一定程度上改变了不同区域间的同质性结构，区域间的异质性大大增强。改革开放以来，我国东部、中部和西部不同区域之间，无论是在产业结构、所有制结构、经济增长方式以及主导资源配置方式等经济生活的各个方面，还是在社会结构、城乡关系、人口素质、生活质量等社会生活的各个方面，都越来越表现出不同和差异。

改革后随着区域发展战略由均衡发展向非均衡发展的转变，随着不同地区之间经济发展水平差距的拉大，各个地区之间的住房投资总量、住房建设水平、由收入所决定的居民住房支付能力等方面的差异也表现得越来越明显，住房阶层分化的地区差异也在进一步扩大。

其次，从具体政策来看，住房阶层分化的地区差异也是由于房改政策的地区差异所造成的。

从1979年开始试点的住房制度改革具有两个显著特征：一方面，住房制度改革是典型的自上而下的改革，改革是在政府的主导和推动下进行的。在改革的每一个阶段、每一个环节、每一个步骤，中央政府都从政策上进行了严格的规定，出台了一系列相应的法规进行规范，掌控全局；另一方面，住房制度改革属于渐进式改革，是典型的"摸着石头过河"。在改革步骤和具体环节上，边干边学，从地方试点、扩大推广直至深化普及，因而走过了艰难、漫长的改革历程。因此，这种中央主导、地方试点、逐步推进的改革方式使得中国的住房改革在改革步骤和改革措施上都存在地区性的差异。一方面，试点改革的方式使得各地住房改革开始的时间、改革力度、具体步骤等方面都存在差异。例如我国于1982年开始实行的补贴出售公房改革，即政府、单位、个人各负担三分之一的"三三制"售房，就是首先在郑州、常州、四平及沙市四市进行试点，两年后扩大至北京、上海、天津三大直辖市，至1985年底才逐步推进至全国160个城市和300个县镇。又如以"提租补贴"为主要内容的改革，于1987年在烟台、蚌埠、唐山等城市试点，到1990年逐步推进到全国12个城市和23个县镇。另一方面，虽然改革过程是自上而下的政府主导，但是为了推动改革进程，政府逐步下放了部分权力，鼓励地方因地制宜，探索改革方案，实现政策创新，这就导致了我国住房改革多样化的局面，无论是省、市、县、区，还是街镇乃至各单位，都有各自不同的模式。

住房改革的目的是建立完善的市场化和保障性相结合的住房供应体系。由于各地房改政策的差异，不仅影响到了各地住房商品化的进展与程度，同时也影响到各地保障性住房政策的制定与实施，因而使得各地住房资源配置方式和住房资源的分配状况也存在一定程度的差异，使得住房资源分配的不平等程度和阶层分化状况呈现出地区性差异。

（二）住房阶层分化地区差异的衡量方法

住房阶层分化的地区差异分析，即对不同地区住房不平等程度进行比较和分析。虽然住房不平等早已成为学术界讨论的理论问题，但目前并没有一个被广泛认可的用于反映住房资源分配结果是否公平的住房不平等衡量指标。因此，建立一个用于反映住房分化程度的有效指标具有重要的理论意义。

目前在学术界使用得最广泛的用于衡量、比较地区收入分配差距和收入不平等程度的指标是基尼系数。基尼系数（Gini coefficient）是意大利统计学家基尼（Corrado Gini）在洛伦茨曲线（Lorenz curve）基础之上建立起来的用以衡量社会收入分配公平程度的统计分析指标。洛伦茨曲线是一条表示收入分配情况的曲线，将某一地区内的全部调查人口按收入由低到高顺序排列，并按照人数相等的原则平均分为若干组，以各组累计人口百分比为横轴，累计收入百分比为纵轴，做出表示至某一组的累计人口占全部人口收入的百分比随累计人口百分比变化而变化的曲线，即为洛伦茨曲线。洛伦茨曲线通常是一条向右下方凸出的弯曲曲线，弯曲程度越大，表示收入分配不公平的程度越大。如果将洛伦茨曲线的终点与坐标原点连接起来，得到一条直线，表示全部收入完全平均地分配在所有人口中间，没有任何分配差距，即绝对公平线（curve of absolute quality）；从洛伦茨曲线的终点向横轴作一条垂线，与横轴相交，然后再沿横轴回到坐标原点所得的一条折线，称为绝对不公平线（curve of absolute inequality），它表示全部收入集中在一个人手里，其他人毫无收入。一般实际的洛伦茨曲线总是处于绝对公平线与绝对不公平线之间。

基尼系数建立在洛伦茨曲线基础之上，其含义是指洛伦茨曲线与绝对公平线所包围的面积 A 占绝对公平线与绝对不公平线之间的面积 $A+B$ 的比重（图 3.1），用公式表示即为 $G = A/(A+B)$。由于实际的洛伦茨曲线总是落在绝对公平线与绝对不公平线之间，因此基尼系数总是介于 0 与 1 之间，并随着洛伦茨曲线弯曲程度的增大而逐渐增大。

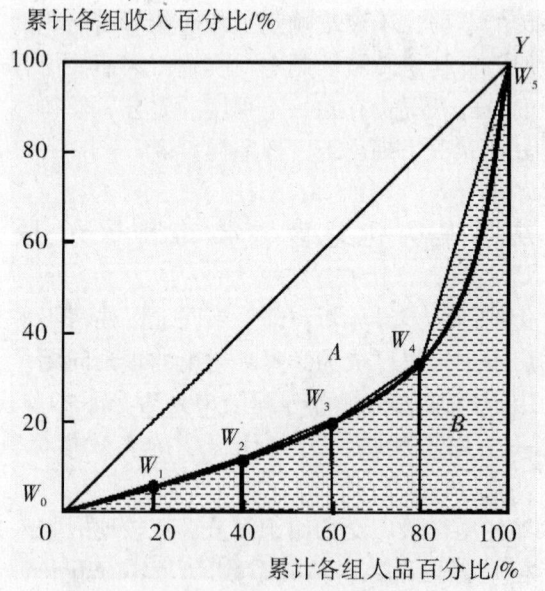

图 3.1　收入洛伦茨曲线与基尼系数的含义

尽管基尼系数反映的是收入上的差距和不平等，但是它的计算方法则为我们建立住房资源分配不平等指标提供了借鉴思路。笔者受此启发，试图借用基尼系数的思路来构建一个反映地区住房分配不平等的指标。正如收入可以反映分配差异，个人居住面积同样可以反映出住房资源分配上的差异。如果将整个社会的人均住房面积总和视为社会的住房资源总量，那么可以将该地区内的全部调查人口按个人住房面积由低到高依次排序，并按照人数相等的原则平均分为若干组，以各组累计人口百分比为横轴，累计住房面积百分比为纵轴，做出表示至某一组的累计人口占全部人口住房面积的百分比随累计人口百分比变化而变化的曲线，从而绘制出住房资源分配的洛伦茨曲线。然后在此基础之上计算出住房面积分配上的基尼系数。

如图3.2所示，曲线OY表示的就是住房资源分配的公平曲线，曲线的弯曲程度表示住房面积分配不公平的程度，而住房资源分配的公平曲线与绝对公平线OY所包围的面积A占绝对公平线与绝对不公平线之间的面积$A+B$的比重，即为住房面积分配的基尼系数，也就是反映住房面积分配公平程度的住房不平等系数，用公式表示即为$G=A/(A+B)$。与基尼系数一样，住房不平等系数总是介于0与1之间，并随着住房面积洛伦茨曲线弯曲程度的增大而逐渐增大。

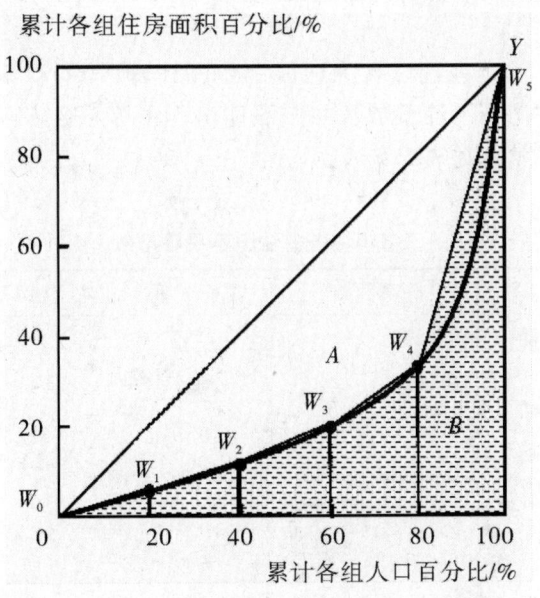

图3.2 住房洛伦茨曲线与住房不平等系数的含义

在具体的计算方法上，我们采用了一种简化的基尼系数计算方法，用于计算住房面积分配上的基尼系数。其公式如下（张建华，2005）：

$$G' = 1 - \frac{1}{n}(2\sum_{i=1}^{n-1} W_i + 1)。 \qquad (3.5)$$

式中：W_i 表示从第1组累计到第 i 组的人口住房总面积占全部人口住房总面积的百分比。式（3.5）所计算出的 G' 在计算方法上与表示收入差距的基尼系数 G 完全相同，只不过我们计算的是个人住房面积，而非个人收入，因此 G' 所显示的是住房面积分配上的不平等程度，即住房不平等系数，其解释意义与基尼系数完全相同，取值介于0和1之间，并随着住房资源分配洛伦茨曲线弯曲程度的增大而逐渐增大，表示住房资源分配不平等程度加剧。当住房面积分配洛伦茨曲线与绝对公平线重合时，住房不平等系数为0，表示社会住房资源分配绝对平均；当住房面积分配洛伦茨曲线与绝对不公平线重合时，住房不平等系数为1，表示社会住房资源分配绝对不平均。通过构建这一指标，我们就可以比较各个地区在住房分配公平程度上的差异，并可由此进一步探讨其影响因素，从而分析不同地区住房不平等程度上的差异和变化机制。

（三）住房阶层分化地区差异的比较结果

根据式（3.5），我们以省为地区单位，计算了 CGSS 调查中涉及的28个省区的地区住房不平等系数，并按照住房不平等系数 G' 由小到大顺序排列，将计算结果整理如表3.5所示。

表3.5　各省住房不平等系数

省区名称	住房不平等系数 G'	省区名称	住房不平等系数 G'
黑龙江	0.1229	广东	0.2230
甘肃	0.1488	海南	0.2289
内蒙古	0.1560	辽宁	0.2290
广西	0.1671	上海	0.2300
贵州	0.1901	天津	0.2362
山西	0.1916	重庆	0.2373
安徽	0.1996	陕西	0.2374
江西	0.2108	四川	0.2376

续表3.5

省区名称	住房不平等系数 G'	省区名称	住房不平等系数 G'
云南	0.2389	江苏	0.2858
吉林	0.2518	河南	0.2902
福建	0.2660	湖南	0.2992
山东	0.2792	湖北	0.3126
北京	0.2834	浙江	0.3202
新疆	0.2856	河北	0.3459

我们将各省住房不平等系数的计算结果用柱状图表示，如图3.3所示。从图中可以看到，在调查的28个省份中，住房不平等系数最小的是黑龙江省，住房不平等程度最低；住房不平等系数最大的是河北省，是黑龙江省的2.8倍。将28个省份按照住房不平等系数的大小排序，住房不平等程度较低的省份有黑龙江、甘肃、内蒙古、广西、贵州、山西、安徽、江西、广东，住房不平等程度中等的省份有海南、辽宁、上海、天津、重庆、陕西、四川、云南、吉林，住房不平等程度较高的省份有福建、山东、北京、新疆、江苏、河南、湖南、湖北、浙江、河北。

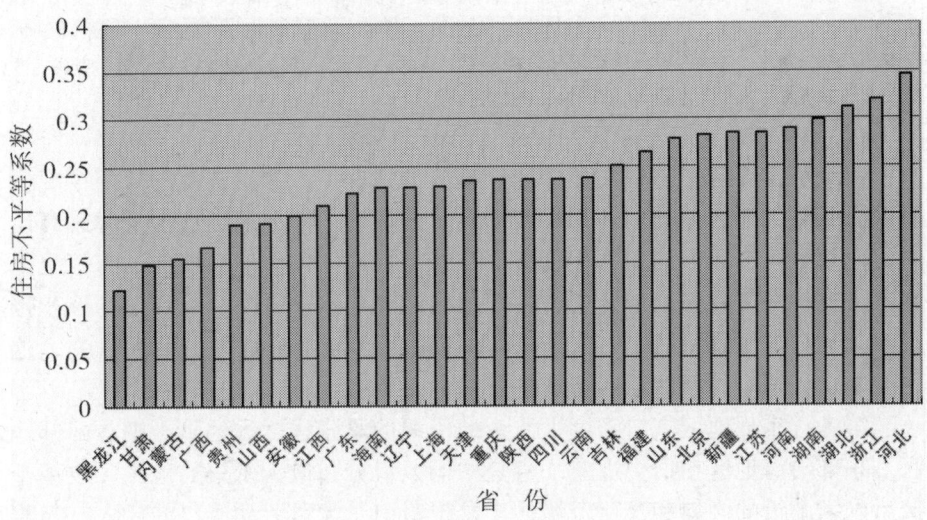

图3.3 各省住房不平等系数

从地域分布来看，东部、中部、西部地区的平均住房不平等情况如表

3.6 所示。由表中可以很清晰地看出,我国经济发展水平呈现出明显的地区差异。一方面,由东向西,地区经济发展水平呈现出由强到弱的梯度差别:东部地区经济实力最强,人均地区生产总值最高,人均可支配收入也最高;中部地区次之;西部地区的经济实力相对最弱。另一方面,地区之间经济水平差异非常显著,东部地区经济发展水平上的优势非常明显:从具体的经济发展指标来看,东部地区的人均地区生产总值分别是中部和西部地区的2.31倍和2.63倍,人均年可支配收入也比中部和西部地区分别高出了47.7%和49.1%。

表3.6 区域发展与住房资源分配情况比较

项 目	东部地区	中部地区	西部地区
人均GDP/万元	3.02	1.31	1.15
人均年可支配收入/元	14483	9803.1	9713.6
人口密度/(人/平方公里)	704.36	287.75	146.44
商品房平均价格/(元/平方米)	3902.6	1962.6	1922.7
人均住房面积/平方米	36.65	39.01	37.67
平均住房不平等系数	0.2661	0.2349	0.2104

注:根据1999年西部大开发战略定义范围,东部地区包括北京、天津、河北、浙江、上海、江苏、山东、辽宁、福建、海南、广东11个省、直辖市;中部地区包括山西、黑龙江、吉林、安徽、湖南、河南、湖北、江西8省;西部地区包括宁夏、青海、西藏、甘肃、内蒙古、贵州、新疆、重庆、云南、陕西、四川、广西12个省、区、直辖市。

在经济发展水平呈现明显的地区差异的情况下,住房资源的分配情况也呈现出明显的地区差异。表3.6数据显示,尽管东部地区经济水平远远高出中、西部地区,人们的富裕程度也更高,但是在人均住房面积的占有情况上并不占据优势。在三个地区中,中部地区的住房水平最高,人均住房面积接近40平方米,西部地区次之,东部地区略低于前两个地区。笔者认为,这主要是由于两个方面的原因造成的:

第一,东部地区人口密度大,土地资源的紧张程度远远高于中、西部地区。东部沿海地区在历史上就一直是中国人口分布最为密集的地区,改革开放后国家政策的倾斜和禀赋资源的丰富也吸引了大量劳动人口的迁入。与收入不同,住房资源的分配要受到地区土地资源量的限制,因此地区的人口密集程度也会大大影响地区住房资源分配的结果。数据显示,东部地区人口密度是中部地区的2.45倍、是西部地区的4.81倍,稠密的人口分布状况对人均住房水平产生了负面的影响,因而也在一定程度上消除了东部地区人口在住房资源占有上的经济优势。

第二,东部地区住房价格高,获得住房资源的经济成本远远高于中、西部地区。数据显示,东部地区的商品房均价比中部地区和西部地区分别高出了98.8%和103.0%。事实上,在不同地区的省会城市或大城市中,房价的差距要远远高出表中数据所显示的平均水平。由此可见,尽管东部地区的居民收入较多,富裕程度较高,但是在高房价水平下,如要获得较多的住房资源,则必须付出远远高出其他地区的经济成本。这也在一定程度上增加了东部地区居民改善住房状况、提高住房水平的难度,抵消了他们在收入上的优势。

除了住房水平呈现出明显的地区差异外,各地区住房资源分配的不平等程度也有一定差别。比较东、中、西三个地区的住房不平等系数,我们发现,地区住房不平等程度根据地区经济发展水平呈现出同样的分布趋势,经济较发达地区住房不平等程度高,经济较落后地区住房不平等程度低。具体来说,东部地区的住房不平等程度最高,中部地区次之,西部地区的住房不平等程度最低,比东部地区下降了20.9%。由此可见,虽然东部地区经济发达,但人均住房水平较低,住房资源分配的平均程度也较低;西部地区经济较为落后,但人均住房水平并不处于劣势,住房资源分配的平均程度也相对较高,居民在住房资源占有上的差异程度要大大低于东部地区和中部地区。

(四)住房阶层分化地区差异的影响因素分析

在本研究中,我们所构建的住房不平等系数显示的是以居住面积作为指标的地区住房资源在地区人口中配置的差异程度,体现了地区住房分配公平程度的差别。通过比较各省区住房不平等系数的得分,我们将东、中、西三个经济发展区域的住房不平等程度进行了比较和分析,发现住房不平等程度在不同地区之间是存在显著差异的。那么,这种差异为什么会出现?地区的住房不平等程度又会受到何种因素的影响?这些成为接下来我们将要讨论的重要问题。

1. 假设的提出

在分析造成住房阶层分化地区差异的因素时,地区市场化程度成为笔者重点考察的目标。这既是基于对中国住房改革过程的现实分析,又是基于对经济发展与社会不平等的理论思考。

首先，从中国住房改革的现实来看，地区市场化程度是决定住房资源配置方式的关键性因素。

住房作为一种重要的生活资源，其分配结果自然取决于配置方式。作为经济体制改革的一个重要部分，中国住房资源的配置方式在房改过程中经历了彻底改变，从原来的计划配给到当下的市场供应，从原来的单一供给模式到当下的多元化的供应体系。而且这种资源配置方式的改变是在市场转型的背景下展开的，可以说，市场化改革是住房改革的重要推动力，商品化也是住房改革的目标。由于中国的市场化改革采取的是一种循序渐进、非均衡性的发展策略，那么，作为市场化改革重要组成部分的住房改革，无论在改革的时间、速度上，还是改革的成效、结果上，都在很大程度上受到地区市场化改革进程的影响。因而在分析由资源配置模式所决定的住房资源分配结果时，各个地区的市场化发育程度是一个不得不关注的重要因素。具体来说，市场化程度高的地区，住房商品化程度高，在住房配置方式上，市场所起到的作用更大；市场化程度较低的地区，住房商品化程度低，在住房配置上，市场起到的作用相对较小。众所周知，由再分配机制和由市场机制所造成的资源分配不平等，其原因和表现结果是存在显著差异的。具体说来，在再分配机制下，生活资源的分配由中央统一调控，在当时"平均主义"占主导的意识形态下，社会成员在资源分配上的不平等程度相对较小；在市场机制下，生活资源的分配由市场供求关系自我调节，在"弱肉强食"占主导的市场竞争观念下，社会成员在资源分配上的不平等程度要大大增强。从住房领域来看，尽管在计划经济体制下，干部与工人之间、不同级别的单位之间也存在着住房资源占有上的显著差异，但是无论是在不平等的表现范围上，还是不平等的表现程度上，都明显要弱于市场化改革后住房不平等的状况。

其次，更重要的是，从经济发展与社会公平关系的理论来看，市场化程度是决定资源分配结果的重要因素。

在分析经济发展与社会公平的理论中，最著名的是1971年诺贝尔经济学奖得主西蒙·库兹涅茨1995年在美国经济协会的演讲中所提出的"倒U曲线"理论。库兹涅茨通过对18个国家经济增长与收入差距实证资料的分析，得出了收入分配的长期变动轨迹是"先恶化、后改进"。用他自己的话说是"收入分配不平等的长期趋势可以假设为：在前工业文明向工业文明过渡的经济增长早期阶段迅速扩大，而后是短暂的稳定，然后在增长的后期阶段逐渐缩小"。通过比较一些国家的横截面资料，库兹涅茨得出的结论是：处于发展早期阶段的发展中国家比处于发展后期阶段的发达国家有更高的收入不平等，表现在图形上是一条先向上弯曲后向下弯曲的曲线，形似颠倒过来的字母"U"（图3.4），故人们称之为"倒U曲线"。

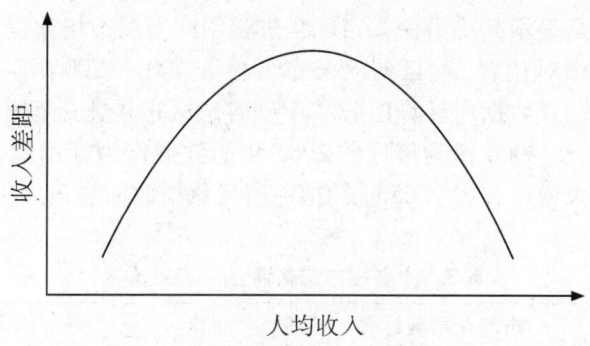

图3.4　库兹涅茨曲线

虽然库氏理论遭到了后来许多实证研究的质疑，但是这一理论仍然能为我们分析住房阶层分化差异提供有益的分析视角。中国的市场转型实际上就是从传统的计划经济体制向现代的市场化经济体制转变的过程，符合库氏理论的预设背景。根据库兹涅茨的观点，在住房领域内，在市场转型过程中，住房的不平等程度会随着市场化程度的提高而增强，在增长到一定阶段后，不平等程度会随之降低，即呈现倒"U"形的变化趋势。那么，在当下的中国社会中，地区住房不平等程度是否会随着地区市场化程度的提高，先扩大，后缩小？这是需要我们进行实证检验的重要问题。接下来，我们就将利用根据CGSS 2006结果所计算出来的数据对住房不平等与地区市场化之间的关系进行检验。

2. 变量与模型

（1）变量说明。

在本部分中，我们将利用2006年全国社会调查的数据检验地区市场化程度与地区住房不平等程度之间的关系。在此，我们以省（包括直辖市和自治区）为单位划分地区，因变量为前一小节所计算出来的地区住房不平等系数（表3.5），用其反映地区住房资源分配上的不平等程度，这一系数的取值范围在0至1之间，数值越大，反映出住房不平等程度越高。

在自变量的选择上，我们选取了"中国各地区市场化进程相对指数"来衡量各个地区市场化进程差异。这一指标由樊纲等经济学家们提出，通过比较的方法从多个不同方面对各省、直辖市、自治区的市场化的相对程度进行测度,从而对各地方市场化进程的差别做出一个大致反映。在指数体系的建立上,这套指标客观、稳定,具有持续性,基本上概括了市场化的各个主要方面,具有较好的测量效果。在此,市场化指数评分并不表示市场化的绝对程度,而只是表示某一省份在市场化进程中同当时市场化程度最高和最低的省份相比的相对位置。① 目前已公布了根据 2001—2005 年五个年份的统计数据和抽样调查数据所计算出的"中国各地区市场化进程相对指数",我们选择了与 CGSS 2006 最为接近的 2005 年的数据作为标示地区市场化程度的指标。具体来说,各省 2005 年的地区市场化指数如表 3.7 所示。

表 3.7 各省市场化评分(2005 年)

地区	市场化指数评分	地区	市场化指数评分
北京	8.62	山东	8.21
天津	8.34	河南	6.20
河北	6.41	湖北	6.65
山西	5.26	湖南	6.55
内蒙古	5.52	广东	10.06
辽宁	7.84	广西	5.82
吉林	5.86	海南	5.54
黑龙江	5.26	重庆	7.23
上海	10.41	四川	6.86
江苏	9.07	贵州	4.57
浙江	9.90	云南	5.15
安徽	6.56	陕西	4.80
福建	8.62	甘肃	4.44
江西	6.22	新疆	5.02

在比较不同地区的住房不平等系数时,我们发现,住房不平等程度较低的省份中,有广东等市场化程度很高的地区;住房不平等程度最高的省份中,包括河南、湖北、湖南、河北等中部地区市场化程度较低的省份。由此可见,地区市场化程度与住房不平等程度之间并不是简单的线性关系,从图

---

① 关于该指数的具体指标体系与计算方法,请查阅樊纲、王小鲁、朱恒鹏《中国市场化指数——各省区市场化相对进程 2006 年度报告》,中国经济改革研究基金会国民经济研究所。

3.5 的拟合线中，我们可以清楚地看到，地区住房不平等系数与地区市场化程度之间呈现出非线性关系，其表现为一个向下开口的倒"U"形曲线，即随着市场化改革的推进，地区住房不平等程度经历了一个先升后降的过程。

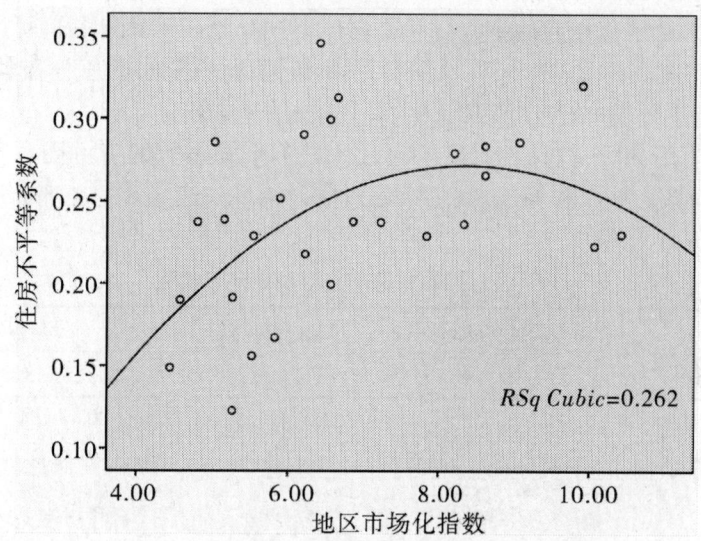

图 3.5　地区住房不平等系数对地区市场化指数的拟合

（2）模型设置与样本分布检验。

在统计方法上，我们采用的是一般多元线性回归分析。为了捕捉市场化指数对住房不平等系数的线性影响，我们设置了以下两个分析模型：

线性拟合模型：$G' = \alpha + \beta_1 \text{地区市场化指数} + \varepsilon$； (3.6)

曲线拟合模型：$G' = \alpha + \beta_1 \text{地区市场化指数} + \beta_2 \text{地区市场化指数}^2 + \varepsilon$。

(3.7)

上两式中：G' 是因变量，为地区住房不平等系数。

多元线性回归分析的核心是通过最小二乘法来考察一个随机变量与多个变量之间的线性关系。统计理论证明，在满足一定的假设条件下，样本数据的最小二乘估计是总体参数的最佳线性无偏估计。在这些条件假设中，最重要的就是针对总体回归模型中的随机误差项 ε_i 的四项假设：零均值、等方差、独立性和正态分布。因此，在对地区住房不平等系数进行回归分析之前，有必要对以上条件假设进行检验。

从统计原理来看，多元线性回归要求回归模型中的随机误差 ε 服从正态分布，即对所有 X 的取值 X_i，N 个随机变量 ε_i（$i = 1, 2, \cdots, N$）相互独立且服从同一正态分布 $Nor(0, \sigma^2)$，同时 Y_i 也相互独立且服从正态分布 $Nor(0, \sigma^2)$。在通常情况下，我们通过因变量 Y 的分布来检验回归模型中随机误差项 ε 的分布情况。因为在正态分布假定下，服从正态分布的随机变量的线性组合仍然服从正态分布，因此因变量 Y 与随机项 ε 的分布特征应当是类似的，且具有相同的方差，只是均值不同而已。因此，我们可以通过对因变量 G'，即地区住房不平等系数的分布情况，来对正态分布假设进行检验。

我们使用 SPSS 软件绘制出了地区住房不平等系数的直方图，并计算其 Skewness（偏度差）和 Kurtosis（峰态）值，结果如表 3.8 与图 3.6 所示。

表 3.8 地区住房不平等系数分布检验

Skewness	Std. Error of Skewness	Kurtosis	Std. Error of Kurtosis
-0.208	0.441	-0.271	0.858

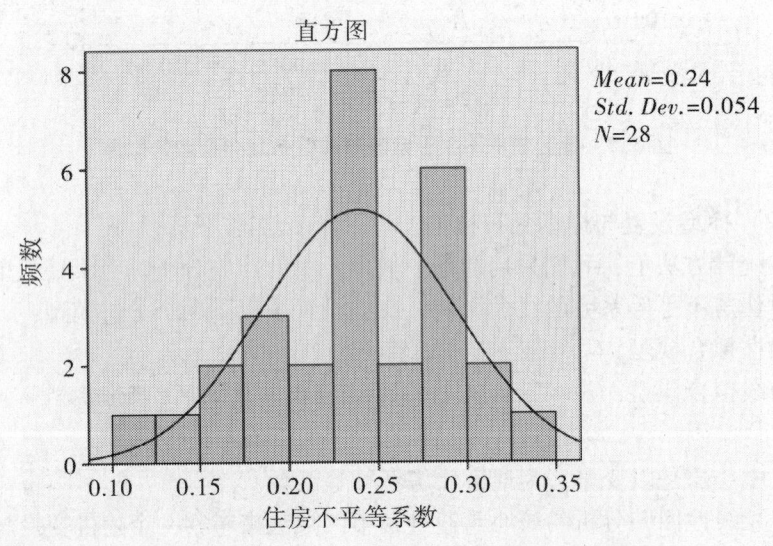

图 3.6 地区住房不平等系数

表 3.8 中的数据显示，住房不平等系数呈现轻微的负偏态、缓峰态分布，可见住房不平等系数偏大的地区要多于不平等系数小的地区，但是各地区系数变化的差异较小。这点主要是由不平等系数的计算方法决定的，所有系数都在 0.1~0.3 之间，变化幅度较小。住房不平等系数的偏度差 Skewness = -0.208，峰度值 Kurtosis = -0.271，其绝对值都远远小于其标准差的

1.96 倍（0.86 及 1.68），不能通过显著性检验。因此，地区住房不平等系数的分布与正态分布没有显著差异，符合线性回归对于因变量的要求，可以直接进行线性回归分析。

3. 数据分析结果

回归分析结果如表 3.9 所示。由表中数据可以看到，曲线拟合模型的解释力更高，有 20.4% 的方差可以通过曲线拟合模型进行解释。在曲线拟合模型中，地区市场化程度对地区住房不平等系数具有正向影响，并通过了显著性检验。而地区市场化指数的二次项系数为负数，显示地区市场化程度对地区住房不平等系数具有先扩大后降低的作用。

表 3.9　对住房不平等系数的回归分析结果

参　数	线性拟合模型	曲线拟合模型
地区住房不平等系数 G'		
截距项 α	0.153** (0.039)	-0.148 (0.171)
地区市场化指数 β_1	0.013* (0.006)	0.100* (0.049)
地区市场化指数^2 β_2		-0.006 (0.003)
个案数	28	28
F 值	5.179	4.449
df	$df_1=1$, $df_2=26$	$df_1=2$, $df_2=25$
Sig.	0.031	0.022
R^2	0.134	0.204

（五）小结与讨论

在本节中，我们试图从地区的宏观层面回答这样的问题：在非均衡发展的市场化改革背景下，住房资源分配的不平等状况在地区之间是否存在差异？这种地区性的住房不平等差异体现为何种程度？在宏观的制度背景下，地区性的住房不平等与市场化改革之间的关系如何？通过构建地区性的住房不平等系数以及通过对住房不平等系数进行回归分析，我们的结论是：

（1）在非均衡发展的市场化改革背景下，住房资源分配的不平等状况在地区之间存在显著差异。从总体上来看，从西向东，经济实力增强，市场化水平提高，住房资源分配的不平等状况也在提高。东部地区虽然经济繁荣,人民富裕,在人均住房水平上却相对较低,且住房不平等程度最高;中部地区经济发展水平虽然相对东部较低,但是其人均住房水平是最高的;西部地区虽然经济落后、人均住房水平一般,但是其住房不平等程度则是最低的。

(2)在当下中国,地区市场化的推进对于地区住房不平等系数具有先扩大后降低的作用。在市场化改革的早期,市场机制的推进会拉大住房分配差距,加剧住房的贫富分化;但当市场化改革推进到一定程度后,住房的贫富分化则会逐渐减弱。笔者认为,住房不平等程度呈现这种倒"U"形变化趋势的主要原因,一方面源于市场机制自身的特点,另一方面源于政府对住房保障的介入。在市场机制的刺激下,各地住房市场发展欣欣向荣,住房资源的建设和供给得到了极大改善,计划经济体制下住房建设低效率和住房紧张问题得到了根本性的解决;但与此同时,市场机制自身蕴含着特定的不平等逻辑。在市场的第一次分配中,资源会按照"生产要素投入"进行分配,即按照劳动力、资本、技术等因素进行分配,因此在市场主导的初次分配中,住房资源的分配差距是真实而显著的。在这样的情况下,只有通过政府的二次分配来对贫富分化问题进行调控。正如泽列尼所说,在市场经济条件下,社会不平等是由居于统治地位的市场经济制度产生的,而国家干预或再分配有助于抵消市场导致的不平等,有利于下层阶级(刘欣,2003)。从中国的现实国情来看,在市场化发育早期,政府更注重效率。当地区市场化发育相对成熟,社会不平等矛盾凸显后,社会公平也必然成为政府关注的重心,由此必然通过相关的社会政策进行干预或保障。与此同时,随着经济发展水平的提高,政府调控或保障的能力也越强,对住房资源调控或保障的效果更好,从而能在一定程度上缓解住房分化状况。以广州市为例,作为中国市场经济最为发达的地区,近年来广州市加大了对住房保障问题的关注和介入,并采取和实施了一系列行之有效的保障政策,相继出台了廉租房、限价房、经济租赁房等公共住房政策,从而有效地降低了住房不平等程度。

从研究方法来看,我们借鉴了基尼系数的计算方法,通过构建地区住房不平等系数来进行比较分析,一方面拓展了基尼系数的应用领域,另一方面也丰富了住房不平等的研究方法,在视角和方法上有一定创新。但是,由于受到理论方法和数据资料的限制,本节研究仍然存在一些缺陷:

首先,从指标设计来看,仅从人均住房面积这一指标来衡量住房资源占有的差异程度并不全面。在比较住房资源的占有状况时,面积是一个必要指标,但并不充分。与计算基尼系数所使用的收入指标不同,由于住房在所有权(产权)与使用权上的本质性差异,住房面积只能反映出资源使用量上的差异，而无法全面、准确测量出资源占有量上的差异。

其次，从分析数据来看，本项研究所使用的 CGSS 2006 调查数据是一个抽样调查数据。一方面，部分省份（青海、宁夏、西藏、台湾）由于缺乏调查数据因而无法进行计算和比较；另一方面，由于此次调查采取的是分层的四阶段不等概率抽样①，抽样的第一层级为区（县），而非省份，因而造成个别省份内所调查的地区数量相对较少，某些省内城市层级的多样性②不足，因而有可能在一定程度上会影响个别省区计算结果的代表性和准确性。

本研究通过借鉴基尼系数的计算方法，分析、比较了各个省区之间住房不平等程度的差异，并揭示了住房不平等程度与地区市场化改革进程之间的关系。尽管在理论方法和数据资料上存在一些缺陷，但仍然不失为一项有益的尝试，本项研究的分析结果对于我们从地区的宏观层面来描述并理解住房资源的分化状况具有较强的借鉴意义。

---

① 抽样层级分别为：区（县）、街道（镇）、居委会、住户和居民。其中区（县）、街道（镇）、居委会（村）三级根据"第五次全国人口普查资料"（2000年人口普查）完成抽样。

② 这里所谓的"城市层级的多样性"指的是包含省会城市、地级市、县级市等不同级别的行政区划。

研究报告四：城市住房分层机制研究

一、理论背景与研究假设

在本报告中，我们将在引入宏观地区变量的前提下，探讨个人的社会经济属性与住房资源分配结果之间的关系，试图回答"凭什么得到"的理论问题，从而揭示住房资源分配的逻辑与机制。

（一）理论背景：市场转型与权力维系的争论

回顾西方社会阶层化和社会流动的文献，人力资本论和新结构论分别影响了学界的理论命题和研究取向（陈志柔，2000）。前者认为：在工业化和开放的市场竞争中，人力资本的回报是地位取得的主要成因，市场环境的成熟度与人力资本的影响力是直接相关的（Becker, 1964; Mincer, 1974; Treiman, 1977）。与此相反的是，新结构论强调产业结构和工作组织对个人流动机会的结构性影响和限制（Kalleberg, et al., 1979; Baron, et al., 1984）。与西方理论所对应的社会现实不同，中国的市场转型是由原有的社会主义再分配体制循序转变而来，因此在分析原社会主义国家市场转型论题时，必须将分层机制置于变迁中的制度背景下来进行考察。对此，波兰尼（Karl Polanyi）从经济学角度区分了"再分配经济"和"市场经济"中不同的资源配置方式，他指出，再分配和市场是两种完全不同的经济制度：市场经济由价格特别是市场价格引导，自行组织经济生活，不受外部干涉或帮助的影响，是一种具有自律性的市场制度，生产者与消费者通过市场直接交易，产生横向联系；再分配经济的分配过程却是政治权力行使的表现，即便在政治权力基础不同的背景下，产品的生产与分配都要经历从集中、储藏到再分配这一有机过程，生产者与消费者的横向联系缺乏（Karl Polanyi,

1944)。波兰尼对于人类社会经济类型的区分对后来学者理解不同社会分层体系下的制度背景提供了有益的分类框架。

泽列尼接受了波兰尼的"再分配经济"和"市场经济"等概念，并进一步分析了"再分配经济"和"市场经济"这两种制度条件下分层机制的差异。首先，泽列尼承认了社会不平等的普遍性，即无论是再分配经济还是市场经济，无论是何种社会制度背景，社会平等与社会不平等都是对立存在的，社会平等并非再分配经济的固有属性，而不平等也并非市场经济的必然结果，占据统治地位的经济体制决定着社会分层的基本结构。这一观点打破了社会主义国家"去阶层化"的平等神话，也就是说，在再分配经济中，社会不平等仍是客观存在的社会事实：在社会主义国家中，虽然个人之间的工资差别不大，但是如果考虑到经济剩余的再次分配过程，各种以住房、福利、价格补贴等方式表现出来的非工资性收益，却在技术官僚和工人之间表现出很大的不平等。其次，泽列尼指出了社会不平等在不同制度背景下的特殊性，即再分配经济和市场经济体制下社会不平等的形成机制是有显著差异的：在市场经济国家，社会不平等主要是由居于统治地位的市场经济制度产生的，劳动者的产品和劳动力价格以市场供求关系方式确定，市场竞争产生了分配结果不平等；在社会主义国家中，社会不平等主要是由于居于统治地位的再分配制度造成的，再分配者以"非市场贸易"的方式从直接生产者手中获取生产剩余，并通过再分配过程偏向自己而形成社会不平等。最后，泽列尼指出了两种经济体制的融合对于降低社会不平等的理论意义：在社会主义国家，具有市场性质的交易能够在一定程度上抵消再分配所带来的不平等，有利于下层阶级；在市场经济条件下，国家干预或再分配则有利于抵消市场所导致的不平等。

波兰尼和泽列尼的理论为后来的研究提供了有益的分析框架，但是他们的理论并没有考虑到"再分配"和"市场"两种理想化的社会经济类型之间相互转换的可能。从20世纪80年代以来，苏联、东欧和中国所发生的一系列重大社会变革则正在上演着从再分配经济向市场经济转型的一幕，从而引起了学者们的关注。倪志伟（Victor Nee）吸收与借鉴了波兰尼和泽列尼的理论，认为市场机制在国家社会主义再分配制度下确实具有降低不平等的效应，循着这一思路，他进而提出了在学术界颇具影响但争议广泛的"市场转型论"。

倪志伟最初提出"市场转型论"时，其理论核心由一个假定、三个论题和两个假设构成（Nee，1989）。一个假定是：市场经济与再分配经济是两种完全不同的经济形态，与之相联系的有两种截然不同的社会分层机制。

倪志伟认为，向市场经济的转变将从根本上改变再分配经济中以权力作为分层机制的状况。接下来他提出三个论题：一是市场权力论题，即认为从再分配向市场的转型将导致有利于直接生产者的权力转移。这是因为当剩余不再被再分配部门垄断，而是更多地通过类市场的交易进行调节和分配时，控制资源的再分配权力将会变小，而类市场交易的权力将会增加。二是市场刺激论题，即认为从再分配经济向市场经济的转型将增强对直接生产者的刺激，报酬与个人劳动绩效紧密挂钩，个人努力的动力会更强。这一结果可能会通过更高的教育回报表现出来，因为教育是反映人类生产率的最有效指标，这意味着人力资本的经济回报提升，而权力资本的经济回报下降。三是市场机会论题，即认为从再分配向市场的过渡是再分配经济让位于市场经济的过程，这一转变过程将会带来一种以市场为中心的新的机会结构，从而开辟了新的社会流动渠道，一条不同于权力精英所走的道路。在这种情况下，传统的再分配精英将衰落，市场精英则出现再生，大批企业家尤其是民营企业家将通过市场走向社会上层，因此，倪志伟的"市场转型论"也被称为"精英再生论"。根据这三个论题，倪志伟推导出十个假设，其中必须提及两个重要的一般性假设：其一，市场转型将降低对政治权力的经济回报（简称"权力贬值假设"）；其二，市场转型将提高人力资本的经济回报（简称"人力资本升值假设"）。最初的"市场转型论"提出后，倪志伟针对来自不同学者的批评，多次撰文修正其观点。例如，他提出"局部改革"观点，强调在改革尚未完成之前，由于再分配体制仍然发挥作用，所以政治权力不会在一夜之间贬值，而是在局部改革中仍然得到一定程度的经济回报（Nee, 1991）；针对干部收入随市场改革的深化而上升的事实，他指出，"市场转型论"并没有排除各阶层收入均上升的可能性，它指出的趋向不是说干部阶层的收入与其他阶层（特别是企业主阶层）的收入相比要下降，而是说干部阶层的收入上升速度相对较慢（Nee, 1996）。尽管做出了局部修正，但倪志伟的"市场转型论"始终坚持市场转型过程改变了以再分配权力为基础的分层机制，行政精英的权力因市场转型而贬值的基本论断。

"市场转型论"一经提出，就一直面临各种质疑与挑战。总的来说，争论的焦点在于如何评价转型经济中再分配权力及其收入回报的变化。再分配权力究竟是随着市场改革而日益衰落呢，还是以其他方式仍然发挥效力？假定它是持续存在并发挥效力，那又该如何解释它与市场经济的相容性？概括来说，这些质疑的观点可以概括为"权力持续论"（power persistence thesis）和"权力转换论"（power conversion thesis），这些反对的声音基本上都强调制度转型中，再分配的权力优势和再生能力（陈志柔，2000），同时也强调再分配精英上层地位的延续。具体来看，这些观点中，有的强调改革过程中官僚体系内部的权力消长和地方政府职能的强化（Walder, 1995; Oi, 1999），有的验证了官僚干部权力和政治资本在改革后的延续与扩大（Bian, et al., 1996），有的侧重政治权力转化为经济资源的过程（Rona-Tas, 1994），有的强调政治市场的产生和变迁过程（Parish, et al., 1996）。总而言之，这些反对"市场转型论"的观点都主张，在市场改革过程中，再分配权力仍然具有延续性，而且政治权力不仅为某些群体在官僚体系内部发挥作用，也会转换成市场经济中的有价资产，可以待价而沽。因此，市场改革的最大受益者并非直接生产者，反而是官僚体系中的干部（陈志柔，2000）。

已有的研究显示，对于中国城市地区社会阶层化机制的研究，基本上学界的实证发现可以归纳为以下几点：第一，人力资本的显著回报。个人的能力技术（以教育程度和职业类别为指标）对于个人的收入具有正面的回报，显示用人唯才、讲究人力资本的市场机能的确主导了经济资源的分配过程。与改革以前"齐头式"平等的平均主义相比，人力资本对于资源分配的显著影响，间接支持了"中国迈向开放与公平的社会制度"的命题。第二，非公有部门的显著回报。非公有部门（包括股份制、"三资"企业、私营企业、个体）从业人员的收入回报显著高于公有部门（包括机关、国有企业、集体企业等）从业人员。非公有部门是市场改革后的新兴产权模式，非公有部门的产销运作、人力雇佣等企业行为，多以竞争市场的利润考量为核心。但与此同时，已有的实证研究也发现了再分配体制下官僚制度的持续性，"市场转型论"所预测的官员权力削弱、资源下降的现象并没有发生；反之，政治资本、职位权力以及单位分配对于个人的收入和福利仍存在显著影响。

市场机制强调个人能力与开放竞争的游戏规则，再分配机制则看重政治权力和组织资源，在市场转型过程中，这两种制度在中国城市社会的消长，恰恰可以从住房资源的分配上一窥究竟。

在计划经济时代，单位是政府实行有效管理，以及城市人民获取生活满足与保障的主要渠道，单位制也是个人资源分配与地位流动的主导机制，具有经济、社会与政治等多种功能。个人除了从工作单位获取工资外，更依赖工作单位获得住房、子女教育等福利资源。在住房私有化改革之前，国家给单位划拨住房建设资金，城镇职工通过单位租住廉价的公共住房。在单位之间，由于住房建设资金来自政府拨款，因此反映出国家财政序列的单位级别就对住房分配具备重要意义（Walder, 1992），单位级别越高，财政拨款越多，住房建设资源也就越充裕；在单位内部，由于分配的决定权在于各个单位内部，掌握再分配权力的政治精英完全有能力、有机会保障自己在住房资源的占有上的有利地位，因而干部和工人、高级专业人才和低级技术工人之间在住房上的差异和分化是真实而显著的（Wang, et al., 2000）。

在市场转型过程中，单位逐渐退出了住房建设和分配领域，至1998年取消单位福利分房后，房地产市场已成为住房供给的主导机制。按照倪志伟的"市场转型论"的逻辑，新兴的房地产市场对于再分配情形下的城市住房分化具有平等化效应。根据市场权力论题，与传统的单位制垄断住房建设与住房分配的情形不同，住房市场化改革开辟了不为国家控制的新的住房资源分配渠道，在市场机制运作下，控制住房资源的权力会更多地存在于类市场的交易中，而较少地存在于再分配经济中。根据市场刺激论题，由于市场机制强调个人能力与开放竞争的游戏规则，因此住房资源的占有状况更多地取决于个人在市场上的竞争能力与支付水平，而非市场之外的再分配权力与组织资源。在市场激励下，教育回报上升，权力资源回报下降，因此教育对于住房资源的获得的影响得以增强，而权力资源对于住房资源的获得的影响逐渐式微。总而言之，市场转型过程会逐渐降低再分配体制下权力精英与一般生产者之间在住房资源占有上的不平等，从而创造一个能力导向的更加公平和开放的住房供应系统。

然而当前中国的社会经济状态，既不可能像波兰尼所描绘的那样，是一个完全自律的市场经济体系，也不可能像韦伯和新韦伯论者的分层理论所预设的那样，存在一个完善的市场机制，财产、资格证书、劳动力等资本都通过市场化的方式来表达，而一切非理性的干预，包括权力、特权的干预，都被赶出了市场体系（Weber, 1968; Giddens, 1973; Goldthorpe, 1987）。中国的市场从一开始，就是在政府的引导和干预下发育的。各种权力和特权不仅没有被赶出市场，相反，权力机构和享有特权的人常常捷足先登（Walder, 1996）。已有的关于住房资源分配的实证研究也显示，单位制和再分配权力仍然对住房资源的分配产生重要影响。除了学界的调查和学术分析外，中国的新闻界和知识界也频繁报道及批判住房领域内的钱权交易、贪腐违规现象。特别是近五年房价飞涨期间，领导干部以权谋私、违规集资建房、利用职权低价购房等违法行为时有见诸报端，造成了很坏的社会影响，以至于中央纪委监察部要特发通报，要求各地区各部门严肃查处并坚决纠正领导干部在住房上以权谋私的行为。[①] 尽管领导干部的权力收入、灰色收入

[①] 《中央纪委通报信阳市国土资源局、景德镇市民政局违规建房问题，要求各地区各部门严肃查处并坚决纠正领导干部在住房上以权谋私的行为》，http://www.gov.cn/jrzg/2009-02/11/content_1228223.htm, 2009-11-25。

或非法收入无法借由社会调查或统计资料得到精确的检验,但是社会现实显示,政治权力的运作并没有独立于市场的场域之外,干部也未必是市场转型的失意者,相反,住房市场成为他们寻租和滥用职权的重要领域。当下中国的住房市场,并非起到了消减再分配体制下住房不平等的作用,在实现了商品化的住房供给体系中,再分配精英和一般群众之间在住房资源上的分化仍然是真实而显著的,与计划经济时期相比,这种分化随着市场转型而进一步加剧。

市场转型下的中国经历着资源分配机制的变迁,同时也表现出地区之间的制度差异和发展不均。地区并不仅仅是一个场域上的概念,而是一个特定的制度环境(陈志柔,2000)。中国长期以来的计划经济模式、政策倾斜措施、再分配制度以及人口流动限制等,已经造成了各地区之间泾渭分明的产业形态和资源结构。市场转型以来的不均衡发展战略更加强化了区域之间的分化与差异,形成了自成一系的制度环境,从而影响了各个地区住房市场的发育与成长。因此,在研究住房分化机制的问题时,绝不能对市场化改革区域的差异性视而不见。

(二) 理论命题和研究假设

通过对以上理论背景的回顾与整理,大致勾画出了市场转型以来社会分层机制的变迁轮廓:改革后兴起的市场机制与既有的权力和再分配机制,对于资源财富分配都具有影响,而地区差异更是一个不可忽略的宏观因素。随着福利分房制度的终结、住房商品化改革的基本完成,特别是经历了从2000年以来房地产市场的飞速发展和不断高涨的房价的洗礼,已有的对20世纪90年代后期住房分化的文献和经验研究已经不能完全解释当下中国的住房不平等现状。因此,对当下中国住房资源分配机制的研究,具有重要的理论和现实意义。

面对市场转型和权力维系之间的理论争辩,住房提供了一个有益的观察视角。按照"市场转型论"的逻辑,在住房资源的分配体系中,随着市场机制的进入和主导,原计划经济体制下再分配精英在住房资源占有上的优势将逐步下降,而体现在教育回报上的人力资本对住房资源的获得优势将逐渐上升。在市场经济体制下,原有的再分配权力精英与一般生产者在住房上的不平等将逐渐降低,市场能力的差异成为决定住房资源占有量的关键因素。然而,按照"权力维系论"的观点,权力资源对于住房资源的占有优势并不会随着住房改革所降低,在当下的住房商品化制度中,原有的再分配权力单位和再分配权力精英仍然占据住房优势，再分配权力对于住房资源的回报要高于市场能力。笔者认为，首先，我们应该肯定市场化改革对于住房资源生产效率的显著作用。在房地产市场的蓬勃发展过程中，居民的住房水平显著提高；在私有化改革推动下，居民的住房自有率也显著提高。但是，这种市场化改革并非自觉淡化了再分配体制下的不平等，事实上，政府主导下的住房市场化改革从改革的两个面向都朝着有利于再分配精英的方向进行：第一，公房私有化改革以保证有房者的既有利益为出发点。按照规定，原公房的占有者拥有优先低价购置现住房的权力，在再分配体制下获得优势住房资源的权力精英通过私有化政策合法地将租住权升级为所有权，成为受法律保护不可侵犯的私人财产，从而将再分配体制下的住房优势固化。第二，住房商品化市场并非完全脱离了国家再分配权力的干预和控制。事实上，中国当下的房地产市场与地方政府之间已经形成了错综复杂、讳莫如深的利益关系网。1998年拉动内需的政策导向，使得以住房为主的房地产业成为我国国民经济的支柱产业。开发商建房要向地方政府缴纳高额的土地出让金，地方政府则通过"卖地"壮大财政预算外收入。在很多地区，土地财政早已超过预算收入，成为经营城市、发展 GDP 的不二法宝。在经济利益的驱使下，国家和地方官僚必然持续介入房地产市场的经济活动。在此，中国的住房市场已经形成了如白威廉和麦谊生所谓的"政治市场"（Parish，1996），掌权者所掌握的参与政治市场的讨价还价能力使得他们在转型过程中能够获得更多的好处，而不是使其权力贬值。综上所述，笔者提出了两个基本命题：

第一，**市场刺激命题**。这里所谓的市场刺激命题指的是市场化改革能够有效提高住房的建设效率，增加住房资源的供给总量，但同时也会扩大住房资源的贫富分化。众所周知，推动中国住房改革的主要原因就是计划经济时代长期以来的住房建设效率的低下、住房建设资金不足等问题。在住房市场化改革过程中，政府通过采取一系列措施，如推动公房私有化、取消单位福利分房、提高职工工资和住房补贴、建立住房公积金制度、培植和扶持房地产市场的孕育和发展等，逐步打破了计划经济时期国家和政府对于住房建设的垄断，建立了以市场为主体的住房供应系统，从而大大提高了住房建设效率和住房供应总量。

从纵向的时间历程来看，我们将历年来城市人均建筑面积统计如表 4.1 所示。从表中可以清楚地看到，随着市场化改革的推进，经济发展水平的提高，城市人均建筑面积得以不断提高，人们的居住水平有了很大改善，这在很大程度上归功于市场化改革下效率的增长。

表4.1 历年城市人均建筑面积统计

单位：亿平方米、平方米

年份	城市新建住宅面积	城市人均建筑面积	年份	城市新建住宅面积	城市人均建筑面积
1978	0.38	6.7	2000	5.49	20.3
1980	0.92	7.2	2002	5.98	22.8
1986	1.93	12.4	2003	5.50	23.7
1994	3.57	15.7	2005	6.61	26.1
1998	4.77	18.7	2006	6.30	27.1

资料来源：《中国统计年鉴（2008年）》，表9-35。

从横向的地区层面比较来看，2006年全国各省人均住宅建筑面积统计如表4.2所示。

表4.2 各省人均住宅建筑统计（2006年）

单位：套、平方米

地区	城市住宅套数	城市人均建筑面积	地区	城市住宅套数	城市人均建筑面积
北京	176488	26.65	山东	284830	27.63
天津	108089	26.05	河南	108388	26.05
河北	109281	26.82	湖北	129462	26.07
山西	51137	25.91	湖南	109733	27.04
内蒙古	111455	24.75	广东	292879	27.75
辽宁	275528	23.02	广西	79175	23.96
吉林	86789	23.04	海南	8360	25.19
黑龙江	128994	22.63	重庆	154727	31.36
上海	260838	34.83	四川	232235	28.15
江苏	378098	29.96	贵州	43573	22.00
浙江	234348	37.18	云南	69360	28.24
安徽	153082	23.99	陕西	59697	24.60
福建	96370	32.56	甘肃	33743	24.13
江西	120531	26.14	新疆	56310	23.01

注：人均指标按城区人口与暂住人口之和计算。

资料来源：《中国统计年鉴（2007年）》，表10-14。

从某种程度上说，在非均衡发展的改革进程下，一个地区的市场化程度越高，则该地区的住房改革就推进得越深入，住房市场也发育得更完善。住房改革越深入意味着公房私有化推行得越彻底，住房货币化改革覆盖得越广泛，而住房市场发育得越完善，则意味着住房资源的供求越平衡，住房投资的回报越稳定。除此之外，地区的市场化程度越高，居民的收入水平越高，对住房消费的支付能力也越强。由此可见，地区市场化程度在一定程度上能有效刺激居民的住房需求，提高居民的住房自有率和住房投资意向。

在考虑影响居民住房资源的宏观变量时，除了地区市场化程度之外，住房价格也是一个不可忽略的影响因素。当住房成为商品后，价格就成为衡量住房价值的重要指标。在本研究中，我们将价格作为一个重要的控制变量进行控制，主要基于以下两点考虑：首先，价格反映出了供求关系，因此与地区的人口规模、城市面积、土地供应量等地区因素密切相关，在一定程度上能够补充地区市场化程度所不能衡量的宏观因素；其次，房价与地区市场化程度在一定程度上相关，但却并非完全由市场化程度决定，且市场化指数的内涵更为丰富，包括政府与市场的关系、非国有经济的发展、产品市场的发育、要素市场的发育、市场中介组织和法律制度环境等多方面内容（樊纲等，2007）。在现实生活中，地区房价的波动和变化往往会对居民的住房资源占有产生较大影响。因此我们在分析中，必须控制房价因素的影响，从而更为清晰和稳定地考察由市场化程度所反映的制度环境对于住房资源供给的影响。

由此，在控制地区房价的情况下，根据市场刺激命题，我们提出了以下三个假设：

假设一：地区市场化的推进能够提高居民的住房水平。

假设二：地区市场化的推进能够提高居民的住房自有率。

假设三：在一定时期内，地区市场化的推进会扩大住房资源的贫富分化（已通过检验）。[①]

第二，**权力优势命题**。所谓的权力优势命题，指的是在市场转型过程中，再分配权力资源仍然保持着对住房资源的占有上的优势。在计划经济体制下，再分配权力机关拥有优势住房资源，在公房私有化过程中，这些住房资源合法地成为再分配权力精英的家庭财产。随着住房市场化改革的推进，尽管单位制应逐步退出住房供给体系，但是改革中政策规定的抽象性和模糊性仍然使得掌握土地和住房建设资源的权力单位有机会为自己谋求有利的住

---

① 假设三已经在"研究报告三：城市住房分层状况研究"中通过检验。

房资源：在权力机关工作的再分配精英不仅享受较高的住房补贴和货币福利，从而增强了商品房的支付能力，同时也更有机会以低于市场的价格获得具有政策补贴性的住房（如单位自建经济适用房、单位集资房、政府经济适用房等）。在权力优势命题下，我们可以推导出以下假设：

假设一：拥有再分配权力的政治精英的住房水平更高。

假设二：拥有再分配权力的政治精英的住房自有率更高。

假设三：再分配权力对住房资源的回报要高于人力资本。

（三）总体研究模型与变量设计

在分析方法上，我们采取了多层线性模型（Hierarchical Linear Modeling）分析方法。该方法主要适用于多水平的、多层的数据结构，简单来说，其运算原理可以被称为"回归的回归"（regresson of regresson），即把属于不同集群与层级的嵌套样本视为不同的回归模式，先在个体层次上进行回归分析，然后再将回归系数作为统计量与第二层所观察的变量混合在一起，进行新的回归分析。虽然多层线性模型的参数估计方法与进行两次回归的方法在概念上相似，但是它们的统计估计和验证方法不同。大多数线性分析依靠的是最小二乘估计（ordinary least squares estimation，OLS）方法进行参数估计，而多层线性模型所使用的是收缩估计方法（shrinkage estimation），比前者更为稳定或精确，从而可以有效地区分个体效应和背景效应，解决一般回归模式忽略数据嵌套关系、遗失重要自变量的问题（张雷、雷厉、郭伯良，2003）。

多层线性模型的基本形式包括三个公式：

$$Y_{ij} = \beta_{0j} + \beta_{1j} X_{ij} + \gamma_{ij}, \quad \beta_{0j} = \gamma_{00} + \mu_{0j}, \quad \beta_{1j} = \gamma_{10} + \mu_{1j} \circ \quad (4.11)$$

式中：下标 i 代表的是第一层的单位，如个人；下标 j 代表的是第一层的个体所隶属的第二层的单位，例如城市或省份；γ_{00} 和 γ_{10} 分别是 β_{0j} 和 β_{1j} 的平均值，而且它们在第二层的单位之间是恒定的，是 β_{0j} 和 β_{1j} 的固定成分；μ_{0j} 和 μ_{1j} 分别是 β_{0j} 和 β_{1j} 的随机成分，它们代表第二层单位之间的变异。

对于随机成分，其方差和协方差表述如下：

$$Var(\mu_{0j}) = \tau_{00}, \quad Var(\mu_{1j}) = \tau_1, \quad Var(\mu_{0j}, \mu_{1j}) = \tau_0 \circ \quad (4.2)$$

在本研究中使用多层线性模型来分析住房资源的分配机制是非常必要的。

首先，从研究数据结构来看，基于现实的考虑，CGSS 2006 抽样调查和其他大规模问卷调查一样，采用的并非完全简单随机抽样方法。CGSS 2006

调查采用的是四阶段分层不等概率抽样,即先根据 2005 年"第五次全国人口普查资料"抽取区(县)、街道(镇)、居委会三个层级的样本,然后再在实际调查中抽取住户和居民样本。这种抽样方式实际上是一种多阶段的随机集群抽样(multi-stage radom cluster sampling),同一个集群内的个体之间可能存在一定的关联。如果按照一般回归模型的设计,并未考虑到除了个体数据外的其他因素,将集群内部之间的关联和集群之间的差异通通归为残差项,则会导致分析模型遗漏重要变量,或是忽略要控制的因素,导致残差项不再具有独立性的特征,从而严重违反了回归模式的理论假设。笔者也曾使用一般线性回归模型进行相关分析,但残差分析结果显示,统计量 DW 值严重偏离正常值 2,显示出明显的误差序列相关。由此可见,如果使用一般线性回归模型进行分析,无法满足模型误差项间独立性的假设,因此无法进行正确和有效的数据分析。

其次,从中国社会的现实情况来看,地区差异是影响个人住房资源获得的一个不可忽视的重要因素。地区不仅是一个地域概念,同时也是一个制度环境,它会影响到经济制度的运作及其社会后果。除了资源禀赋和文化传统等因素外,长期以来,中国的非均衡发展战略也进一步强化了地区之间制度性差异,从而影响到住房资源的分配机制和分化结果。因此,地区的制度特性成为制度转型过程中,解释社会后果的一个重要的中介因素(陈志柔,2000),在进行分析时,绝不能对地区差异视而不见。而多层线性模型可以将高于个人层面的,由部分个体共享的地区层面的情景变量纳入回归分析的模式中,可以弥补一般线性回归模型对于这些变量的忽略。

在自变量上,我们的解释变量分为个人和地区两个层面。其中在个人层面用于解释住房资源拥有情况的主要解释变量分为两类:一是人力资本变量,包括个人受教育程度、是否拥有技术职称;二是权力资本变量,包括是否具备国家行政级别、是否在体制内就业。除了主要的解释变量外,模型中还包括性别、年龄、收入、户口等常用的控制变量。地区层面的解释变量为地区市场化指数,控制变量为地区住房平均价格。

在因变量上,我们使用了两个指标来衡量住房资源的占有状况:住房面积与住房产权,分别对这两个因变量进行回归分析。考虑到产权归属等不同情况,我们除了对整体样本进行分析外,还分组别对不同组群进行了分析,具体分析模型将在后文中详细介绍。

二、对住房面积的多层回归分析

住房面积，是在评价居住水平时最为常用的衡量标准，在一定程度上反映了人们住房资源享有量上的差异。在本部分中，我们将以人均住房面积作为因变量，考察个人的社会经济状况及地区制度环境对于住房资源享有量的影响。

（一）变量说明及假设检验

1. 变量说明

该部分模型中的因变量为家庭人均住房面积。住房面积以平方米为单位，反映了居住空间的大小，是体现居住条件的最重要的指标。用家庭人均住房面积作为因变量，可以有效反映个人住房资源拥有量上的差异。

该部分模型中的自变量分为个人和地区两个层次。根据研究假设，地区层面的解释变量为地区市场化相对进程指数。为了剔除由于地区房价差异造成的影响，我们同时引入了地区住房平均价格作为控制变量，在此我们将各地区 2006 年的商品房平均价格作为控制变量[①]。

个人层次的解释变量主要包括两类。一类是反映人力资本的变量——受教育年限。在问卷中，采取的是较为保守的做法，把受教育程度当作定类变量。我们将受教育程度转变为定距变量，从而减少自由度，便于进行地区差异分析。另一类重要的解释变量是反映权力资本的变量——干部身份、单位性质。这两个变量都是二分变量：干部身份指的是个人是否具备国家行政级别，若具备，则为 1；单位性质指的是个人所在单位的所有制形式，1 为体制内的国有单位。以往的研究中，党员身份往往被视为权力资本测量变量；但笔者放弃该做法，而选择是否具备国家行政级别作为测量干部身份的指标。因为现实国情显示，并不是所有的党员都处于再分配权力序列当中，其中相当一部分党员仍是普通群众，并未享受再分配权力带来的各种优势；只有那些进入国家权力体系，纳入国家行政编制的干部，才真正能够享受再分

---

① 各省商品房平均价格参见《中国房地产统计年鉴（2008 年）》，中国统计出版社 2008 年版，第 130 页。

配权力带来的各项利益。因此，笔者认为，使用"是否具备国家行政级别"比"党员身份"更能体现出是否拥有再分配权力的差异。此外，由于再分配权力所掌握的剩余资源都储存在国有体制内部，因此体制内职工更有可能获得来自再分配权力的资源。

个人层次模型中的控制变量除了家庭人口数、婚姻状况、户籍情况、家庭收入等常用变量外，我们还加入了"本人为房主"和"住房类型是否是自建私房"两个二分控制变量。所谓"房主"，指的是被访者所居住的住房登记在自己名下，或由被访者夫妻双方共有；此外，还有少量住房是由被访者购买，但登记在子女名下，在此，我们也将其归为"房主"一类。之所以要对"是否是房主"进行控制，是因为在资料收集过程中，被访者由访问员在家庭成员中随机抽取，并非所有的访问对象都与住房的获得过程直接相关，为了避免这种样本随机性对研究内容的干扰，有必要对此进行控制。所谓的"自建私房"，指的是在私人所有的宅基地上自行建造的房屋。已有的研究显示，住房质量不仅依据经济和社会变量分化，在很大程度上也依据住房类型和时间分化，自建房在居住面积上具备较大的优势（Pan, 2003）。CGSS 的调查数据显示，自建房的人均住房面积比非自建房要高出近 30%[①]。由于我们的假设都是建立在经济和社会变量基础之上，因此有必要对由住房类型所引起的居住水平差异进行控制。

2. 分布检验

从统计原理来看，多元线性回归要求回归模型中的随机误差 ε 服从正态分布。在通常情况下，我们通过因变量 Y 的分布来检验回归模型中随机误差项 ε 的分布情况。因为在正态分布假定下，服从正态分布的随机变量的线性组合仍然服从正态分布，因此因变量 Y 与随机项 ε 的分布特征应当是类似的，且具有相同的方差，只是均值不同而已。因此，我们可以通过对家庭人均住房面积的分布情况，来对正态分布假设进行检验。

我们使用 SPSS 软件计算出了家庭人均住房面积分布的 *Skewness*（偏度差）和 *Kurtosis*（峰态）值，结果如表 4.3 所示。由表中数据可清晰、直观地看出，家庭人均面积呈现明显的正偏态、陡峰态分布，*Skewness* = 4.162，绝对值远远大于其标准误的 1.96 倍（0.063），*Kurtosis* = 35.781，也远远大于其标准误的 1.96 倍（0.123），因此都通过了显著性检验，显示该变量分

[①] CGSS 的调查数据显示，自建房的人均居住面积为 45.19 平方米，而非自建房的人均居住面积为 34.88 平方米。

布与正态分布有显著差别，因而不符合正态分布条件假设，不能直接用于多元回归分析。

表4.3　家庭人均住房面积分布检验

Skewness	Std. Error of Skewness	Kurtosis	Std. Error of Kurtosis
4.162	0.032	35.781	0.063

当自变量不符合正态分布时，我们往往对变量进行一些数学变换，从而使其符合假设要求。通常我们是根据分布的偏态情况，即 Skewness 与标准误之间的差别来选择不同的转换公式。最常见的情况是正偏态陡峰态，如果是中度偏态（Skewness 为其标准误差的 2~3 倍），可以考虑取根号值来转换；如果是高度偏态（如 Skewness 为其标准误差的 3 倍以上），则通常取对数，其中可分为自然对数和常用对数。由于转换为常用对数的纠偏力过强，有时会矫枉过正，将正偏态转换成为负偏态，因而在此我们选择对原变量取自然对数。

对家庭人均面积取自然对数后，我们使用 SPSS 软件绘制出了家庭人均面积自然对数的直方图，并计算其 Skewness（偏度差）和 Kurtosis（峰态）值，结果如表4.4所示。

表4.4　家庭人均住房面积取自然对数分布检验

Skewness	Std. Error of Skewness	Kurtosis	Std. Error of Kurtosis
-0.213	0.032	1.706	0.063

检验数据显示，取自然对数后，变量分布由正偏态变为轻微的负偏态，Skewness = -0.213，其绝对值大于标准误的 1.96 倍（0.063），同时，Kurtosis 值虽然已经有了大幅减小，但仍然大于其标准误的 1.96 倍（0.123）。如果按照数据显示，即使取自然对数后，该分布与正态分布仍然有显著差异。尽管如此，我们还是可以认为，取自然对数的数学转换能够满足回归模型中正态分布的假设条件，因为 Skewness 和 Kurtosis 的标准误差与样本量直接有关：具体说来，Skewness 的标准误差约等于 $\sqrt{6/n}$，Kurtosis 的标准误差约等于 $\sqrt{24/n}$，其中 n 均为样本量。由此可见，样本量越大，标准误差越小，同样大小的 Skewness 和 Kurtosis 在大样本中越可能与正态分布有显著差别。因此，如果在小样本条件下，Skewness 和 Kurtosis 是显著的话，一定要转换；

在大样本条件下,如果 Skewness 和 Kurtosis 是轻度偏差,则不需要转换。由于我们的分析的是大样本($N=6005$),而且仅为轻度偏差,因此可以接受取自然对数后的转换结果。

以上是从统计原理来解释对因变量进行数学转换的必要性,除此之外,我们还可以从变量所蕴含的社会含义来解释对变量进行转换的意义。正态分布是一种两头低、中间高、左右对称的分布形式,横轴区间($\mu-2.58\sigma$,$\mu+2.58\sigma$)内的面积为 99.00%。以家庭人均住房面积为例,如果呈标准的正态分布,则意味着人均住房面积在整个社会中的分布非常公平,住房面积中等水平的最多,住房面积中上水平和中下水平的规模也都一样,而住房面积极低和极高的个体则屈指可数。但是,在任何社会中,这样的分布情况只能是理想状态,我们看到的是贫富分化和社会不平等的现实状况。从表4.3中的数据可以看到,家庭人均面积呈现出明显的正偏态,也就是说住房面积小的家庭要远远多于住房面积大的家庭。因此,我们也可以从常理上判断住房面积并非符合正态分布,需要进行数学转换。通过对住房面积取自然对数,可以扩大变量之间的差异,有效地拉伸偏态部分的分布,使得整个分布更加均匀和对称,从而符合正态分布的要求。

同理,我们将家庭人均年收入也作了类似的处理,并将处理前后结果的对比情况列在表4.5中。

表 4.5　家庭人均收入分布检验

变　量	Skewness	Std. Error of Skewness	Kurtosis	Std. Error of Kurtosis
家庭人均收入	7.336	0.032	83.743	0.063
家庭人均收入自然对数	-0.114	0.032	1.129	0.063

(二) 研究模型与分析结果

在数据分析过程中,我们根据不同的组群,逐步引入变量,构建了六个不同的模型,具体说明如下。

1. 对总体样本的分析模型

(1) 零模型——模型Ⅰ。

零模型也可以称为方差成分分析(Variance Component Analysis)(张

雷、雷厉、郭伯良，2003）或具随机效应的单因素方差分析模型（温福星，2009）。在零模型中，第一层和第二层都没有预测变量，研究目的仅在于将方程分解为由个体差异造成的部分和由组差异造成的部分。在本研究中，零模型回归模式设定（Y 为家庭人均住房面积自然对数）如下：

个体层面：$Y_{ij} = \beta_{0j} + \varepsilon_{ij}$，　　$\varepsilon_{ij} \sim N(0, \sigma^2)$；

地区层面：$\beta_{0j} = \gamma_{00} + \mu_{0j}$，　　$\mu_{0j} \sim N(0, \tau_{00})$；

混合模型：$Y_{ij} = \gamma_{00} + \mu_{0j} + \varepsilon_{ij}$。

(4.3)

（2）以平均数为结果的回归模型——模型Ⅱ。

以平均数为结果的回归模型，即将第一层回归模型设置为没有预测变量的零模型，将第一层模型的截距项作为第二层回归模式的因变量，并且用第二层总体层次的自变量解释第一层模式截距项的差异。由于截距项实际上是各组因变量的平均数，因此以平均数为结果的回归模型实际上就是拿各组平均数作为第二层的因变量进行对第二层自变量的回归分析，用于测量第二层预测变量对于第二层各组平均水平的影响。在本研究中，模型设置如下：

个体层面：$Y_{ij} = \beta_{0j} + \varepsilon_{ij}$，　　$\varepsilon_{ij} \sim N(0, \sigma^2)$；

地区层面：$\beta_{0j} = \gamma_{00} + \gamma_{01}$ 地区市场化指数 $+ \gamma_{02}$ 地区住房均价 $+ \mu_{0j}$，

　　　　　$\mu_{0j} \sim N(0, \tau_{00})$；

混合模型：$Y_{ij} = \gamma_{00} + \gamma_{01}$ 地区市场化指数 $+ \gamma_{02}$ 地区住房均价 $+ \mu_{0j} + \varepsilon_{ij}$。

(4.4)

（3）随机截距模型——模型Ⅲ。

随机截距模型设定第一层回归模型的截距项具有随机效应，将第一层的截距项作为因变量，使用第二层预测变量进行回归分析，而各组之间的回归直线斜率相同，具有固定效应。本研究的随机截距模型设置如下：

个体层面：

家庭人均住房面积$_{ij}$ = $\beta_{0j} + \beta_{1j}$ 男性 $+ \beta_2$ 工龄 $+ \beta_3$ 工龄平方 $+ \beta_4$ 已婚
　　　　　$+ \beta_5$ 家庭人均收入 $+ \beta_6$ 城市户口 $+ \beta_7$ 本人为房主
　　　　　$+ \beta_8$ 自建私房 $+ \beta_9$ 体制内就业 $+ \beta_{10}$ 具有行政级别
　　　　　$+ \beta_{11}$ 受教育年限 $+ \beta_{12}$ 具有技术职称 $+ \varepsilon_{ij}$；

地区层面：$\beta_{0j} = \gamma_{00} + \gamma_{01}$ 地区市场化指数 $+ \gamma_{02}$ 地区住房均价 $+ \mu_{0j}$，
　　　　　$\mu_{0j} \sim N(0, \tau_{00})$；

混合模型：

家庭人均住房面积$_{ij}$ = $\gamma_{00} + \gamma_{01}$ 地区市场化指数 $+ \gamma_{02}$ 地区住房均价
　　　　　$+ \beta_{1j}$ 男性 $+ \beta_2$ 工龄 $+ \beta_3$ 工龄平方 $+ \beta_4$ 已婚
　　　　　$+ \beta_5$ 家庭人均收入 $+ \beta_6$ 城市户口 $+ \beta_7$ 本人为房主

$$+ \beta_8 \text{自建私房} + \beta_9 \text{体制内就业} + \beta_{10} \text{具有行政级别}$$
$$+ \beta_{11} \text{受教育年限} + \beta_{12} \text{具有技术职称} + \varepsilon_{ij} \text{。} \quad (4.5)$$

2. 对不同组别的分析模型

在总体样本分析中,我们对住房的产权所有情况未加区分,笼统地进行了分析。为了比较不同产权所有情况下受访者的个人社会经济变量对其住房资源享有情况的影响,我们又根据受访者与其住房所有权之间的关系,将总体样本划分为三个组群:有产权房主组群、有产权非房主组群、无产权组群,从而进一步具体探讨不同的住房资源享有模式,并与总体样本分析模型进行对比。

有产权房主组群,指的是受访者家庭拥有所居住住房的产权(包括全部产权或部分产权),且住房产权是在自己名下,或由夫妻双方共有;有产权非房主组群,指的是受访者家庭拥有所居住住房的产权,但是房子并不在受访者名下,而是由家庭其他成员享有;无产权组群指的是受访者家庭对所居住住房无产权,即租住或借住的样本。

在对不同组别的分析中,我们同样采取了多层线性模型分析方法,构建了三个组群各自的随机截距模型。为了便于比较,不同模型中的变量序号保持一致,具体模型设置如下:

(1) 有产权房主组别/有产权非房主组别多层混合模型——模型Ⅳ/模型Ⅴ[①]。

$$\text{家庭人均住房面积}_{ij} = \gamma_{00} + \gamma_{01} \text{地区市场化指数} + \gamma_{02} \text{地区住房均价}$$
$$+ \beta_{1j} \text{男性} + \beta_2 \text{工龄} + \beta_3 \text{工龄平方} + \beta_4 \text{已婚}$$
$$+ \beta_5 \text{家庭人均收入} + \beta_6 \text{城市户口} + \beta_8 \text{自建私房}$$
$$+ \beta_9 \text{体制内就业} + \beta_{10} \text{具有行政级别}$$
$$+ \beta_{11} \text{受教育年限} + \beta_{12} \text{具有技术职称} + \varepsilon_{ij} \text{。}$$

(2) 无产权组别多层混合模型——模型Ⅵ[②]。

$$\text{家庭人均住房面积}_{ij} = \gamma_{00} + \gamma_{01} \text{地区市场化指数} + \gamma_{02} \text{地区住房均价}$$
$$+ \beta_{1j} \text{男性} + \beta_2 \text{工龄} + \beta_3 \text{工龄平方} + \beta_4 \text{已婚}$$
$$+ \beta_5 \text{家庭人均收入} + \beta_6 \text{城市户口} + \beta_9 \text{体制内就业}$$

---

① 由于已对产权情况做出明确区分,模型Ⅳ、模型Ⅴ、模型Ⅵ中不再包括"本人为房主"的控制变量。

② 由于该组别均为无产权的租房或借住者,因此剔除了"住房类型为自建私房"的控制变量。

$+ \beta_{10}$ 具有行政级别 $+ \beta_{11}$ 受教育年限
$+ \beta_{12}$ 具有技术职称 $+ \varepsilon_{ij}$

（3）分析结果（表4.6）。

表4.6 对住房面积的多层回归分析结果

变 量	零模型（Ⅰ）	以平均数为结果模型（Ⅱ）	总体样本随机截距模型（Ⅲ）	有产权房主组群模型（Ⅳ）	有产权非房主组群模型（Ⅴ）	无产权组群模型（Ⅵ）
固定效应						
各省平均人均住房面积自然对数 β_0						
截距项 γ_{00}	3.49*** (0.031)	3.35*** (0.123)	3.52*** (0.127)	4.01*** (0.148)	3.55*** (0.151)	3.18*** (0.018)
第一层次自变量：						
控制变量						
男性[a] β_1			-0.043** (0.013)	-0.43* (0.018)	-0.041 (0.027)	-0.015 (0.028)
工龄 β_2			-5.56E4 (1.57E-3)	-0.001 (0.002)	-0.002 (0.003)	0.003 (0.004)
工龄平方 β_3			1.97E-5 (3.15E-5)	8.44E-5 (4.34E-5)	6.52E-5 (6.51E-5)	-9.51E-6 (7.98E-5)
已婚[b] β_4			-0.092*** (0.020)	-0.159*** (0.039)	-0.044 (0.038)	-0.187*** (0.042)
家庭人均收入 β_5			-0.031 (0.008)	-0.058 (0.010)	-0.028 (0.015)	0.032* (0.016)
城市户口[c] β_6			-0.064 (0.019)	-0.157 (0.032)	-0.070 (0.041)	-0.018 (0.033)
本人为房主[d] β_7			0.139*** (0.014)			
自建私房[e] β_8			0.134*** (0.017)	0.105*** (0.022)	0.083** (0.030)	

续表4.6

变量	零模型（Ⅰ）	以平均数为结果模型（Ⅱ）	总体样本随机截距模型（Ⅲ）	有产权房主组群模型（Ⅳ）	有产权非房主组群模型（Ⅴ）	无产权组群模型（Ⅵ）
解释变量						
体制内就业^f β_9			0.008 (0.016)	0.001 (0.021)	0.065* (0.033)	-0.016 (0.037)
具有行政级别^g β_{10}			0.117*** (0.029)	0.119*** (0.034)	0.070 (0.070)	0.060 (0.085)
受教育年限 β_{11}			0.006** (0.002)	0.009** (0.003)	0.003 (0.004)	0.005 (0.005)
具有技术职称^h β_{12}			0.041** (0.016)	0.032 (0.021)	0.038 (0.032)	0.067 (0.035)
第二层次自变量						
地区市场化指数 γ_{01}		0.054* (0.025)	0.063* (0.024)	0.058* (0.026)	0.059* (0.025)	0.032 (0.032)
地区住房均价 γ_{02}		-8.25E-5** (3.01E-5)	-8.87E-5*** (2.90E-5)	-6.09E-5 (3.13E-5)	-8.60E-5*** (2.85E-5)	-8.47E-5* (3.65E-5)
方差成分						
第二层省区间 τ_{00}	0.025**	0.020**	0.019**	0.021***	0.015***	0.026***
第一层省内 σ^2	0.250***	0.250***	0.237***	0.215***	0.229***	0.266**
组间方差比	0.091	0.074	0.074	0.089	0.061	0.089
模型解释力						
第一层省内模型：			5.2%	4.9%	1.3%	1.8%
第二层省区间模型：			24%	30%	35%	18.8%
卡方值	567.33***	10.07***	1474***	1067***	513***	289***
模型离异数（-2LL）	8803	8821	8717	4110	2377	2296
个案数 N	6005	6005	5269	2951	1535	1586

注：*$P<0.05$，**$P<0.01$，***$P<0.001$。a. 参照项为女性；b. 参照项为未婚；c. 参照项为农村户口；d. 参照项为"本人非房主"；e. 参照项为"非自建私房"；f. 参照项为"体制外就业"；g. 参照项为"不具备行政级别"；h. 参照项为"不具备技术职称"。

资料来源：CGSS 2006。

（三）分析结果说明

模型Ⅰ、Ⅱ、Ⅲ均为对总体样本的分析，模型Ⅳ、Ⅴ、Ⅵ则是对不同组别样本的分析，不同模型所分析的样本量如表 4.6 中"个案数"一栏所示。

1. 总体样本模型分析结果说明

零模型（模型Ⅰ）参数估计结果显示：虚无假设①：$H_0 : \gamma_{00} = 0$ 被推翻，因为 $\hat{\gamma}_{00} = 3.489$，其检验值 $t = 114.066$，远远大于 $P < 0.001$ 的 t 分布临界值，由此说明数据中 28 个省区的整体家庭人均住房面积对数的平均值 $\hat{\gamma}_{00} = 3.489$ 是以各省"家庭人均住房面积"的方差倒数为加权系数所计算出来的加权算术平均数。此外，虚无假设②：$H_0 : \tau_{00} = 0$ 也被拒绝，因为 $\hat{\tau}_{00} = 0.025$，其检验的 $wald\ Z$ 值为 3.398，在 $P < 0.05$ 情况下通过显著性检验，τ_{00} 显著不为零。这证实了人均住房面积在各省之间存在显著差异。通过计算组间相关系数 ρ（ICC）（interclass correlation coefficient），衡量组间方差与组内方差的相对程度，计算过程如下：

$$\hat{\rho}_1 = \frac{\hat{\tau}_{00}}{\hat{\tau}_{00} + \hat{\sigma}^2} = \frac{0.025}{0.025 + 0.250} = 0.091。$$

根据 Cohen（1988）所建议的判断标准（温福星，2009），本研究所计算出的人均住房面积省区间相关系数 ρ（0.091）属于中度关联强度①。因此，人均住房面积在省区之间的差异不可以忽略，不能只用一般的回归模型来进行分析，应该考虑到组间差异的特性，必须将地区效应考虑到阶层线性模型中。这也充分显示了本研究中使用多层线性模型来分析人均住房面积差异的必要性。

由于各省的人均住房面积存在显著差异，因此在以平均数为结果模型中，允许各省的平均人均住房面积（自然对数值）作为第二层回归模型的因变量，由第二层的地区变量市场化指数与住房均价作为自变量对其进行回归预测。在这两个自变量进行解释后的残差项方差 τ_{00} 由零模型的 0.025 下降到 0.020，减少了 20% 的方差，由此说明引进第二层自变量对第一层截距

---

① 根据 Cohen（1988）所建议的判断标准，当 $0.059 > \rho \geq 0.01$ 时，为低度关联强度；当 $0.138 > \rho \geq 0.059$ 时，为中度关联强度；当 $\rho \geq 0.138$ 时，为高度关联强度。

项（即各省平均人均住房面积）的变异程度具有比较强的解释力。

以平均数为结果模型参数估计结果显示，地区市场化指数与地区住房均价两个地区变量的回归系数都通过了统计检验，说明这两个因素对于各省平均家庭住房面积都有显著影响，但这两个因素对人均住房面积影响的方向正好相反：市场化指数对于家庭住房面积有正向影响，地区市场化程度越高，该地区的家庭住房面积越大；住房均价对于家庭住房面积则是负向影响，地区住房均价越高，家庭住房面积越小。

随机截距模型在以平均数为结果模型的基础之上，在第一层回归模型中引入了 12 个自变量。参数估计结果显示，在这 12 个自变量进行解释后的残差项方差由零模型的 0.250 下降到 0.237，减少了 5.2% 的方差，即 $R^2 = 5.2\%$，显示出这 12 个自变量对于第一层内误差项方差具有一定的解释力。其中，有 7 个变量（男性、已婚、本人为房主、住房类型为自建房、行政级别、受教育年限、技术级别）通过了显著性检验。结果显示：在其他条件相同的情况下，男性的家庭人均居住面积要低于女性，已婚家庭的人均居住面积要低于未婚家庭，本人为房主的受访者居住水平更高，住房类型为自建私房者的居住面积更大。之所以男性的人均住房面积更低，笔者认为这恰恰反映了男性在家庭住房获得的过程中扮演了关键性的角色。在当下中国家庭的夫妻双方中，男性的阶层地位大多相对较高，或者夫妻相当，男性阶层地位低于其妻子的情况相对较少。因此，一个家庭中所享有的住房资源总量往往在很大程度上由男方阶层地位所决定。对于女性来说，配偶的阶层地位如果高于自己，那么就很有可能享受到由其丈夫所提供的，高于自身阶层地位的住房资源。因此，在阶层地位相同的情况下，女性更有可能享有由配偶提供的优势住房资源。之所以已婚家庭的人均居住面积低于未婚家庭，笔者认为这主要是因为已婚家庭的人口数相对较多，由于我们的因变量是一个人均指标，因此显示出表明上的负面影响。事实上，已婚家庭在获得住房资源的能力上是要优于未婚家庭的，这一点将在后文对住房产权的分析中得以验证。

在控制了性别、工龄、收入、户口、婚姻状况、住房类型、受访者是否为房主等变量后，具有干部身份和具有技术级别，以及受访者受教育年限都对家庭人均住房面积产生正向影响。具体来说，在其他情况相同的条件下，具有行政级别的干部比普通群众家庭人均住房面积要高出 12.4% （$e^{0.117} = 1.124$）；具有技术职称的专业人员比无技术职称的非专业人员家庭人均住房面积要高出 4.2% （$e^{0.041} = 1.042$）；受教育年限每提高一年，家庭人均住房面积提高 0.6% （$e^{0.006} = 1.006$）。由此可见，干部身份在增加人均住房面积上的影响力要大大高于技术职称和受教育年限。

在随机截距模型第二层的回归模型中,引入了地区市场化指数和地区住房均价两个变量,第二层区间的方差由零模型中的0.025下降到0.019,有24%的方差通过这两个自变量得以解释。两个自变量都通过了显著性检验,说明地区市场化指数和地区住房均价对于各个地区内人均住房面积回归模型中的截距项产生显著影响。具体来说,地区市场化程度指数每提高1分,该地区人均住房面积水平提高6.5%($e^{0.063}=1.065$);地区住房均价则对地区平均人均住房面积产生负面影响,地区住房均价越高,人均住房面积越低。

2. 不同组别模型分析结果说明

模型Ⅳ与模型Ⅴ的分析对象是家庭拥有现住房产权(部分产权或全部产权)的被访样本,即住房自有者样本,两者的区别是:模型Ⅳ中的分析对象是房产登记在本人名下或者由夫妻共同所有的被访者,模型Ⅴ中的分析对象是房产登记在家庭其他成员名下的被访者。之所以按此标准对样本进行不同组别的划分,是因为其中蕴含着这样的思考逻辑:若房产登记在本人名下,住房资源的享有情况与本人的社会经济变量具有较强的相关性;若房产由家庭其他成员所有,则受访者本人的社会经济变量与住房资源的关系相对较弱。

模型Ⅳ的数据结果显示,对于那些居住在自有产权住房中,且本人即为房主的群体来说,个人层面的11个自变量,可以解释第一层省区内模型4.9%的方差,即第一层次自变量的解释力为4.9%。其中,男性、已婚、住房类型为自建私房三个控制变量通过了统计性检验,在控制了性别、工龄、收入、户口、婚姻状况、住房类型等变量后,个人的行政级别、受教育年限对人均住房面积有显著的正向影响。具体来说,具有行政级别的国家干部比普通群众人均住房面积要高出12.6%($e^{0.119}=1.126$);受访者的受教育年限每提高一年,其住房面积要高出0.9%($e^{0.009}=1.009$);被访者是否具备技术职称,对其住房面积大小并未显示出影响力。在地区层面,地区市场化和地区住房均价能够解释省区之间30%的方差,显示出这两个变量较强的解释力。具体来说,在控制了地区住房均价后,地区市场化指数每提高1分,人均住房面积提高6.0%($e^{0.058}=1.060$)。

模型Ⅴ的数据结果显示,对于那些居住在自有产权房中,但受访者本人不是房主的群体来说,模型中的11个自变量仅解释了第一层省区内模型1.3%的方差,且仅有住房类型一个自变量通过了显著性检验。由此可见,在这部分样本中，住房资源的享有状况与受访者自身的社会经济地位的相关性较小。由于住房是家庭成员共同享有的生活资源，这些本人非房主的有房者，大多通过家庭中的其他成员享有住房资源。对于这部分人来说，他们更多的是住房资源的享有者，而非获得者。尽管个体层面变量的解释力较弱，但地区层面仍保持了较强的解释力，有35%的方差通过地区层次的两个变量得以解释。数据显示，地区住房均价对住房面积有负向的影响，在控制了房价因素后，地区市场化指数越高，这些非房主的有房者所享有的人均住房面积越大。具体来说，地区市场化指数每提高1分，人均住房面积提高6.1%（$e^{0.059}=1.061$）。

模型Ⅵ是对无自住房产权的租房或借住者样本进行的分析。CGSS 2006调查数据显示，当下中国城镇社会的住房自有率达到了72.5%[①]；尽管从数量上来看，模型Ⅵ中无房者的样本数量相对较少，但仍是我们不可忽略的一个群体。尽管现实中不乏有经济实力但不买房的个案，但在当下火爆的房地产市场中，大多数租房者或借住者的住房支付能力在某种程度上是相对较弱的。数据显示，对于无房者来说，个人层面的11个自变量仅能解释第一层省区内模型1.8%的方差，解释力较低，其中仅有家庭人均收入和婚姻状况的影响通过了显著性检验。具体来说，已婚家庭由于人口增多，人均住房面积比未婚者低；家庭人均收入对于人均住房面积有正向影响，收入越高，人均居住面积越大。在地区层面，除了地区住房均价对人均住房面积具有负向影响外，地区市场化指数对于住房面积的正向影响并未通过显著性检验。

与总体样本及有房者组群分析结果相比，我们发现，对于有房者来说，无论房子是不是登记在受访者本人名下，地区市场化的推进能够有效提高人均住房面积水平，但地区市场化指数对于地区住房水平的正面促进作用并未在无房者身上体现出来。也就是说，无房者并不能从地区市场化进程中明显受益。因此，尽管在对总体样本的分析中，我们看到了地区市场化程度对于地区平均住房水平的促进作用，但这种市场化刺激在有房者和无房者之间呈现显著分化。

---

① 在调查的6013户居民中，拥有现住房全部或部分产权的比例达到了72.5%。

三、对住房产权的多层回归分析

在经济学理论中,产权指人们对于资产的剩余控制权,即在合约规定的他人使用权或法律明确限定的权利之外,所有者对其资产的使用和转手的全部权力(Hart,1995)。具体而言,产权有三个组成部分:①资产使用的剩余决定权,即产权所有者对其资产有着除合同规定的他人租用的权利之外的全部决定权;②资产所得收入的支配权,即产权所有者对其资产所得的收入有着全部支配权;③资产的转移权,即产权所有者有将其资产转让给其他人的决定权(周雪光,2005)。住房产权,实际上指的是个人或家庭对住房所享有的占有、使用、经营收益以及支配处置等权力,即住房所有权。尽管住房产权明确标识了房屋的归属,但由于中国特定的土地管理制度及渐进式的改革历程,居民住房产权的获得方式及现实表现都存在复杂性和多样性,学术界对于住房产权的边界和计量也存在一定争议。在此,我们的研究无意介入关于中国住房产权界定及评价的学术争论,而是根据是否占有现住房的产权(包括全部产权及有限产权),将"有房"与"无房"作为反映住房资源占有分化状况的衡量维度,考察个人的社会经济状况及地区制度环境对于住房资源占有状况的影响。

(一)样本选择、变量说明及假设检验

1. 样本选择

房屋产权即房屋所有权,在实际操作中,由房屋产权证确认及体现。虽然住房资源由家庭成员共同享有,但并不意味着共同所有,产权明确规定了住房的所有权属于家庭中的某个或某些成员。如果对调查样本不做判断和辨识,以入户后随机抽取的任意家庭成员的个人变量对住房产权归属进行相关分析,则可能造成部分分析对象为与房屋产权归属无关的人,从而影响分析结论的正确性。因此,在对住房产权进行回归分析前,有必要对家庭住房的产权归属做出判断和辨识。

由于本部分探讨的是个人及地区变量对于获得现住房产权概率的影响,因此分析样本中应包含有产权与无产权两类个案。对于有产权个案,CGSS问卷中明确询问了被访者现住房由哪个或哪些家庭成员所有,据此可以判断

住房产权的归属。我们选取了住房由被访者本人所有以及由被访者夫妻共同所有的个案作为分析对象。对于无产权个案,即"租房者"或"借住者",在保持住房自有率(有产权者所占比例)与总体样本一致的情况下,我们随机抽取了一定数量的无产权个案,构成了分析的样本一。

在住房产权获得过程中,自建私房以及继承性私房是两类比较特殊的住房获得形式,其产权获得过程与市场配置的商品房或房改过程中的单位房完全不同,因此在对子样本进行分析的基础之上,我们还将样本中的自建私房或继承私房剔除,并按照总体样本中的住房自有率随机抽取一定数量的无产权个案,构成了分析的样本二。

2. 变量说明

在这一部分中,我们分析的自变量是是否拥有现住房的产权。在调查问卷中,住房的产权情况被分为八种情况:租住单位房、租住公房、租住私房、自有住房(继承与自建)、已购房(部分/有限/居住产权)、已购房(全部产权)、集体宿舍和借住。我们将这八种产权类型分为两类:有产权(包括继承或自建房、购买的部分产权房以及购买的全部产权房)、无产权(租住、借住或住集体宿舍)。

由于这部分的分析使用的是广义线性阶层模式,因此自变量同样分为个人和地区两个层次。根据研究假设,主要的解释变量包括两类:反映市场能力的变量包括受教育年限、技术职称,反映再分配能力的变量包括个人行政级别、是否体制内就业。此外,我们也加入了反映单位对个人住房资助情况的变量——单位住房福利。1998年底取消福利分房后,随着住房福利由实物向货币的转化,虽然单位逐渐退出了住房建设和分配领域,但是仍然可以通过货币补偿方式增强个人的住房支付能力。问卷中有这样一个问题:工作单位是否为您提供住房或住房补贴。虽然从这一问题不能区分房改前后住房和补贴两种不同的福利形式各自的作用,但可以将其视为一个整体:单位是否在住房方面提供福利。这一变量可以帮助我们了解到单位住房福利资助对于个人住房产权获得所产生的影响力大小。

在控制变量方面,除了一些常用的控制变量,如性别、工龄、收入、户口、婚姻状况之外,由于我们将夫妻共有产权的个案也归为受访者为房主的分析样本,因此加入了"是否为夫妻共有产权"这一虚拟变量进行控制。

地区层面的解释变量为地区市场化指数,控制变量为地区住房均价,两者都为定距变量。

3. 分布检验

因变量——是否拥有住房产权，是只具有两种互斥结果（有或没有）的离散型随机事件，称为二项分类变量（dichotomous variable）。我们可以使用 SPSS 非参数检验中的二项分布检验（Binomial Test）来检验二项分类变量是否来自概率为 P 的二项分布。检验结果如表 4.7 所示。

表 4.7 样本二项分布检验

是否拥有住房产权	类别	百分比	概率检验值	双尾检验显著性
样本一 （有房者为房主样本）	无产权	27%	0.50	0.000
	有产权	73%		
样本二 （剔除自建及继承个案样本）	无产权	27%	0.50	0.000
	有产权	73%		

二项分布检验表明，有产权的家庭占 73%，无产权的家庭占 27%，家庭获得住房产权的概率值为 0.73，检验概率为 0.5（均匀分布）。两个样本的二项分布检验的结果是双侧概率 $P<0.001$，推翻了概率检验值为 0.5 的虚无假设，说明产权分布与以 0.5 为均值的标准正态分布呈现显著差异，其概率分布服从 Logistic 分布，有产权的家庭明显高于无产权的家庭。

（二）研究模型与分析结果

1. 研究模型

与住房面积这一连续性变量不同，是否拥有住房产权是一个二分的定类变量。当定类因变量为二分变量时，普通的线性回归方程仍可使用，即对二分变量的均值（事件发生的概率）进行回归分析，但这种所谓的线性概率回归（Linear Probability Regression）则有局限性（李沛良，2002）。这种局限性表现在两个方面：第一，从数学方法来看，由于二项分布的方差 $[P(1-P)]$ 中间大、两边小，回归方程的残差项方差不可能恒定，因此通过一般回归所使用的普通最小平方法（Ordinary Least Squares）所解出的标准差是错误的；第二，从数据解释来看，由于概率值只能取值在 0 到 1 之间，但回归方程则无此限制，当方程值超过概率值值域的时候，无法进行解释。因此，尽管在 20 世纪 70 年代，美国社会学者常用一般线性回归处理二分变量，但是随着其他新方法的普及，线性概率回归逐渐被遗忘（李沛良，

2002)。

如今的社会科学研究者们在处理二分因变量时,最常采用的统计分析方法是使用对数比率回归模型或逻辑回归模型(Logistic Regression Model)。模型形式如下:

$$\log\left[\frac{P(Y_i = 1 \mid x_i)}{1 - P(Y_i = 1 \mid x_i)}\right] = \alpha + \sum \beta_i X_i \, 。 \quad (4.6)$$

由于因变量是一个二分变量,因此可以将其取值确定为 0 和 1:取值为 1 时,事件发生;取值为 0 时,事件不发生。那么该二分变量的均值实际上就是事件发生的概率 P,即 $P(Y_i = 1 \mid x_i)$ 为在 X_i 条件下事件发生($Y_i = 1$)的概率;$\frac{P}{1-P}$ 则是事件发生($Y_i = 1$)与事件不发生($Y_i = 0$)的概率的比值,即事件的发生比(odds)。对发生比取自然对数即构成了逻辑回归模型等号的左边部分,等号的右边部分与普通线性回归方程一致。

当因变量不再是连续的条件正态分布变量,而是二分定类变量时,就不能使用上部分中所使用的普通多层线性模型进行分析。在广义线性模型中,二分变量、计数变量等都被称为受限因变量(limited dependent variable),必须用广义线性阶层模型(Generalized Linear Hierarchical Model,简称 GLHM)或是阶层广义线性模型(Hierarchical Generalized Linear Model,简称 HGLM)来进行处理(温福星,2009)。GHLM 的自变量部分和一般线性模型一样,都是由属于线性关系的自变量所组成,主要的差异在于因变量的特性与误差项的结构。事实上,在 GHLM 模型构造过程中,与一般线性模型不同的是,由于因变量的抽样分布不符合连续正态分布特征,因此要通过一个连接函数,将因变量进行转换,再进行线性回归分析。一般来说,二元因变量属于二项分布或贝努里分布,必须通过对事件的发生比取自然对数转换后,即对二分因变量取逻辑特值(logit)后,才能进行线性回归分析。如下公式所示:

因变量抽样模式:$Y_{ij} \mid p_{ij} \sim B(1, p_{ij})$。

GHLM 连接函数:$\eta_{ij} = \log(\frac{p_{ij}}{1 - p_{ij}})$。

GHLM 分析模型:第一层 $\eta_{ij} = \log(\frac{p_{ij}}{1 - p_{ij}}) = \beta_{0j} + \sum_{p=1}^{p} \beta_{pj} X_{pij}$;

第二层 $\beta_{pj} = \gamma_{p0} + \sum_{q=1}^{Q} \gamma_{pq} Z_{qj} + \mu_{pj}$, $P = 0, 1, \cdots, P$,

$\mu_{\cdot j} \sim N(0, T)$。 (4.7)

值得注意的是，第一层模型结构中并不包含误差项，主要原因是：个体层次结果变量为二分变量，由于其服从二项分布，期望值为事件发生的概率 P，方差为 $P(1-P)$，因此个体层次结果变量的方差是固定值。由于二项分布服从 Logistic 分布，所以第一层误差项方差为固定值 $\pi^2/3$，约等于 3.29。

在数据分析过程中，我们逐步引入变量，构建了以下三个模型：

（1）零模型。

在零模型中，第一层和第二层都没有预测变量，研究目的仅在于将方程分解为由个体差异造成的部分和由组差异造成的部分。在本研究中，零模型设置如下：

个体层面：$\eta_{ij} = \log(\frac{p_{ij}}{1-p_{ij}}) = \beta_{oj}$；

地区层面：$\beta_{oj} = \gamma_{00} + \mu_{oj}$，$\mu_{oj} \sim (0, T)$；

混合模型为：$\eta_{ij} = \log(\frac{p_{ij}}{1-p_{ij}}) = \gamma_{00} + \mu_{oj}$。 (4.8)

（2）平均数为结果模型。

以平均数为结果的回归模型，即将第一层回归模型设置为没有预测变量的零模型，将第一层模型的截距项作为第二层回归模型的因变量，并且用第二层总体层次的自变量解释第一层模型截距项的差异。由于截距项实际上是各组因变量的平均数，当因变量为二分因变量时，截距项实际上是事件发生的概率，在本研究中，即为各个省区的住房自有率。因此以平均数为结果的回归模型实际上就是测量第二层地区变量对于各省区住房自有率的影响。在本研究中，模型设置如下：

个体层面：$\eta_{ij} = \log(\frac{p_{ij}}{1-p_{ij}}) = \beta_{oj}$；

地区层面：$\beta_{0j} = \gamma_{00} + \gamma_{01}$ 市场化指数 $+ \gamma_{02}$ 住房均价 $+ \mu_{0j}$，

$\mu_{0j} \sim N(0, \tau_{00})$；

混合模型：$\eta_{ij} = \log(\frac{p_{ij}}{1-p_{ij}}) = \gamma_{00} + \gamma_{01}$ 市场化指数 $+ \gamma_{02}$ 住房均价 $+ \mu_{0j}$。 (4.9)

（3）随机截距模型。

随机截距模型设定第一层回归模型的截距项具有随机效应，将第一层的截距项作为因变量，使用第二层预测变量进行回归分析，而各组之间的回归直线斜率相同，具有固定效应。本研究使用同样的随机截距模型对两个子样本分别进行了分析，具体设置如下：

个人层面：

$$\eta_{ij} = \log(\frac{p_{ij}}{1-p_{ij}}) = \beta_{0j} + \beta_1 \text{男性} + \beta_2 \text{工龄} + \beta_3 \text{工龄平方} + \beta_4 \text{已婚}$$
$$+ \beta_5 \text{家庭人口数} + \beta_6 \text{城市户口} + \beta_7 \text{夫妻共有产权}$$
$$+ \beta_8 \text{家庭人均收入} + \beta_9 \text{具有行政级别} + \beta_{10} \text{体制内就业}$$
$$+ \beta_{11} \text{受教育年限} + \beta_{12} \text{具有技术职称}$$
$$+ \beta_{13} \text{单位住房福利} ;$$

地区层面：$\beta_{0j} = \gamma_{00} + \gamma_{01} \text{市场化指数} + \gamma_{02} \text{住房均价} + \mu_{0j}$；

混合模型：

$$\eta_{ij} = \log(\frac{p_{ij}}{1-p_{ij}}) = \gamma_{00} + \gamma_{01} \text{市场化指数} + \gamma_{02} \text{住房均价} + \beta_1 \text{男性}$$
$$+ \beta_2 \text{工龄} + \beta_3 \text{工龄平方} + \beta_4 \text{已婚} + \beta_5 \text{家庭人口数} + \beta_6 \text{城市户口}$$
$$+ \beta_7 \text{夫妻共有产权} + \beta_8 \text{家庭人均收入} + \beta_9 \text{具有行政级别}$$
$$+ \beta_{10} \text{体制内就业} + \beta_{11} \text{受教育年限}$$
$$+ \beta_{12} \text{具有技术职称} + \beta_{13} \text{单位住房福利} + \mu_{0j} 。 \quad (4.10)$$

2. 对样本选择性偏误的检定

由于分析的对象来源于总体样本中的子样本，为了避免由于抽取子样本而造成的选择性样本偏误，我们有必要对总体与子样本的分布及相关的统计指标进行比较和检定。

我们选取的子样本与总体样本的描述性统计比较的结果如表4.8所示。

表4.8 样本描述性指标比较

指标项目	总体样本	子样本一 （有房者为 房主样本）	子样本二 （剔除自建及继承 个案样本）
1. 性别			
男	44.6%	48.2%	48%
女	55.4%	51.8%	52%
2. 职业阶层			
单位负责人	4.9%	5.4%	5.8%
专业技术人员	12.7%	12.7%	13.9%

续表 4.8

指标项目	总体样本	子样本一（有房者为房主样本）	子样本二（剔除自建及继承个案样本）
一般管理人员/办事人员	12.1%	12.5%	13.1%
体力劳动者	45.8%	47.5%	48.8%
自雇者	12.0%	12.9%	11.3%
无业人员	12.5%	8.9%	7.1%
3. 家庭人均收入均值/元	1127	1144	1154
4. 家庭人均住房面积均值/平方米	36.96	37.41	35.41
5. 住房产权自有率	73.3%	73.3%	73.3%
6. 样本量 N	6005	4026	2993

从三个样本的统计性描述来看，在一些主要的变量分布上，用于分析的子样本与总体样本之间差异不大。

为了检定选择性样本的偏误，我们以样本的 logit 回归系数与总体回归系数作比较，即分别使用总体样本计算各个自变量的总体参数 β，并检定 β 是否落在样本估计的 $\hat{\beta}$ 的 95% 的置信区间内。如果落在该区间内，则表示模型的样本选择没有偏误；反之，则表示模型有选择性样本偏误的存在（陈建宏、陈丽芬、戴锦周，2007）。我们列举了分析模型中的主要解释变量，对样本选择性偏误进行了检定，结果如表 4.9 所示。

表 4.9 样本选择性偏误检定

变量	样本1参数 95%置信区间	样本2参数 95%置信区间	总体估计参数
单位住房福利[e] β_9	(0.092, 0.255)	(0.050, 0.243)	0.197
体制内就业[f] β_{10}	(−0.415, −0.002)	(−0.443, 0.042)	−0.142
具有行政级别[g] β_{11}	(0.132, 0.978)	(0.162, 1.090)	0.411
受教育年限 β_{12}	(−0.268, 0.034)	(−0.005, 0.067)	0.014
具有技术职称[h] β_{13}	(−0.447, 0.376)	(0.013, 0.491)	0.073
地区市场化指数 γ_{01}	(0.056, 0.316)	(−0.145, 0.192)	0.102
地区住房均价 γ_{02}	(−5.5E−4, −3.4E−4)	(−5.7E−4, −2.9E−4)	−3.7E−4

通过对总体样本的回归系数与样本1、样本2回归系数95%置信区间的比较,我们可以看到,在主要的解释变量上,总体样本的参数估计值都落在了样本1与样本2参数估计值95%的区间内。由此可以判断,使用样本1与样本2进行分析,并不会导致严重的样本选择性偏误。

3. 分析结果

对住房产权的多层回归分析结果如表4.10所示。

表4.10 对住房产权的多层回归分析结果

变量	零模型（Ⅰ）	以平均数为结果模型（Ⅱ）	随机截距模型（Ⅲ）	剔除自建及继承样本后随机截距模型（Ⅳ）
固定效应				
各省住房自有率 β_0				
截距项 γ_{00}	1.30*** (0.073)	1.88*** (0.287)	-3.07*** (0.504)	-3.30*** (0.635)
第一层次自变量				
控制变量				
男性^a β_1			0.253** (0.091)	0.197 (0.106)
工龄 β_2			0.041** (0.013)	0.041** (0.015)
工龄平方 β_3			-1.61E-4 (2.51E-4)	-2.06E-4 (2.862E-4)
已婚^b β_4			1.06*** (0.167)	1.11*** (0.196)
家庭人口数 β_5			0.121*** (0.052)	0.054 (0.063)
家庭人均收入 β_6			0.008 (0.050)	0.107 (0.060)
城市户口^c β_7			1.57*** (0.126)	1.95*** (0.163)

续表4.10

变量	零模型（I）	以平均数为结果模型（II）	随机截距模型（III）	剔除自建及继承样本后随机截距模型（IV）
夫妻共有产权$^d \beta_8$			2.07***	1.87***
			(0.123)	(0.135)
解释变量				
单位住房福利$^e \beta_9$			0.174***	0.146**
			(0.042)	(0.049)
体制内就业$^f \beta_{10}$			−0.209	−0.195
			(0.105)	(0.121)
具有行政级别$^g \beta_{11}$			0.555*	0.626**
			(0.216)	(0.237)
受教育年限β_{12}			0.004	0.031
			(0.016)	(0.018)
具有技术职称$^h \beta_{13}$			0.165	0.252*
			(0.107)	(0.122)
第二层次自变量				
地区市场化指数γ_{01}		−0.010	0.186**	0.024
		(0.043)	(0.066)	(0.086)
地区住房均价γ_{02}		−2.05E−4***	−4.45E−4***	4.27E−4***
		(3.86E−5)	(5.21E−5)	(7.21E−5)
方差成分				
第二层省区间τ_{00}	0.450	0.346	0.435	0.3024
第一层省内σ^2	3.29	3.29	3.29	3.29
组间方差比	0.12	0.10	0.12	0.09
模型卡方值	306.3***	157.22***	139.8***	77.46***
模型离异数（−2LL）	4568	4560	3320	2476
个案数N	4010	4010	3856	2864

注：*$P<0.05$，**$P<0.01$，***$P<0.001$。a. 参照项为女性；b. 参照项为未婚；c. 参照项为农村户口；d. 参照项为"非夫妻共有产权"；e. 参照项为"单位无住房福利"；f. 参照项为"体制外就业"；g. 参照项为"不具备行政级别"；h. 参照项为"不具备技术职称"。

资料来源：CGSS 2006。

(三) 分析结果说明

模型Ⅰ、Ⅱ、Ⅲ的分析对象均为样本一,即由受访者为房主的个案与按照总体样本住房自有率随机配额的无房者个案所构成的子样本;模型Ⅳ的分析对象为非继承或非自建房房主个案与按照总体样本住房自有率随机配额的无房者个案所构成的子样本二。换句话说,模型Ⅰ、Ⅱ、Ⅲ是对继承与自致两种住房获得模式的混合分析,模型Ⅳ则是在剔除了继承个案后对自致型住房获得模式的单独分析。

在零模型Ⅰ中,组间相关系数 ρ 计算了组间方差占全部方差的比例。由于在二项分布中,组内方差是固定的,因此个体层次回归方程式的误差项方差是已被设限的(constrain)。由于概率值由 logit 分布导出,因此回归分析的第一层误差项方差约为 $\pi^2/3$(约等于3.29)。由此可计算出

$$\hat{\rho}_1 = \frac{\hat{\tau}_{00}}{\hat{\tau}_{00} + \pi^2/3} = \frac{0.45}{0.45 + 3.29} = 0.12 \text{。}$$

这和模型中计算出的 $\rho = 0.12$ 相等,属于中度关联强度,组间差异显著。因此在分析中,我们不能忽略地区因素对于住房产权获得的影响,必须在研究中进行多层次数据分析。

我们在以平均数为结果模型Ⅱ中引入了两个地区层次变量:加入市场化指数和住房均价两个地区变量后,第二层省区之间的方差减少了23.1%,组间相关系数减少了17%,由此可见引入的变量对模型的第二层具有较强的解释力。参数检验结果显示,市场化指数对于各地区的住房自有率的影响并不显著,各省的住房价格水平对于住房自有率的影响则通过了显著性检验,显示出负向联系:住房均价越高,地区住房自有率越低。

随机截距模型Ⅲ,在以平均数为结果模型的基础之上,在第一层回归模型中引入了13个自变量,其中共有8个变量通过了显著性检验。统计结果显示:男性在住房产权的拥有上存在优势,高出女性近30%($e^{0.253}$ = 1.288);工龄对住房产权的拥有具有正向影响,工龄每提高1年,获得自住房产权的概率增加4.2%($e^{0.041}$ = 1.042),工龄对于产权获得的曲线效应并未获得数据支持,显示工龄并不会在某一临界点后对产权获得产生负向影响,由此可见工龄对于住房产权的获得具有持续的正向影响力,青年人在住房产权的获得上具有比较明显的劣势;已婚家庭获得住房产权的概率比未婚家庭高出近2倍($e^{1.06}$ = 2.886),由此可见在中国传统置业成家的观念

下,婚姻对于住房刚性需求的重要影响;家庭人口中每增加1人,获得现住房产权的概率提高12.9%($e^{0.121}=1.129$),人口众多的大家庭在住房产权的获得上具备较明显的优势;城市户口则对于住房产权的影响最为显著,具有城市户口的个人获得城市住房产权的概率约为农村户口的4.8倍($e^{1.57}=4.807$),尽管目前有大量农村户籍人口进入城市工作生活,且市场中的商品房销售并不存在户籍限制,但是受到收入限制,这些农村户籍人口在城市中置业的比率仍然大大低于城里人。

在控制了性别、年龄、家庭规模、婚姻状况、户籍、收入等控制变量后,我们发现,体制内外职工在住房产权的获得上并未呈现显著差异。同时,反映市场能力的家庭收入和受教育年限对住房产权的获得也并未产生显著影响力,由此可见,当下居民住房产权的获得并非主要依据市场支付能力。事实上,大部分城镇居民是通过住房私有化的住房改革获得原租住单位公房的产权,真正凭借自身经济实力从房地产市场中购买住房的比例相对较小。调查显示,居住在商品房小区中的居民仅占26.4%,正是因为大量住房通过非商品化途径获得产权,所以收入等反映支付能力的指标未能通过检验。尽管由于现有调查变量设计的缺陷,无法辨别住房来源从而进行相关假设检验,但笔者认为,在按照市场机制运行的住房市场中,收入变量应该对商品房的获得产生明显的正向影响。

比较再分配权力与市场能力对于住房产权获得的影响,我们发现,在住房产权的获得上,权力精英比技术精英更具优势:具有行政级别的干部比普通群众获得自住房产权的概率要高出74.2%($e^{0.555}=1.742$),而具有技术职称的技术精英在住房产权的获得上并不具备显著优势,用于标识个人人力资本的受教育年限对于住房产权的获得也未产生显著影响。此外,再分配权力的重要制度载体——单位仍然在一定程度上对住房产权获得影响,工作单位能够提供住房或住房补贴的,其职工拥有住房产权的概率要高出19.0%($e^{0.174}=1.190$)。

模型Ⅲ在第一层次中引入自变量后,第二层次的解释变量均通过了假设检验。在控制了地区住房均价后,地区市场化指数对于住房产权的获得具有显著正向影响:在个人情况完全相同的情况下,在两地住房均价相当时,居住在高市场化水平地区的个人比居住在低市场化水平地区的个人更有可能获得自住房的产权。具体来说,地区市场化指数每提高1分,获得住房产权的概率高出20.4%($e^{0.186}=1.204$)。

模型Ⅳ所显示的是剔除了继承或自建房个案后,自致型的住房产权获得模型。在第一层次的13个自变量上,有7个通过了显著性检验。数据显示,在非继承的自致型住房产权获得过程中,性别差异不再明显;工龄保持了对产权的正向影响力,参加工作时间越长,获得自住房产权的概率越大;已婚家庭获得住房产权的概率约为未婚家庭的 3 倍($e^{1.11}=3.034$);具有城市户口的个人获得住房产权的概率约为农村户口的 7 倍($e^{1.95}=7.029$),由此可见,在不考虑自建房及继承住房情况下,来自农村的个人要在城市中获得住房产权,难度更大,城乡间差异进一步凸显。

在控制了性别、年龄、家庭规模、婚姻状况、户籍、收入等控制变量后,解释变量中有 3 个通过了显著性检验。数据显示,单位是否提供住房福利对住房产权的获得具有显著的正向作用;个人是否具备行政级别对其住房产权的获得具有显著影响,与普通群众相比,具有干部身份的权力精英获得现住房产权的概率高出 87.0%($e^{0.626}=1.870$),而具有技术职称的技术精英获得现住房产权的概率比非技术精英高出 28.7%($e^{0.252}=1.287$)。由此可见,在自致型住房获得模式中,再分配权力精英仍然保持了较高的优势。

在地区层次的自变量上,地区市场化指数的正向作用并未通过显著性检验。由此可见,在自致型住房获得模式中,地区市场化程度的提高并不能有效增加个人获得住房产权的概率。事实上,对于那些依靠自己力量买房的人来说,地区市场化程度越高,一方面意味着住房投资更大、住房供给更丰富,个人收入较高,住房支付能力较强;另一方面也意味着生活压力越大,住房价格更高。因此,地区市场化程度对非继承型住房产权的获得优势并不明显。

四、结论与讨论

(一)研究结论

在这部分的分析中,我们通过构建多层次回归模型,从住房面积、住房产权两个方面考察了地区市场化差异影响下,影响个人住房资源获得的个人或制度性因素,并对理论假设中提出的市场刺激命题和权力优势命题进行了检验。我们将分析结果整理归纳为以下三个结论:

(1)地区间的制度性差异在住房阶层分化研究中不可忽略。

分析数据显示,在分别以人均住房面积、住房产权为自变量的回归分析中,省区相关系数 ρ 均属于中度或高度关联强度,因此,住房资源的分配在省区之间的差异性不可以忽略，不能只用一般的回归模型来进行分析，应该考虑到组间差异的特性，因此必须将地区效应考虑到阶层线性模型中加以分析。以往的关于中国住房资源阶层分化的研究中，很少考虑到地区差异的影响。然而，地区不仅是一个地域概念，同时也代表着特定的制度环境。从中国社会的现实情况来看，除了资源禀赋与文化传统等因素外，长期以来的非均衡发展战略也进一步强化了地区之间的制度性差异。因此有学者指出：地区的制度特性因此成为制度转型过程中解释社会后果的一个重要的中介因素（陈志柔，2000）。尽管有学者从理论层面认识到了地区差异的重要影响作用，但是缺乏实证层面的严格验证，我们的研究则弥补了这一缺陷。由于我们用于分析的CGSS数据是一项全国性的调查数据，因此在分析方法上我们采取了可将地区层面情景变量纳入回归分析的多层线性模型，从而对地区性差异的理论假设进行了有效检验。

（2）在市场转型过程中，地区市场化的推进一方面有效提高了居民的住房水平和住房自有率，另一方面也拉大了住房资源分配的贫富差距。

研究结果显示，地区市场化程度的提高在总体上促进了城镇居民住房资源的享有状况，对城镇居民人均住房面积和住房产权的获得都有显著的正向作用。数据分析显示，在对总体样本的分析中，市场刺激命题下的假设一、假设二都通过了显著性检验。由此可见，在控制了房价因素后，从整体上来看，地区市场化程度越高，城镇居民所占有的住房资源越丰富。究其原因，我们认为，地区的市场化程度越高，一方面意味着该地区的住房改革推行得越深入，公房私有化改革越彻底，住房货币化改革覆盖得越广泛；另一方面也意味着住房市场发育完善，住房建设效率更高，住房资源供给越丰富。除此之外，地区的市场化程度越高，居民的收入水平越高，对住房消费的支付能力也越强。因此，地区市场化程度在一定程度上能有效提高居民的住房水平和住房自有率。由此也充分地体现出住房市场化改革对于住房建设和住房供给的有效推动，证明了市场机制对住房生产效率的大幅提高。

但是，在有房者和无房者之间，在继承型住房和自致型住房之间，市场化的刺激作用存在分化。对分组群样本的数据分析结果显示，市场刺激作用在有房者与无房者之间，在自致型和继承型住房样本间存在差异。从住房产权来看，地区市场化程度对非继承型住房产权的获得优势并不明显。从住房水平来看，对于有房者来说，地区市场化的推进能够有效提高他们的居住水平；但是对于无房的"租房者"来说，他们的居住水平并没有随着地区市场化程度的提高而提高。这种"有的更有"而"没有的还是没有"的分化状况，从一个侧面印证了市场刺激下的"马太效应"，即贫富分化的加剧。

与此同时，我们在考察地区住房不平等程度时，也发现地区市场化程度与住房不平等程度之间存在倒"U"形曲线关系。即在市场转型早期，市场化对于地区住房阶层分化程度有正向影响，地区市场化程度越高，地区住房资源分配越不平等；当市场化发展到一定水平，住房贫富分化问题发展到一定程度后，在政府的干预和调控下，住房贫富分化状况将会得到一定缓解，住房不平等程度将会逐步降低。

然而，在现实生活中，我们会发现，在北京、上海、广州等市场化程度高的一线城市存在大量的"蜗居"现象，部分中低收入阶层人均住房面积反而低于一些内地市场化程度相对较低的二线城市，由此会令人产生在市场化程度越高的地区，居住面积反而越小的感觉。但是，这种社会现实与我们的理论推导和实证结论并不矛盾。究其原因，主要有以下两点：

一方面，从地区的整体水平来看，地区市场化程度的提高的确能够有效增加地区住房资源的供给总量。从纵向的历史发展来看，自房改以来，随着市场化改革的推进，住房建筑总量与人均建筑面积的确经历了显著的增长过程；从地区之间横向比较来看（如表3.5与表3.6所示），地区市场化程度的提高的确能够有效刺激住房建设总量的供给，并显著增加地区的住房资源总量。

但与此同时，在地区内部，住房的贫富分化也会随市场化程度的提高而增强，从而造成住房分配不平等的加剧。表3.6中的人均住房面积指的是地区住宅建筑面积总量除以地区常住人口及暂住人口总和的平均数，是理想的均衡状态下住房资源分配的人均值。在理想的均衡分配模式下，地区内各个阶层的人均住房面积应该随着整体住房水平的提高而同步增加。但社会现实表明，对于某些中低收入阶层来说，其居住面积并没有随着地区整体住房水平的提高而"水涨船高"，甚至越是市场化程度高的地区，中低收入阶层住房水平反而更低。其原因正是源于市场化对住房不平等的刺激效应：随着市场化程度的提高，住房资源分配上贫富分化逐渐增大，对于住房的投资或投机行为也越多，使得住房资源越来越多地集中于少量有钱人手中，从而造成中低收入阶层可以享用的住房资源相对减少。

（3）尽管体制内外职工的住房差异已不显著，但与普通群众相比，拥有再分配权力的政治精英在住房资源的占有上更具优势，干部身份对住房资源的分配状况具有显著影响；政治精英在住房资源分配上的优势也要大大高于技术精英。

市场转型过程中再分配权力的回报一直是理论争议的焦点问题，面对市场转型和权力维系之间的理论争辩，住房提供了一个有益的观察视角。随着住房市场化改革后原有体制内福利分房制度的结束,体制内职工在住房资源上的优势已经不再明显,但干部官员与普通群众之间的住房差异仍然是真实而显著的。数据分析结果显示,权力优势命题下的三个假设都通过了显著性检验,表明掌握再分配权力的政治精英在住房面积、住房产权上都具备明显的优势。尽管受教育年限、技术职称等人力资本变量也对住房资源分配具有明显的回报,但却远低于行政级别的回报,权力精英与非权力精英之间在住房资源占有上的差异要高于技术精英与非技术精英之间的差别。由此可见,住房资源的分配逻辑并非仅仅遵循市场机制,再分配权力仍在其中扮演了不可忽视的角色。

(二) 对双重分层体系的讨论

从住房领域来看,早期的住房改革目的旨在通过引入市场机制,提高住房建设效率,减轻国家和单位的住房建设负担,从而解决计划经济时代的住房危机及住房短缺问题。和早期面临改革的其他经济领域一样,效率与增长一度是住房改革的中心。随着改革后经济飞速发展,特别是近年来住房市场的繁荣,人们居住水平得到普遍提高的同时,住房的贫富分化与不平等却日益凸显。

市场转型即由再分配经济制度向市场经济制度的转变过程,而这两种制度都蕴含着特定的阶层分化逻辑和过程,并表现出不同形式与不同效果的社会不平等:在社会主义国家里,社会不平等主要是由居于统治地位的再分配制度造成的;在市场经济条件下,社会不平等主要是由居于统治地位的市场经济制度产生的 (Szelenyi, 1978)。在转型过程中,"市场转型论"的学者们普遍认同一个观点,即"市场在再分配情形下具有平等化效应"(Polanyi, 1944; Szelenyi, 1978; Nee, 1989),认为市场在一定程度上具有抵消再分配所带来的不平等的效果 (Polanyi, 1944),并且有利于直接生产者、技术精英 (Nee, 1991) 及下层阶级 (Szelenyi, 1978)。对于市场化改革早期,一些学者从社会学或经济学角度,验证了市场化改革对于再分配体制下社会不平等的弱化作用 (Nee, 1989; Sachs, et al., 1996)。然而,继改革初期的社会不平等略有下降之后,新的不平等出现了,且呈现不断扩大的趋势。我们关于住房的实证分析也证明,住房的贫富分化随着市场化程度的提高而不断加剧。随着住房分化的进一步加剧,由市场化所促进的资源增长对贫困的弱化效应正在下降。

理论与现实间的巨大差异在根本上源于对理想经济制度类型的理论预

设，学者们开始重新审视"再分配"与"市场"两个非此即彼的单纯解释逻辑。原社会主义国家市场转型的现实状况表明：无论哪种纯粹经济类型在历史或现实中都不存在，也并非两种单纯类型的机械结合，因此，一种以市场与再分配共存为特征的混合经济形态是我们讨论市场转型问题时不可回避的客观制度背景。

泽列尼认为，混合经济情况下形成了双重分层体系：一方面，在市场经济领域里，逐渐形成了一个新兴的经济精英，其特权基于资产所有权；另一方面，干部，至少是干部中的一部分，也学会了如何去利用市场，成功地将自己的官僚特权商品化。对此，波兰尼还举例描述了干部在住房问题上如何将原先获得的住房据为己有，从而解释"将官僚特权向市场特权的转化"（Szelenyi, et al., 1987）。市场竞争在这种混合经济条件下发挥出更大作用，部分经济资本与人力资本（特别是教育和技术）较多的人逐步进入市场；一些干部通过将特权商品化而从市场中获益，他们中的技术官僚尤其如此，从而使那些先行进入市场但受教育程度不高的人处于市场边缘地位。市场在这种情况下已成为造成不平等的根源，无法再作为再分配经济的补偿经济（Szelenyi, et al., 1996）。简而言之，市场经济的导入为原有的国家社会主义带来了新的不平等。

中国目前的社会经济状态，无法成为波兰尼所描绘的那种完全自律的市场经济体系，也无法实现韦伯与新韦伯主义分层理论所预设的那种将非理性干预（权力和特权的干预）排除在市场体系之外，资本（财产、劳动力、资格证书等）由市场化方式表达的完善的市场机制（Weber, 1968; Giddens, 1973; Goldthorpe, 1987）。中国的市场从一开始，就是在政府的引导和干预下发育的，而且和苏东巨变及"休克疗法"不同，中国的渐进式改革是在强调自我完善社会主义制度和发挥社会主义制度优越性的信念下进行的，意味着政治体制和意识形态的连续性（刘欣，2003）。在中国，各种权力和特权不仅没有被赶出市场，相反，权力机构和享有特权的人常常捷足先登（Walder, 1996）。更重要的是，这些权力精英还学会了如何利用这些权力在市场中获取更大的利益，他们的获益方式已不再像泽列尼所描述的那样，仅仅通过再分配过程偏向自己而获取好处罢了（刘欣，2003）。

因此，在当下中国更为复杂的混合经济体制下，对照泽列尼的分析，我们在住房领域内看到了相似的分化结果，双重分层体系在住房领域内表现得尤为明显：一方面，按照市场运作逻辑，房地产市场中住房资源基于个人经济支付能力分化，由于市场为直接生产者提供了更多的激励，因此市场激励机制会体现在文化教育、技术水平等人力资本指标对住房资源的回报上；另一方面，原有再分配体制中的权力精英，不仅可以通过"公房私有化"改革过程将计划经济体制下分得的优势住房资源合法地"私有化""商品化"，同时还可以在房改过程中抢占有利的政策机会，或通过行政能力享受市场特权，为其谋取住房利益。在现实生活中，违规超标集资建房、挂用经济适用房的名号为官员建造豪华别墅、低价团购商品房、公务员内部价购房等行为屡见报端，进一步加剧了行政官员与普通群众之间的住房分化。由此也不难解释，为何数据中行政干部身份对于住房资源的享有和获得具备如此之高的回报。在当下中国混合经济体制下，住房资源不仅按照市场规则分化，同时还延续了再分配体制下权力分化逻辑。

在泽列尼的理想模型中，具有市场性质的交易能够在一定程度上抵消再分配所带来的不平等，而国家干预或再分配有助于抵消市场导致的不平等（Szelenyi, 1978），两者互为补充，能有效降低贫富分化。尽管当下中国的混合经济中包含了以上两种经济体制的元素，但其效果和作用与理想模型相距甚远，因为当下住房领域内的再分配体系并非有效弥补或救助了市场能力不足的弱势群体，而是建立在特权基础之上。事实上，双重分层体系对于住房资源占有的不平等起到了双重扩展作用——按照市场规则，有钱有能力者占据更好的住房资源；按照再分配逻辑，有权有关系者也能攫取更好的住房利益；相比之下，那些既没钱又没权的普通大众，自然成为住房金字塔的最底层。因此，无论是市场刺激也好，权力优势也好，"马太效应"在市场和再分配领域内都拉大了贫富分化，大多数无钱无权的普通人，越来越难以在这块日益做大的"住房蛋糕"上分享应得的一份。可以预见的是，如果政府不再以正确的态度和方式介入住房再分配领域，那么住房的贫富分化还将进一步加剧。

五、研究的缺陷与不足

我们的研究针对社会分层领域内的两个经典问题——"谁得到了什么？""为什么得到？"，从住房资源的视角，在引入地区制度差异变量的基础上，对当下中国城镇社会中住房资源的分化状况与分配逻辑进行了实证分析。尽管我们的分析力图做到全面、深入，但由于受到个人理论水平及实证资料的限制，仍然存在一些缺陷与不足。

第一，在对住房资源分配机制的分析中，由于无法区分住房来源，因而无法从理论上辨识不同产权体制下的住房分配状况。根据"市场转型论"的逻辑，要推导出不同产权体制下不同的分配状况，那么就必须从逻辑上证明：政治资本在国有部门的回报优于私有体制，而人力资本在私有体制里的回报优于国有部门（陈那波，2006）。由于中国城镇社会住房资源的供给模式在市场化改革中发生了变迁，在改革的不同时期，住房产权分配的来源具有明显差异，有的住房来源于原有的再分配体制，有的来源于改革后的市场，有的则模糊介于两者之间（既属于产权交易，但又在再分配体制下获得了较大的优惠与福利）。只有在明确区分产权来源的基础上，才能更好地辨识再分配和人力资本两种机制发挥的不同作用。然而由于我们的研究属于二手资料分析，受到数据资料限制，无法在理论和实证模型中辨识住房的具体来源，从而无法对不同产权体制下的住房资源分配机制做出具体分析，因而我们的研究结论难以避免过于"笼统"或"粗略"的问题。

第二，我们的研究从个体层面验证了再分配权力的回报优势，对于单位制在住房资源分配中的作用，尤其是房改过程中，单位角色和作用的变迁，我们的研究并未深入涉及。在我们使用的研究数据中，由于无法获得单位住房福利的具体信息，因此无法深入分析单位制在房改过程中对于住房阶层分化的具体影响，更无法分析不同单位内部职工住房阶层分化的状况和机制。现实经验显示，即使在单位已基本退出住房分配领域的当下社会，单位制仍然通过不同形式或明或暗地对个人住房资源的获得产生影响，不同类型单位之间、单位内部成员之间的住房阶层分化仍然是真实而显著的。

第三，由于我们的研究缺乏对时间变量的准确把握，因此无法通过个人变量来有效反映制度的变迁过程。在渐进式改革过程和"老人老办法、新人新办法"的增量改革模式中，政策机会是一个不可忽视的重要变量，政策机会则是与改革的时间历程密切相关的。虽然我们的研究注意到了时间变量的重要作用，也比较了房改前后两代人在住房资源获得上的差异，但这样的分析仍然是粗略而笼统的。事实上，如果权力资本与人力资本在对资源分配上的回报正处于消长对比的过程中，那么这一对比过程必然涉及持续时间的问题。在改革的哪一阶段权力资本处于优势，在哪一阶段人力资本回报上升？基于这个认识，有相当一部分研究开始使用历史事件方法（event history approach）来做研究工作的转换（Zhou, et al., 1997; Zhou, 2001）。在这一点上，我们的研究显然是不足的。

第四，我们的研究主要关注阶层分化的客观后果，对于住房阶层分化的主观效应问题并未涉及，但笔者认为，这应该成为今后研究的课题之一。阶层分化与社会不平等并不仅仅是一个客观社会现实，同样也是一个主观认同过程。在当下的中国社会中，住房不仅是一个社会热点，同时也是民众心理最为敏感的区域。在商品房价格高涨的社会现实中，个人住房资源的占有状况是否会影响其阶层地位的认同，是否会影响其对社会公平感的认知？这些都是非常具有现实意义和理论价值的实证问题，有待将来进一步的深入研究。

六、结　语

我们的研究试图回答了住房阶层分化的两个重要问题："什么样？（分化状况）"和"为什么？（分化机制）"。虽然我们的研究暂告一个段落，但是仍然无法回避接下来的一个重要问题，那就是"怎么做？"。即如何缩小资源分配的贫富差距。尽管这并不是本研究的主要议题，但是在报告结束之前，笔者觉得还是有必要谈谈自己一些粗浅的看法。

西方经济学在讨论社会经济增长和发展问题时，常常会提到两股非常重要的力量，即"两只手"。一只是"看不见的手"，最早由亚当·斯密提出，一般认为它指不受外力干扰的价格机制或市场机制（亚当·斯密，2008）；另一只则是"看得见的手"，最早由杰·斯·柏林纳于1957年提出（Berliner，1957），指的是政府干预、宏观管理或计划管理。在20世纪60年代初期，西方经济学家普遍认为，完全的或完善的市场机制是具有灵活的刺激—反馈作用的经济机制，在这种机制的顺利运行下，国民经济可以从恶性循环中解脱出来，在自我调节中求得均衡，求得增长。因此发展中国家为了摆脱贫困，谋求富裕，就必须大力发展商品经济，发展市场机制。然而从60年代中期以后，越来越多的发展经济学家认为，发展中国家在大力发挥市场机制的作用时，同时也必须对经济实行干预，实行计划管理（谭崇台，1987）。也就是说，发展中国家在寻求经济发展过程中，必须"两手"并举，两手都要抓，两手都要硬。

用发展经济学的理论来看待中国的住房改革历程，我们可以得到一些借鉴与启示。在房改之前，中国的住房资源仅由"政府计划"这一只大手调配，由于不存在住房市场，另一只"看不见的手"无从谈起。房改开始后，住房资源的分配机制经历了一个明显的"民进国退"历程。从计划经济时代的产权国有、福利分配，到市场经济下的产权自有、市场购买，国家和单位逐步退出了住房的建设和供应领域，而房地产市场则在近些年开始进入了发展的黄金时期。从表面上看，市场这只"看不见的手"开始在住房领域内大施所长。在大力培育与推动房地产市场发展的同时，"政府计划"这只看得见的手则慢慢退出了住房分配领域。但无论是从事实，还是从我们的研究结果来看，政府的再分配权力这只有力的大手并未"拂袖而去"，而是仍然对住房资源的分配结果产生显著影响力，仍然保持着住房资源占有上的优势。当所谓的"土地财政"已经成为地方政府收入的主要来源，当政府已然成为高房价、高地价的主要受益者时，这只原本应该"看得见的手"渐渐从前台退入了幕后，成为市场背后"看不见"的有力推手。在复杂的利益关系网内，政府这只手所干预的主要工作是推动房地产市场的繁荣和发展，调节住房贫富分化这一重要职能则在很长一段时间里被政府有意或无意地忽视了。

诚然，在一个原本不存在市场的经济体制内发展市场经济，不靠政府的干预和推动是不行的；但是，当市场体制已经建立起来后，政府干预的主要内容则应该有所调整，从改革之初重培育，到改革之中助发展，再到改革之后善调控，政府的角色和功能不能缺位。从中国的社会现实来看，房改之前，中国面临的最主要的住房问题，是由于建设资金不足以及效率低下所造成的住房短缺和住房危机，而这也是当初改革的设计者们在住房领域引入市场机制的主要动因。历经30多年的商品化改革，在政府彻底取消"福利分房"、大力发展房地产市场等政策的有力协助下，市场这只"看不见的手"成功地解决了住房建设的资金和效率问题。然而，当住房商品化已经基本实现后，一路高涨的商品房价格和住房资源日益显著的贫富分化则成为当下社会最为严重的社会问题之一。越是市场经济发达的地区，这种贫富分化的差距就越明显，民间对调控的呼声也越高。

面对远远高出人们购买力的房价和日益加剧的贫富分化，有很多人开始检讨和质疑住房商品化改革，更有甚者，开始怀念计划经济体制下的"福利分房"制度，甚至要求恢复单位自建房。笔者认为，这种倒退式的回归并不能解决住房资源的分化，因为正如泽列尼所指出的，计划与市场都会导致不平等，只是产生不平等的机制存在差异，只有两种经济体制的融合，才能降低社会不平等。由此可见，无论是市场还是政府，要想调控贫富分化，单凭一只手的力量无济于事。

在2010年的"两会"上，"二次房改"成为讨论的焦点议题，并已列入该次人大会议的正式议案。和"一次房改"旨在推动住房商品化改革不同，"二次房改"旨在建立一个完善的住房保障体系。从某种程度上说，"一次房改"归功于市场，做大了住房资源这块"蛋糕"；"二次房改"的支柱则是政府（尤其是地方政府），目标是将这块"蛋糕"分配得更为合理。在"一次房改"过程中，政府这只手是市场背后的助推器；而在"二次房改"中，政府这只手必须从市场背后退出来，责无旁贷承担起建立住房保障体系的工作，充分发挥"看得见"的功能，明明白白地撑起万千普通老百姓对公平、美好社会的信念！

《圣经》上说，"上帝的归上帝，凯撒的归凯撒"，于是也有人开始高呼"市场的归市场，政府的归政府"！在公平与效率这个两难的境地中，我们当下看到的是市场的繁荣、资源的增长和政府的缺位、分化的加剧。市场不是解决问题的万能良药，虽然我们有理由肯定这30多年来房改过程中在效率上的成功，但同样有理由呼吁和期盼政府对住房保障的担当。只有这两只手各司其职，各显其能，才能为整个社会的万千老百姓搭建起一个温暖而美好的家园！

报告三与报告四参考文献

Ball M. Housing policy and economic power: The political economy of owner occupation [M]. London, Methuen, 1983.

Baron J N, Bielby W. Organizaitonal perspectives on stratification [J]. Annual Review of Sociology, 1984, 10 (10): 37-69.

Becker G S. Human capital: A theoretical and empirical analysis, with special reference to education [M]. New York: Columbia University Press, 1964.

Bell C. On housing classes [J]. Australian and New Zealand Journal of Sociology, 1977, 13 (1): 36-40.

Berliner J S. Factory and manager in the USSR [M]. Boston: Harvard University Press, 1957.

Bian, Lu, Pan & Guan. Work units and the commodification of housing: Observations on the transition to a market economy with Chinese characteristics [J]. Social Sciences in China, 1997 (4): 28-35.

Bian Yanjie, Logan J R. Market transition and the persistence of power: The changing stratification system in urban China [J]. American Sociological Review, 1996, 61 (5): 739-758.

Bodnar J, Borocz J. Housing advantages for the better connected? Institutional segmentation, settlement type and social network effects in Hungary's late state-socialist housing inequalities [J]. Social Force, 1998, 76 (4): 1275-1304.

Bogdan R C, Taylor S. Qualitative research for education [M]. Boston: Allyn and

Bacon, 1982.

Bourdieu P. Distinction: A social critique of the judgement of taste [M]. Cambridge: Harvard University Press, 1984.

Burrows R, Butler T. Middle mass and pitt: A critical review of Peter Saunders's sociology of consumption [J]. The Sociological Review, 1989, 37 (2): 338 – 364.

Clark W A V, Dieleman F M. Tenure changes in the context of micro-level family and macro-level economic shifts [J]. Urban Studies, 1994, 31 (1): 137 – 154.

Couper M, Brindley T. Housing class and housing values [J]. The Sociological Review, 1975, 23 (3): 563 – 576.

Davis D S. From welfare benefit to capitalized asset: The re-commodification of residential space in urban China [M] //Forrest R, Lee J. Housing and social change: East-west perspective. London, New York: Routledge, 2003: 183 – 198.

Deurloo M C, Clark W A V, Dieleman F M. The move to housing ownership in temporal and regional contexts [J]. Environment and Planning, 1994, 26: 1659 – 1670.

Dunleavy P. Urban political analysis: The politics of collective consumption [M]. London: MacMillan Publishing Company, 1980.

Forrest R A M. Housing and family wealth [M]. London and New York: Routledge Press, 1995.

Giddens A. The class structure of the advanced society [M]. London: Hutchinson, 1973.

Glesne C, Peshkin A. Becoming qualitative researchers [M]. White Plains: Longman, 1992.

Goldthorpe J H. Social mobility and class structure in modern Britain [M]. Oxford: Clarendon, 1987.

Hanson S, Pratt G. Gender, work, and space [M]. New York: Routledge, 1995.

Hart O. Firms, contracts and financial structure [M]. New York: Oxford University Press, 1995.

Hiroshi S. Housing inequality and housing poverty in urban China in the late 1990s [J]. China Economic Review, 2006, 17 (1): 37 – 50.

Howe C. The supply and administration of housing in mainland China: The case of Shanghai [J]. The China Quarterly, 1968, 10 (33): 73 – 97.

Huang Y. Housing choices in transitional urban China [D]. LA: UCLA, Geography, 2001: 161.

Kalleberg A L, Sorensen A B. The sociology of labor markets [J]. Annual Review of Sociology, 1979, 5 (5): 351 – 379.

Khan A R, Riskin C. Income and inequality in China [J]. The China Quarterly, 1998 (154): 221 – 253.

Lee Y F. The urban housing problem in China [J]. The China Quarterly, 1988 (115): 387 – 407.

Logan J R, Bian Yanjie. Inequalities in access to community resources in a Chinese city [J]. Social Forces, 1993, 72 (2): 555-76.

Logan J R, Bian Y, Bian F. Housing inequality in urban China in the 1990s [J]. International journal of Urban and Regional Research, 1999, 23 (1): 7-25.

McAllister I. Housing tenure and party choice in Australia, Britain and the United States [J]. British Journal of Political Science, 1984, 14 (4): 509-522.

Mincer J. Schooling, experience, and earnings [M]. New York: Columbia University Press, 1974.

Murie A. Divisions of homeownership: Housing tenure and social change [J]. Environment and Planning, 1991, 23 (3): 349-370.

Nee V. A theory of market transition: From redistribution to markets in state socialism [J]. American Sociological Review, 1989, 54 (5): 663-681.

Nee V. Social inequalities in reforming state socialism: Between redistribution and markets in China [J]. American Sociological Review, 1991, 56 (3): 267-282.

Nee V. The emergence of a market society: Changing mechanisms of stratification in China [J]. American Journal of Sociology, 1996, 101 (4): 908-949.

Oberschall A. The great transition: China, Hungary, and sociology exit socialism into the market [J]. American Journal of Sociology, 1996, 101 (4): 1028-1041.

Oi J C. Rural China takes off: Institutional foundations of economic reform [M]. Berkeley: University of California Press, 1999.

Pan Z. Housing quality differentials in urban China 1988-1995: Evidence from two national surveys [J]. International Journal of Economics, 2003, 30 (10): 1070-1083.

Parish W L. Destratification in China [M] // Lyons T, Nee V. The economic transformation of South China. New York: Cornell University, 1984.

Parish W L, Michelson E. Politics and markets: Dual transformations [J]. American Journal of Sociology, 1996, 101 (4): 1042-1059.

Parkin F. Marxism and class theory [M]. London: Tavistock, 1979.

Piore M. Notes for a theory of labor market stratification [M] //Edwards R, Gordon D, Reich H. Labor market segmentation. Lexington: Health, 1975: 125-150.

Polanyi K. The great transformation [M]. Boston: Beacon Press, 1944.

Polgar S, Thomas S A. Introduction to research in health sciences [M]. Melbourne: Churchill Livingstone, 1991.

Poulantzas N. On social classes [M] //Giddens A, Held D. Classes, power and confilict. Berkeley: University of California Press, 1982: 101-111.

Rex J, Moore R. Race, Community and conflict [M]. London: Oxford University Press, 1967.

Rona-Tas A. The first shall be last? Entrepreneurship and communist cadres in the transition from socialism [J]. American Journal of Sociology, 1994, 100 (1): 40-69.

Sachs J D, Warner A, Jian Tianlun. Trends in regional inequality in China [J]. China Economic Review, 1996, 7 (1): 1-21.

Saunders P. Domestic property and social class [J]. International Journal of Urban and Regional Research, 1978, 2 (2): 233-251.

Saunders P. Beyond housing classes: the sociological significance of private property rights in means of consumption [J]. International Journal of Urban and Regional Research, 1984, 8 (2): 202-227.

Sullivan O. Housing tenure as a consumption-sector divide [J]. International Journal of Urban and Reginal Research, 1989, 13 (2): 183-200.

Szelenyi I. Social inequalities in state socialist redistributive economies [J]. International Journal of Comparative Sociology, 1978, 19 (1): 63-87.

Szelenyi I. Urban inequalities under state socialism [M]. New York: Oxford University, 1983.

Szelenyi I, Kostello E. The market transition debate: Toward a synethesis [J]. American Journal of Sociology, 1996, 101 (4): 1082-1096.

Szelenyi I, Manchin R. Social policy under state socialism: market redistribution, and social inequalities [M] //Esping-Andersen M R G, Rainwater L. East European socialist societies: Stagnation and renewal in social policy. New York: M E Sharpe, 1987.

Thorns D C. Owner-occupation: Its significance for wealth transfer and class formation [J]. Sociological Review, 1981, 29 (4): 705-728.

Treiman D J. Occupational prestige in comparative perspective [M]. New York: Academic Press, 1977.

Veblen T. The theory of the leisure class [M]. Boston: Houghton Mifflin Company, 1973.

Walder A G. Property rights and stratification in socialist redistributive economies [J]. American Sociological Review, 1992, 57 (4): 524-539.

Walder A G. Career mobility and the communist political order [J]. American Sociological Review, 1995, 60 (3): 309-328.

Walder A G. Markets and inequality in transitional economies: Toward testable theories [J]. American Journal of Sociology, 1996, 101 (4): 1060-1073.

Wang F. Housing improvement and distribution in urban China: Initial evidence from China's, 2000 census [J]. The China Review, 2003, 3 (2): 121-143.

Wang Y P, and Murie A. Social and spatial implications of housing reform in China [J]. International Journal of Urban and Regional Research, 2000, 24 (2): 397-417.

Weber M. Economy and society [M]. New York: Bedminster Press, 1968.

Weber M. Selections classes [M] //Held A G D. Power and confiflict. Berkeley: University of California Press, 1982: 60-86.

Weber M. Class, status, party [M]//Heller C S. Structured social inequality. New York: Macmillan Publishing Company Press, 1987.

Weber M. 阶级、地位和政党 [M]//戴维·格伦斯基. 社会分层. 北京, 华夏出版社, 2006: 108-119.

Whyte M K, William L Parish Jr. Urban life in contemporary China [M]. Chicago: University of Chicago Press, 1984.

Williams P. Gentrification of the city [M]. London: Allen & Unwin, 1986.

Wright E O. Classes [M]. London: Verso, 1985.

Wright E O. 阶级结构分析的一般性框架 [M]//戴维·格伦斯基. 社会分层. 北京, 华夏出版社, 2006: 94-95.

Zhou S, Moen P, & Tuma N B. Institutional change and job-shift patterns in urban China, 1949 to 1994 [J]. American Sociological Review, 1997, 62: 339-365.

Zhou X. Political dynamics and bureaucratic career patterns in the People's Republic of China, 1949-1994 [J]. Comparative Political Studies, 2001, 34 (9): 1036-1062.

Zhang Xueguang. Chinese housing policy 1949-1978: The development of a welfare system [J]. Planning Perspectives, 1997, 12 (4): 433-455.

亚当·斯密. 国民财富的性质和原因的研究 [M]. 北京: 商务印书馆, 2008.

边燕杰, 刘勇利. 社会分层、住房产权与居住质量——对中国"五普"数据的分析 [J]. 社会学研究, 2005 (3): 82-98.

边燕杰, 约翰·罗根, 卢汉龙, 等. "单位制"与住房商品化 [J]. 社会学研究, 1996 (1): 83-95.

苍玉权. 论基尼系数的局限及调整 [J]. 数量经济技术经济研究, 2004 (4): 59-66.

陈建宏, 陈丽芬, 戴锦周. 样本偏误对财务危机预警模型影响之研究 [J]. 东吴经济商学学报, 2007 (6): 29-47.

陈那波. 海外关于中国市场转型论争十五年文献评述 [J]. 社会学研究, 2006 (5): 188-246.

陈向明. 质的研究方法与社会科学研究 [M]. 北京: 教育科学出版社, 2003.

陈志柔. 市场过渡或权力转换: 中国大陆城市居民的财富分配与地区差异 [M]//刘兆佳, 等. 市场、阶级与政治: 变迁中的华人社会. 香港: 香港中文大学香港亚太研究所, 2000: 115-142.

戴维·格伦斯基. 社会分层 [M]. 北京: 华夏出版社. 2006.

恩格斯. 论住宅问题 [M]//马克思恩格斯全集: 第18卷. 北京: 人民出版社, 1964: 233-321.

樊刚, 王小鲁, 朱恒鹏. 中国市场化指数——各地区市场化相对进程2006年度报告 [M]. 北京: 经济科学出版社, 2007.

格尔哈斯·伦斯基. 权利与特权: 社会分层的理论 [M]. 杭州: 浙江人民出版社, 1988.

李斌. 社会排斥理论与中国城市住房改革制度 [J]. 社会科学研究, 2002（3）: 106-110.

李斌. 住房利益分化与社会分层机制变迁 [M]. 长沙: 中南大学出版社, 2004.

李路路. 制度转型与分层结构的变迁——阶层相对关系模式的"双重再生产" [J]. 中国社会科学, 2002（6）: 105-118.

李沛良. 社会研究的统计应用 [M]. 北京: 社会科学文献出版社, 2002.

李强. 中国社会分层结构的新变化 [M] // 汝信, 等. 2002年: 中国社会形势分析与预测. 北京: 社会科学文献出版社, 2002: 133-143.

李喜梅. 从社会分层看住房差异——对湖北省"五普"资料的分析 [J]. 社会, 2003（7）: 9-11.

刘精明, 李路路. 阶层化: 居住空间、生活方式、社会交往与阶层认同——我国城镇社会阶层化问题的实证研究 [J]. 社会学研究, 2005（3）: 52-81.

刘米娜. 中国城镇住房产权的区域差异分析——基于CGSS 2003数据的实证研究 [J]. 兰州学刊, 2009（5）: 114-119.

刘欣. 市场转型与社会分层: 理论争辩的焦点和有待研究的问题 [J]. 中国社会科学, 2003（5）: 102-110.

刘欣. 中国城市的住房不平等 [M] // 复旦大学社会发展与公共政策学院社会学系. 复旦社会学论坛: 第一辑. 上海: 上海三联书店, 2005: 149-171.

刘祖云. 社会转型与社会分层——20世纪末中国社会的阶层分化 [J]. 华中师范大学学报: 人文社会科学版, 1999, 7（38）: 1-9.

刘祖云. 香港与武汉: 城市社区服务比较 [J]. 华中师范大学学报: 人文社会科学版, 2000a, 39（1）: 18-24.

刘祖云. 从传统到现代: 当代中国社会转型研究 [M]. 武汉, 湖北人民出版社, 2000b.

刘祖云. 社会转型与社会分层——四论当代中国社会的阶层分化 [J]. 武汉大学学报: 社会科学版, 2003, 56（1）: 114-119.

陆学艺. 当代中国社会阶层研究报告 [M]. 北京: 社会科学文献出版社, 2002.

马尔科姆·沃特斯. 现代社会学理论 [M]. 北京: 华夏出版社, 2000.

马文涵. 武汉市住房市场的研究 [D]. 武汉: 华中农业大学, 2001: 15-18.

邱皓政. 潜在类别模型的原理与技术 [M]. 北京: 教育科学出版社, 2008.

孙立平. 断裂——20世纪90年代以来的中国社会 [M]. 北京: 社会科学文献出版社, 2003.

谭崇台. 西方发展经济学家对"看得见的手"与"看不见的手"的对应分析 [J]. 经济研究, 1987（2）: 69-75.

温福星. 阶层线性模型的原理与应用 [M]. 北京: 中国轻工业出版社, 2009.

易成栋. 中国城镇家庭住房来源与产权的省际差异——基于2000年人口普查资料的分析 [J]. 经济地理, 2006, 26（12）: 163-165.

易成栋. 城镇家庭住房状况的影响因素——基于logit模型和6城市"五普"数据的实证

研究[J]. 南京人口管理干部学院学报, 2007, 23 (2): 24-27.
许秉翔. 住宅代际转移对社会阶层认知的影响[J]. 住宅学报, 2002, 11 (1): 55-78.
王宁, 张杨波. 住房获得与融资方式[J]. 广东社会科学, 2008 (1): 164-170.
曾毅, 郭志刚. 家庭人口学: 模型及应用[M]. 北京: 北京大学出版社, 1994.
张宛丽. 现阶段中国社会分层近期研究综述[M]//中国社会科学院社会学研究所. 中国社会学年鉴 (1999—2002). 北京: 社会科学文献出版社, 2004: 33-45.
张建华. 经济学入门与创新[M]. 北京: 中国农业出版社, 2005.
张雷, 雷厉, 郭伯良. 多层线性模型应用[M]. 北京: 教育科学出版社, 2003.
周雪光. "关系产权": 产权制度的一个社会学解释[J]. 社会学研究, 2005 (2): 1-31.

报告三与报告四附录

附录 I: CGSS 2006 调查问卷住房部分

D16. 您现在住房的产权和租赁情况属于: (单选)

    租住单位房 ·· 1 (3250)
    租住公房 ·· 2
    租住私房 ·· 3
    自有私房（继承与自建）······································· 4
    已购房（部分/有限/居住产权）································ 5
    已购房（全部产权）··· 6
    集体宿舍 ·· 7
    朋友、亲戚借住 ·· 8
    其他（请说明_____）·· 9

D17. 您现在住的房子是: (单选)

    自己所有 ·· 01 (3252-3253)
    夫妻共有—共同名下 ·· 02
    配偶所有 ·· 03
    父母所有 ·· 04
    配偶父母所有 ·· 05
    子女所有—我（或配偶）买给子女 ······························ 06
    子女所有 ·· 07
    媳婿所有 ·· 08
    祖父母所有 ·· 09
    孙子女所有 ·· 10
    兄弟姐妹所有 ·· 11
    公司或机构所有 ·· 12

租用 ··· 13
其他（请说明_____） ································· 14

D18. 您家现住房的面积与居室结构：（将答案记录在下面横线上，并高位补零）
【关于面积，只需询问建筑面积或使用面积中的任何一种情况，不必两个都记录】

建筑面积 [＿＿＿｜＿＿＿｜＿＿＿] 平方米
998. [记不清] // 999. [拒绝回答]　　　（3255 – 3257）

使用面积 [＿＿＿｜＿＿＿｜＿＿＿] 平方米
998. [记不清] // 999. [拒绝回答]　　　（3259 – 3261）

包括：[＿＿＿]室；[＿＿＿]厅；[＿＿＿]卫生间
　　　（3263）　　　（3264）　　　（3265）

D19. 您现住房的市场估价大约是：（将答案记录在下面横线上，并高位补零）

百万位　十万位　万位　千位　百位　十位　个位
_____　_____　_____　_____　_____　_____　_____元（3273 – 3279）
0000000 [没有] // 9999997. [不适用] // 9999998. [不清楚] // 9999999. [拒绝回答]

（如 D16 题选择 "5 – 已购房（部分/有限/居住产权）"），您或您家拥有其中多少产权？

记录：[＿＿＿｜＿＿＿｜＿＿＿]%（3310 – 3313）

（如 D16 题选择 1，2 或 3，则问）如果是租房，您每月的租金是：

万位　千位　百位　十位　个位
_____　_____　_____　_____　_____元（3314 – 3318）
00000 [没有] // 99997. [不适用] // 99998. [不清楚] // 99999. [拒绝回答]

D20. 除了现住房外，您本人还有几处自己拥有部分或全部产权的住房？（单选）（3319）

没有 ··· 1→ 跳问 D22
还有 [＿＿＿｜＿＿＿] 处（3320 – 3321） ···································· 2

D21. 按当地的市场行情，其他各处住房大约共值多少元？（将答案记录在下面横线上，并高位补零）

百万位　十万位　万位　千位　百位　十位　个位
_____　_____　_____　_____　_____　_____　_____元（3323 – 3329）
0000000 [没有] // 9999997. [不适用] // 9999998. [不清楚] // 9999999. [拒绝回答]

附录Ⅱ：CGSS 2006 调查问卷主要变量频数分布

表1　样本地区分布统计

地区	频数	百分比/%	地区	频数	百分比/%
北京	404	6.7	山东	326	5.4
天津	415	6.9	河南	294	4.9
河北	179	3.0	湖北	240	4.0
山西	80	1.3	湖南	280	4.7
内蒙古	88	1.5	广东	378	6.3
辽宁	220	3.7	广西	240	4.0
吉林	131	2.2	海南	60	1.0
黑龙江	285	4.7	重庆	40	.7
上海	400	6.7	四川	260	4.3
江苏	260	4.3	贵州	139	2.3
浙江	140	2.3	云南	162	2.7
安徽	237	3.9	陕西	200	3.3
福建	200	3.3	甘肃	147	2.4
江西	120	2.0	新疆	80	1.3
总计	6005	100.0			

表2　样本地域类型分布统计

地域类型	频数	百分比/%
城市	5308	88.4
集镇社区	554	9.2
郊区	93	1.5
农村	28	0.5
其他	22	0.4
总计	6005	100.0

表3　被访者性别统计

性别	频数	百分比/%
男	2680	44.6
女	3325	55.4
总计	6005	100.0

表4　户口状况统计

户口状况	频数	百分比/%
农业户口	1045	17.4
非农户口（蓝印户口）	279	4.6
非农户口（城镇户口）	4681	78.0
总计	6005	100.0

表5　目前工作状况统计

工作状况	频数	百分比/%
目前有工作	3105	51.7
曾经工作过，但目前没有工作	2168	36.1
从未工作过	732	12.2
总计	6005	100.0

表6　被访者出生年份统计

出生年份	频数	百分比/%
1931—1940	312	5.2
1941—1950	886	14.8
1951—1960	1181	19.7
1961—1970	1467	24.4
1971—1980	1250	20.8
1981—1990	909	15.1
总计	6005	100.0

表7 被访者受教育程度统计

受教育程度	频数	百分比/%
没有受过任何教育	209	3.5
扫盲班	47	0.8
小学	783	13.0
初中	1895	31.6
职业高中	180	3.0
普通高中	1133	18.9
中专	484	8.1
技校	103	1.7
大学专科（成人高等教育）	351	5.8
大学专科（正规高等教育）	363	6.0
大学本科（成人高等教育）	114	1.9
大学本科（正规高等教育）	311	5.2
研究生及以上	25	0.4
其他	7	0.1
总计	6005	100.0

表8 被访者职业类型统计

职业类型	频数	百分比/%
单位负责人	36	0.7
部门负责人	232	4.4
支部书记/村居委主任	21	0.4
私营业主	4	0.1
专业技术人员	479	9.1
专业技术辅助人员	231	4.4
办事人员	741	14.1
自雇佣者	719	13.7
服务人员	885	16.8
农业生产者	239	4.5
工人	1667	31.6
军人	4	0.1
无职业者	9	0.2
总计	5267	100.0

表9　被访者婚姻状况统计

婚姻状况	频数	百分比/%
从未结过婚	1013	16.9
同居	34	0.6
已婚有配偶	4578	76.2
分居	24	0.4
离婚	137	2.3
丧偶	219	3.6
总计	6005	100.0

表10　被访者政治面貌统计

政治面貌	频数	百分比/%
共产党员	608	10.1
民主党派	9	0.1
共青团员	498	8.3
群众	4890	81.4
总计	6005	100.0

表11　住房产权情况统计

产权情况	频数	百分比/%
租住单位房	159	2.6
租住公房	518	8.6
租住私房	777	12.9
自有私房（继承与自建）	1212	20.2
已购房（部分/有限/居住产权）	273	4.5
已购房（全部产权）	2873	47.8
集体宿舍	69	1.1
朋友、亲戚借住	64	1.1
其他	60	1.0
总计	6005	100.0

表12 住房所有者统计

所有者	频数	百分比
自己所有	1535	25.6
夫妻共有—共同名下	1409	23.5
配偶所有	536	8.9
父母所有	796	13.3
配偶父母所有	143	2.4
子女所有—我（或配偶）买给子女	7	0.1
子女所有	74	1.2
媳婿所有	5	0.1
祖父母所有	34	0.6
孙子女所有	1	0.0
兄弟姐妹所有	35	0.6
公司或机构所有	234	3.9
租用	1133	18.9
其他	63	1.0
总计	6005	100.0

表13 家庭住房建筑面积统计

建筑面积/平方米	频数	百分比/%
≤20	161	3.5
21～30	202	4.4
31～40	320	7.0
41～50	537	11.8
51～60	863	19.0
61～70	626	13.8
71～80	496	10.9
81～90	324	7.1
91～100	290	6.4
101～110	138	3.0
111～120	172	3.8

续表 13

建筑面积/平方米	频数	百分比/%
121～130	84	1.8
131～140	52	1.1
141～150	68	1.5
151～160	19	0.4
161～170	28	0.6
171～180	15	0.3
181～190	7	0.2
190～200	70	1.5
>200	74	1.6
总计	4546	100.0

表 14　居住社区类型统计

社区类型	频数	百分比/%
棚户区	69	1.1
未经改造的老城区（街坊型社区）	1375	22.9
工矿企业单位社区	1182	19.7
机关、事业单位社区	565	9.4
经济适用房社区	829	13.8
普通商品房小区	1566	26.1
高档商品房区/高级住宅区/别墅区	19	0.3
新近由农村社区转变过来的城市社区	383	6.4
移民社区	2	0.0
其他	15	0.2
总计	6005	100.0

后　记

　　住房分层，既是贫富分化的反映，又是住房保障的前提。据有关民意调查，从 2010 年以来，中国城市居民住房问题一直居中国民生问题之首。因此，研究城市住房分层，不仅具有重要学术价值，而且具有重大现实意义。

　　此项研究得到国家社会科学基金重点项目、中山大学"985"三期项目和中山大学粤港澳发展研究院的资助。刘祖云主持此项研究，胡蓉、毛小平、魏万青参与了此项研究。刘祖云事前提出研究思路和提纲，事后进行修改和统稿，并撰写引论；毛小平撰写研究报告一；魏万青撰写研究报告二；胡蓉撰写研究报告三和研究报告四。

作　者
2017 年 3 月